Das Ende des Wohlstands?

Detlef Pietsch

Das Ende des Wohlstands?

Über ökologische und ökonomische Krisen

2., erweiterte Auflage

Detlef Pietsch
München, Deutschland

ISBN 978-3-658-46242-0   ISBN 978-3-658-46243-7   (eBook)
https://doi.org/10.1007/978-3-658-46243-7

Die Deutsche Nationalbibliothek verzeichnet diese Publikation in der Deutschen Nationalbibliografie; detaillierte bibliografische Daten sind im Internet über https://portal.dnb.de abrufbar.

© Der/die Herausgeber bzw. der/die Autor(en), exklusiv lizenziert an Springer Fachmedien Wiesbaden GmbH, ein Teil von Springer Nature 2023, 2025

Das Werk einschließlich aller seiner Teile ist urheberrechtlich geschützt. Jede Verwertung, die nicht ausdrücklich vom Urheberrechtsgesetz zugelassen ist, bedarf der vorherigen Zustimmung des Verlags. Das gilt insbesondere für Vervielfältigungen, Bearbeitungen, Übersetzungen, Mikroverfilmungen und die Einspeicherung und Verarbeitung in elektronischen Systemen.
Die Wiedergabe von allgemein beschreibenden Bezeichnungen, Marken, Unternehmensnamen etc. in diesem Werk bedeutet nicht, dass diese frei durch jede Person benutzt werden dürfen. Die Berechtigung zur Benutzung unterliegt, auch ohne gesonderten Hinweis hierzu, den Regeln des Markenrechts. Die Rechte des/der jeweiligen Zeicheninhaber*in sind zu beachten.
Der Verlag, die Autor*innen und die Herausgeber*innen gehen davon aus, dass die Angaben und Informationen in diesem Werk zum Zeitpunkt der Veröffentlichung vollständig und korrekt sind. Weder der Verlag noch die Autor*innen oder die Herausgeber*innen übernehmen, ausdrücklich oder implizit, Gewähr für den Inhalt des Werkes, etwaige Fehler oder Äußerungen. Der Verlag bleibt im Hinblick auf geografische Zuordnungen und Gebietsbezeichnungen in veröffentlichten Karten und Institutionsadressen neutral.

Planung/Lektorat: Laura Spezzano
Springer ist ein Imprint der eingetragenen Gesellschaft Springer Fachmedien Wiesbaden GmbH und ist ein Teil von Springer Nature.
Die Anschrift der Gesellschaft ist: Abraham-Lincoln-Str. 46, 65189 Wiesbaden, Germany

Wenn Sie dieses Produkt entsorgen, geben Sie das Papier bitte zum Recycling.

Meinem Sohn und seiner Generation gewidmet

Vorwort zur zweiten unveränderten Auflage

Seit dem Erscheinen der ersten Auflage hat sich die Welt weitergedreht. Die u. a. durch die Energiepreiskrise bedingte Rekordinflation konnte wieder auf ein Normalmaß zurückgedrängt werden. Die Reallöhne haben sich 2024 positiv entwickelt. Dennoch steckt die deutsche Wirtschaft nach wie vor in der Krise. Führende Wirtschaftsforschungsinstitute gehen maximal von einem Nullwachstum in Deutschland für 2024 aus, während andere Länder wohlgemerkt im Aufwind sind. Während wir nach wie vor mit den drängenden Herausforderungen wie etwa der Energiepreiskrise, der demografischen Entwicklung des Fachkräftemangels, der Digitalisierung und der Globalisierung konfrontiert sind, streitet man über mögliche Lösungsansätze wie die Aufweichung der Schuldenbremse. Die Corona-Pandemie und ihre Herausforderungen scheinen vorerst besiegt zu sein. Doch weitere mögliche Pandemien wie etwa das Mpox-Virus in Afrika zeichnen sich bereits am Horizont ab, auch wenn sie nicht mehr diese globalen Dimensionen haben dürften.

Zu dem Ukrainekrieg, der nach wie vor unglaubliches Leid mit sich bringt, kommt mit dem Nahostkonflikt ein weiterer Krisenherd hinzu, der anscheinend nur schwer zu beenden ist und ebenfalls viele Opfer kostet. Unser Wohlstand bleibt bedroht, die Ungleichheit innerhalb der Gesellschaft hat eher zu- als abgenommen. Die deutsche Wirtschaft scheint nicht mehr in Tritt zu kommen. Deutschland ist als Exportweltmeister am stärksten von den internationalen Konflikten betroffen. Die Auftragseingänge wichtiger Branchen brechen weg, die Angst um die Arbeitsplätze nimmt zu und die Konsumstimmung ist gedämpft. Zudem werden die Fragen der drohenden Klimakatastrophe immer drängender, ebenso wie die Frage, wie gerade die mittleren und unteren Einkommensschichten in unserem Land überleben können. Die Kernaussagen dieses Buches haben sich daher eher verstärkt als abgeschwächt. Der Kapitalismus als Wirtschaftssystem wird nach wie vor von Teilen der Bevölkerung kritisch gesehen. Realistische Alternativen sind allerdings nicht in Sicht (vgl. mein Buch von 2024, „Die kapitalismuskritische Gesellschaft. Warum ein erfolgreiches Wirtschaftssystem infrage gestellt wird", Springer Verlag).

Die zweite Auflage wurde um ein Hörbuch ergänzt, was mich sehr freut, denn so kann man sich die Inhalte meines Buches auch unterwegs anhören, was im stressigen Arbeitsalltag manchmal eine Erleichterung ist. Ich wünsche allen Leser*innen eine angenehme Lektüre bzw. ein angenehmes Hörerlebnis!

München
im September 2024

Detlef Pietsch

Danksagung

Ich möchte an dieser Stelle die Gelegenheit nutzen, mich auch dieses Mal wieder bei dem exzellenten Team des Springer Verlages, stellvertretend bei Frau Dr. Isabella Hanser, für die hervorragende Zusammenarbeit zu bedanken. Es ist mir immer wieder eine sehr große Freude, mit diesen Expert*innen zusammenzuarbeiten und das Buch so schrittweise zu verbessern. Viele der Ideen zu dem neuen Buch verdanke ich vor allem zahlreichen Gesprächen mit der jungen Generation, der sogenannten Generation Z, die mich an ihren Sorgen für eine *klimaneutrale und sozial gerechte Welt* teilhaben ließen. Stellvertretend dafür möchte ich vor allem meinem Sohn aber auch ausgewählten Leser*innen danken, mit denen ich anlässlich der Frankfurter Buchmesse 2022 über diese Themen diskutieren durfte. Zahlreiche Gespräche auch mit Angehörigen meiner, der Baby Boomer-Generation, haben mich in meiner Ansicht bestärkt, dass wir die Themen dieser Generation *dringend zu unseren Themen* machen müssen:

Der Stopp des Klimawandels, der Kampf gegen Hunger und die zunehmende Ungleichheit in der Welt aber auch innerhalb der Länder und den *Einsatz für den Frieden in dieser Welt*. Letzteres ist nicht nur wegen des andauernden Krieges in der Ukraine, sondern auch hinsichtlich zahlreicher laufender oder drohender Konflikte in dieser Welt wichtiger denn je.

Neben den vielen Freunden und Bekannten, die mir wieder zahlreiche inhaltliche Hinweise zu meinem Buch geliefert haben, geht wie immer mein Dank an meine Familie, die mir nach wie vor den Rückhalt in meinem Leben gibt. Dieses Buch möchte ich *meinem Sohn und seiner Generation widmen* in der Hoffnung, dass wir alle gemeinsam die dringend notwendigen Maßnahmen schnellstmöglich ergreifen, um ihnen einen intakten Planeten weiterzugeben.

Inhaltsverzeichnis

1 **Unsere ökonomische Zukunft ist unsicherer denn je**   1

2 **Unvorhergesehene Pandemien**   27
  2.1 Ökonomie in Zeiten von Corona   27
  2.2 Weitere Pandemien am Horizont: Ein Ende ist nicht in Sicht   38

3 **Internationale Konflikte und deren ökonomische Auswirkungen**   43
  3.1 Der Krieg in der Ukraine   43
  3.2 Die Krise in Taiwan   52
  3.3 Weitere internationale Krisenherde   56

4 **Klimakatastrophe ohne wirksame Gegenmaßnahmen**   63
  4.1 Klimakatastrophe noch abwendbar?   63
  4.2 Tierwohl und Artenschutz   69
  4.3 Klimaaktivist*innen und Maßnahmen zum Klimaschutz   79
  4.4 Ist „grünes Wachstum" möglich?   90

5 Die soziale Frage und die Rolle des Staates 107
5.1 Corona und Ukrainekrieg: Die Schere der Ungleichheit weitet sich 107
5.2 Von Bildungsgewinnern und Bildungsverlierern 114
5.3 Ist der Kapitalismus am Ende? 122
5.4 Die Rolle des Staates in der Krise 132

6 Künftige Entwicklungen der Globalisierung und Digitalisierung 143
6.1 Gewinner und Verlierer der Globalisierung 143
6.2 Die Zukunft der Globalisierung 150
6.3 Konsequenzen der Digitalisierung 158
6.4 Maßnahmen zur Optimierung der Digitalisierung und Globalisierung 169

7 Wohlstand in Krisenzeiten 177

Literatur 195

Über den Autor

Dr. Detlef Pietsch geboren 1964 in Trier, studierte Betriebswirtschaft an der Universität Mannheim mit den Schwerpunkten Marketing und Organisation. Anschließend promovierte er dort am Lehrstuhl für Internationales Management zu Fragen des internationalen Personalmanagements. Nach Stationen als Assistent des Sprechers der Geschäftsführung eines internationalen Logistikdienstleisters und als Unternehmensberater wechselte er zu einem internationalen Großkonzern. Dort durchlief er in mehr als 28 Jahren Managementstationen in den Bereichen Vertrieb und Finanzen. Aktuell ist er in einer Managementfunktion im Finanzressort tätig.

Dr. Detlef Pietsch beschäftigt sich in seiner Freizeit seit über dreißig Jahren mit den wesentlichen Ideen der Ökonomie, der Geistes- und Sozialwissenschaften. Seine jahrzehntelange Praxiserfahrung gepaart mit seinem theoretischen Hintergrund lässt ihn immer wieder zu den aktuellen Themen der Wirtschaft Stellung nehmen, seien sie wirtschaftsethischer, -politischer oder -historischer Natur. Zuletzt erschienen im Springer Verlag die Bücher „Die kapitalismuskritische Gesellschaft. Warum ein erfolgreiches Wirtschaftsmodell infrage gestellt wird" (2024), „Eine Reise durch die Ökonomie. Über Wohlstand, Digitalisierung und Gerechtigkeit" (2. Auflage, 2022) und „Unsere Wirtschaft ethisch überdenken. Eine Aufforderung" (2022). Der Autor lebt mit seiner Familie in München.

1

Unsere ökonomische Zukunft ist unsicherer denn je

> Um die Audioversion dieses Kapitels zu hören, klicken Sie auf den Link oder scannen Sie ihn mit der Springer Nature More Media App: sn.pub/irf0s1

Wir leben in unsicheren Zeiten. Unser *Wohlstand ist massiv bedroht.* Zunächst überrascht und überwältigt uns eine globale Pandemiewelle ungeahnten Ausmaßes, deren Ende Stand Winter 2022/2023 noch nicht absehbar ist. Während wir noch über die geeigneten Schutzmaßnahmen für den kommenden Herbst und Winter nachdenken, droht uns eine weitere Pandemie einzuholen: die Affenpocken. Noch ist es zu früh, die Konsequenzen dieser neuen, potenziell gefährlichen Viruserkrankung im Detail abzuschätzen. Von China aus droht sich eine neue Coronavirus-Variante zu verbreiten. Zu hoffen ist, dass sich diese Viren nicht auch global ausbreiten und noch rechtzeitig eindämmen lassen. Sie stehen aber nur stellvertretend für weitere mögliche Pandemien. Unabhängig davon, ob

© Der/die Autor(en), exklusiv lizenziert an Springer Fachmedien Wiesbaden GmbH, ein Teil von Springer Nature 2025
D. Pietsch, *Das Ende des Wohlstands?*,
https://doi.org/10.1007/978-3-658-46243-7_1

gerade die Affenpocken, eine Corona-Variante oder eine andere gefährliche Krankheit sich zu einer weiteren gefährlichen Pandemie entwickeln könnten, Pandemien kommen und gehen schneller als uns lieb ist:

Kein Mensch kann heute seriöser Weise sagen, was noch so alles an ansteckenden Krankheiten auf uns zukommen wird. Die *Zukunft der Pandemien* gleicht einem Blick in die berühmte Glaskugel mit unsicherem Ausgang. Noch vor kurzem wurden beispielsweise in China im Rahmen der Null-Covid-Strategie kurzfristig ganze Städte und Landesteile hermetisch abgeriegelt (vgl. Kretschmer 2022): In Shanghai wurden beispielsweise nach einem aufgetretenen Corona-Fall in Bürotürmen und Einkaufszentren Menschen eingesperrt. In Tianjin wurde kurzfristig ein komplettes Stadtviertel abgeriegelt. Umfangreiche PCR-Test- und Quarantäneregelungen beherrschten den Alltag der Bevölkerung. Die Pandemie ist aus globaler Sicht noch lange nicht vorbei und schafft langfristige Unsicherheiten vor allem in Bezug auf die Gesundheit und die wirtschaftliche Entwicklung.

Was wir aber heute bereits sicher wissen ist, dass *die Klimakatastrophe kommen wird,* wenn wir weiter global die Umwelt so behandeln wie wir es derzeit tun. Zwar ist bereits viel geschehen, Ideen gibt es genügend (vgl. Pietsch 2022, S. 179 ff.), aber es reicht bei Weitem nicht aus, den fortschreitenden Klimawandel nachhaltig aufzuhalten. Darüber hinaus müssen einst bereits mühsam errungene Klimakompromisse z. B. der Ausstieg aus der Kernenergie, aus dem Kohlestrom etc. *teilweise wieder zurückgenommen* werden, um den für den Winter 2022/2023 drohenden Gasmangel irgendwie kompensieren zu können. Es ist leider nicht alles zum Nulltarif zu haben. Bisweilen müssen anscheinend Gewinne an Versorgungssicherheit an anderer Stelle mit dem Verlust an Lebens- und Umweltqualität erkauft werden. Leidtragende sind aber wie so häufig vor allem die sozial Schwächeren in diesem Lande, die den steigenden Gaspreisen schutzlos ausgeliefert sind. 13,8 Mio. Deutsche gelten derzeit gemäß einem Bericht des Paritätischen Wohlfahrtsverbandes als armutsgefährdet, darunter jedes fünfte Kind (vgl. Neufeld 2022, S. 57).

Diejenigen, die vorher kaum über die Runden gekommen sind, *gehen förmlich wirtschaftlich unter* hinsichtlich der dramatisch gestiegenen Preise für Lebensmittel (vgl. Neufeld 2022, S. 60). Die Inflation erreicht Rekordhöhen von *prognostizierten 11 %* zum ersten Quartal 2023 (vgl. ifo Konjunkturprognose vom 12.09.2022), die Gaspreise haben sich vervielfacht: Im September 2022 zahlte ein Musterhaushalt mit 20.000 Kilowattstunden Nutzenergie pro Jahr 4371 € für Gas. Ein Jahr vorher, im September 2021, waren es bei der gleichen Menge nur 1316 € (vgl. Witsch 2022). Das bedeutet ein *Plus von 232 %* in nur zwölf Monaten. Da ist es kein Wunder, dass die Inflation auf einsame Höhen klettert. Der repräsentativ zusammengesetzte Warenkorb beinhaltet auch die Energiekosten. Und die sind die wesentlichen Treiber der Inflation. Ganz zu schweigen von den vielen Produkten, die aus Gas hergestellt werden. Diese Produkte und damit viele Unternehmen, die sie herstellen, führen uns mitten in die *größte wirtschaftliche Krise der Bundesrepublik.*

Eine Umfrage des Bundesverbands der Deutschen Industrie (BDI) im September 2022 ergab (vgl. Sabin 2022), dass *mehr als 90 %* der Unternehmen des industriellen Mittelstandes in Deutschland in den gestiegenen Energie- und Rohstoffpreisen eine „*starke oder existentielle Herausforderung*" (Sabin 2022) sehen im Vergleich zu „nur" 23 % im Februar 2022. Bäckereien in ganz Deutschland stehen vor einer Insolvenzwelle, da sie die hohen Energiekosten nicht mehr stemmen können (vgl. Sabin 2022). Bierbrauern, Dachziegelherstellern oder Porzellanproduzenten und weiteren Unternehmen ergeht es ähnlich (vgl. Sabin

2022). Bei Arbeitnehmer*innen geht die Angst um, den Job zu verlieren und kurz- bis mittelfristig keine Einkünfte mehr zu haben. Das Ersparte wird von der Inflation zum Teil aufgezehrt, die reale Kaufkraft sinkt. Düstere ökonomische Aussichten prägen das Verhalten der Konsumenten: Sie halten sich zurück, verschieben Anschaffungen oder vertagen sie ganz. Diejenigen, die sowieso schon nichts haben, müssen täglich ihre lebensnotwendigen Güter kaufen und können schon lange nichts mehr sparen. Die *Tafeln sind in Deutschland jetzt schon überlastet* und müssen bereits Menschen abweisen! (vgl. Schumacher 2022). Bereits heute versorgen über 960 gemeinnützige Tafeln mit rund 60.000 Ehrenamtlichen in ganz Deutschland über zwei Millionen Menschen mit einwandfreien überschüssigen Lebensmitteln. Es könnten noch mehr sein: 32 % der Tafeln waren aufgrund des Andrangs gezwungen, einen Aufnahmestopp einzuführen (vgl. Tafel 2022). Die *Energiekrise* hat das ganze Land erfasst und trifft uns alle, nicht nur diejenigen, die bereits heute schon Tag für Tag ums nackte Überleben kämpfen.

Zur Bekämpfung der Inflation hat die EZB die Leitzinsen bereits zum wiederholten Mal auf Stand heute (Dezember 2022) 2,5 % erhöht (vgl. Spiegel/EZB 2022). Da dies die Konditionen sind, zu denen sich europa- bzw. deutschlandweit die Geschäftsbanken bei den Notenbanken mit frischem Kapital versorgen, werden diese Zinsen an die Unternehmen, aber auch an die Verbraucher*innen weitergegeben. Dies verringert wiederum die Unternehmensinvestitionen, da die Kredite sich verteuern und gleichzeitig auch die konjunkturelle Lage zur Investitionszurückhaltung zwingt. Die Baubranche leidet, da die gestiegenen Zinsen die Baufinanzierung erschwert und nicht nur wegen der gestiegenen Rohstoffpreise die Bautätigkeit abnimmt (vgl. ifo Konjunkturprognose 2022). Der Ruf nach einem *Rettungsschirm für die deutsche Wirtschaft* wird lauter (vgl. exemplarisch für die Stadtwerke deutscher Kommunen, der Spiegel, Energiekrise 2022). Der Staat soll die notleidende Wirtschaft retten wie er es bereits während der Pandemiezeit erfolgreich vorexerzierte.

Aber nicht nur die Gas- und Baupreise steigen. Benzinpreise steigen nahezu gleichförmig dazu. Die Preise an den Tankstellen bewegen sich wie die Anzeigen in den Spielautomaten, getrieben von Künstlicher Intelligenz, scheinbar ohne Steuerung nach oben und unten und schwanken im Tagesdurchschnitt um drei bis vier Cent pro Liter. Das nennt sich dann *zeitliche Preisdifferenzierung:* Abgeschöpft wird dort und dann, wenn die meisten Kund*innen tanken, also nach 5 Uhr morgens und bis 22.00 Uhr abends. Es folgt alles der ökonomischen Logik der Gewinnmaximierung, oder schwächer: der Ertragssteigerung. Dies ist prinzipiell richtig, folgt man der Logik der Marktwirtschaft, zeigt aber unsere *Abhängigkeit von wirtschaftlichen Themen* und trifft nicht alle mit gleicher Wucht.

Passend dazu wird die Diskussion geführt, ob die außergewöhnlichen Gewinne, die jetzt einzelne Energieunternehmen einfahren, die sogenannten *„Übergewinne"* oder *„Zufallsgewinne",* wiederum staatlicherseits abzuschöpfen sind, um sie dann an diejenigen in Deutschland zu verteilen, die das Geld am nötigsten brauchen. Die Positionen stehen sich unvereinbar gegenüber: Die einen sagen, das unternehmerische Risiko der Firmen müsse sich auch in diesem Falle lohnen. Die Gewinne gehörten ihnen, den Unternehmen. Sie hätten sich diese redlich verdient. Schließlich seien sie auch in das Risiko gegangen. Andere Marktbeobachter prangern diese *„Übergewinne"* an, da sie vor allem zu Lasten der Ärmeren entstünden und hier unveränderliche Abhängigkeiten ausgenutzt würden. Daher müssten die Unternehmen einen Teil dieser zusätzlichen Gewinne der Allgemeinheit wieder *zurückgeben.* Ein scheinbar unüberbrückbarer Konflikt:

Der marktwirtschaftliche Unternehmeransatz gegen den solidarischen Blick auf das Gemeinwohl, was auch immer das konkret bedeuten soll. Das hat nur zu einem Teil mit einer wie auch immer gearteten Ideologie zu tun, sondern vielmehr mit *ökonomischen Gesetzen:* Steigt die Nachfrage, steigt der Preis und bei gleichen Kosten auch die Gewinne der Unternehmen. Aus Sicht der einen stopfen sich die Unternehmen zu Lasten der Verbraucher die Taschen voll, aus Sicht der anderen ist dies die logische Folge des unternehmerischen Handelns und des legitimen Interesses an der Gewinnmaximierung. Ein gesellschaftlicher Konsens darüber rückt in weite Ferne. Im gleichen Maße geht die ökonomische Polarisierung in Gewinner und Verlierer und damit in eine zunehmende Spaltung der Gesellschaft weiter. Dies wird allerdings nicht von allen Beobachtern so gesehen (vgl. exemplarisch Kaube/Kieserling 2022, u. a. S. 8).

Ein weiteres Beispiel dafür, dass Staat und Wirtschaft künftig stärker miteinander verzahnt werden müssen, ist der aktuell diskutierte *„Energiepreisdeckel"* in Form eines Gas- und Strompreisdeckels. Hier geht es auch darum, aus Sicht des Staates die exorbitant gestiegenen Energiepreise auf einem Niveau zu deckeln, um den Unternehmen und den Verbraucher*innen das wirtschaftliche Überleben zu sichern und Planungssicherheit zu schaffen. Befürworter*innen der freien Marktwirtschaft werden dies mit einer gewissen Skepsis beobachten, heißt es doch, einen *„willkürlichen"* Preis zu fixieren und in das Spiel von Angebot und Nachfrage aktiv einzugreifen. Den Preisunterschied zwischen dem staatlich fixierten Energiepreis und dem realen Marktpreis muss dann zwangsläufig der Staat kompensieren. Wir werden uns alle mit dem Gedanken anfreunden müssen, dass ein solches *Tandem aus Staat und Markt* immer häufiger zum Tragen kommen wird:

Der Markt sorgt für die „angemessenen" Gewinne und der Staat sorgt für die „richtige" Verteilung an die sozial schwächeren Mitbürgerinnen und Mitbürger. Wir erinnern uns an die finanziellen Rettungsschirme in der Coronazeit. Ein solcher Kraftakt bis hin zu Unternehmensbeteiligungen wird noch häufiger auf den Staat zukommen. Dadurch wird es allerdings noch keine Staatswirtschaft. Die Befugnisse des Staates zum Segen des Gemeinwohls werden allerdings in Zukunft deutlich erweitert werden müssen. Solche wichtigen *finanziellen Rettungsschirme müssen künftig zum ökonomischen Standardrepertoire des Staates werden.*

Sind Pandemie und mangelnde Energieversorgung nicht schon Grund genug, in eine gewisse Nachdenklichkeit zu geraten, sind die aktuellen und drohenden Krisen dazu angetan, pessimistisch in die Zukunft zu sehen. Zumindest aber blicken wir in *eine unsichere Zukunft.* Wir Älteren, die vielgerühmten *Babyboomer,* von denen es in Deutschland besonders viele gibt – mein Jahrgang, 1964, ist der geburtenstärkste seit dem Zweiten Weltkrieg – und die aktuell in diesem Land das Sagen haben, haben eine lange Zeit unaufhaltsamen Wohlstands erlebt. Nach den sogenannten *„Wirtschaftswunderjahren"* zu Zeiten von Konrad Adenauer und Ludwig Erhard in den Fünfziger und frühen Sechzigerjahren des letzten Jahrhunderts, erlebten wir zwar immer wieder wirtschaftliche Krisen wie die der Ölkrise 1973 oder die nach der Wiedervereinigung 1990 bzw. die Finanzkrise in den Nuller-Jahren. Dennoch haben wir auf längere Sicht gesehen eine *lange Strecke vergleichbaren Wohlstands erlebt* – bis in die Achtzigerjahre sogar für fast alle – und konnten mehrheitlich in Frieden und Freiheit leben. Viele Bürger*innen dieses Landes konnten zu beträchtlichem Wohlstand gelangen. Vielen gelang es auch, durch enorme persönliche (Bildungs-)

Anstrengungen ganz nach oben zu kommen und ein beträchtliches Vermögen aufzubauen.

Seitdem ist allerdings viel passiert. *Der Wohlstand kommt längst nicht mehr bei allen an.* Die Diskussion von dem *einen Prozent der Wohlhabenden* und den restlichen 99 % der Bevölkerung ist mittlerweile gängiges ökonomisches Gedankengut, zumindest bei denen, die die Statistiken verfolgen und es sich ehrlich eingestehen (vgl. Focus/Oxfam 2022). Ein Bildungsaufstieg von ganz unten nach (fast) ganz oben ist heute so gut wie unmöglich. In den Fünfzigerjahren konnte sich mein Vater noch ohne Abitur und Studium bis zur oberen Führungskraft eines Großunternehmens hocharbeiten. Das war damals eher die Regel als die Ausnahme, da zu dieser Zeit, 1950 bis 1960, nur 5 bis 7 % eines Jahrgangs das Abitur absolvierten und noch weniger studierten (vgl. Burger 2020). Heute ist zwar das Abitur bei über 50 % eines Jahrgangs der neue Standard (vgl. Burger 2020), der Weg zu den höheren Führungsebenen ist allerdings auch heute nur wenigen vorgezeichnet, die aus dem entsprechenden Elternhaus kommen. Abgesehen davon, dass überproportional viele Akademikerkinder das Abitur machen, nämlich 79 %, und deutlich weniger Arbeiterkinder, nämlich nur 27 % (vgl. Himmelrath 2018). Die Einkommens- und Vermögensungleichheit innerhalb eines Landes und zwischen den Ländern der Welt hat sich, dies haben die umfangreichen Studien des französischen Ökonomen *Thomas Piketty* gezeigt, zum Teil deutlich zugenommen (vgl. Piketty 2020 und 2014). *Die schichtübergreifende Mobilität hat eher ab- als zugenommen:*

Wer in Deutschland in die ökonomische Unterschicht oder untere Mittelschicht hineingeboren wurde, wird so gut wie nie am Ende seines Lebens in der Oberschicht ankommen und umgekehrt. Bildungslebensläufe werden zumeist weitergegeben, Akademikerkinder bleiben häufig in den Privatschulen und Hochschulen unter sich und nutzen (legitimerweise) das breite gesellschaftliche Netzwerk der Eltern, von dem geübten Umgang in diesen Kreisen ganz zu schweigen (vgl. vertiefend u. a. Pietsch 2022, S. 94 ff.).

Die *Welt ist zudem zunehmend volatiler geworden:* Ein einziger Besuch einer hochrangigen amerikanischen Politikerin in Taiwan, *Nancy Pelosi,* die damalige Sprecherin des Repräsentantenhauses, und damit das Bekenntnis zur Demokratie dieses Landes, reicht aus, eine internationale Krise mit China zu erzeugen, die gerade in ihren politischen, menschlichen aber auch ökonomischen Konsequenzen noch gar nicht abschätzbar ist. Ein Besuch, ein Tag und die Welt kann eine andere sein. Zum Zeitpunkt des Abfassens dieser Zeilen ist der Ukrainekonflikt bereits genau ein halbes Jahr alt und ein Ende ist nicht in Sicht. Krisen wie diese werden künftig nicht nur mit Waffenlieferungen, sondern auch mit Wirtschaftssanktionen bekämpft werden, die wiederum unvorhersehbare Folgen nach sich ziehen. Die *lange Strecke des Wohlstands und des Friedens,* die wir Babyboomer erleben durften, scheint auf absehbare Zeit *eindeutig vorbei zu sein.* Dabei haben wir noch nicht über die anderen gleichzeitig laufenden Krisenherde dieser Welt gesprochen. Stellvertretend sollen hier die Krisen und Konflikte in der Demokratischen Republik Kongo, Haiti, Sudan, Syrien und Afghanistan genannt werden (zur Vertiefung vgl. Bulling 2021). Auch die aktuellen Entwicklungen im Iran, die Art und Weise *wie hier Frauenrechte mit Füßen getreten* werden, lässt das Schlimmste befürchten.

Spätestens seit den Lockdowns, den Schließungen von Geschäften aller Art, der zeitweiligen Lahmlegung ganzer Branchen, etwa der Luftfahrt, Tourismus oder Gastronomie, ganz zu schweigen von der Kulturbranche, wissen wir, wie schnell sich der ökonomische Wind drehen kann. Das fehlende Toilettenpapier zu Zeiten der Corona-

Pandemie erscheint relativ harmlos im Vergleich zu dem Winter 2022/2023, in dem viele Haushalte zu frieren drohen. Auch wenn wir diesen Winter dank kluger, zum Teil bürgerindividueller Strategie wohl irgendwie durchstehen werden, kommt der nächste Energiemangel ganz gewiss. Wer weiß schon, welche Regionen und Länder auf dieser Erde noch in den einen oder anderen Konflikt hineingezogen werden oder welche Pandemien unbekannter Lesart sonst wo noch drohen?

Augenscheinlich ist, dass alle Krisen, auch die Klimakrise, *unweigerlich in ökonomische Konsequenzen münden:* Die Corona-Pandemie traf ganze Branchen tief ins Mark oder zumindest einzelne Unternehmen, auch wenn sie sich (Gott sei Dank!) in 2022 wieder weitestgehend erholt haben. Zahlreiche Arbeitslose oder Branchenwechsler etwa aus der Gastronomie, dem Tourismus oder den – *noch immer zu schlecht bezahlten* – Pflegeberufen gehen mit dieser Pandemie einher. Diese Branchenwechsler, etwa in der Tourismusbranche, fehlen jetzt bei der wieder stark angezogenen Reisekonjunktur. Die Jobunsicherheit führte während der Pandemie dazu, dass Haushalte nicht unbedingt erforderliche Ausgaben zurückstellten, was in der *„Gaskrise"* ebenfalls geschieht.

Die Nachfrage nach Konsumgütern, die nicht unbedingt zum täglichen Leben benötigt werden, bricht ein. Ökologische Langfristfolgen bringen gleichzeitig ökonomische Risiken mit sich, etwa wenn der Rhein so wenig Wasser mit sich führt, dass Schiffe nicht mehr fahren können und die internationale (Waren-)Logistik nachhaltig beeinträchtigt. Ganz zu schweigen von den ökonomischen Konsequenzen von Waldbränden, Sturmfluten wie 2021 im Ahrtal und vieles mehr. Auch fehlendes Gas wird vor allem diejenigen treffen, die sich die vervielfachten Gaspreise nicht mehr leisten können, da sie sowieso gerade so über die Runden kommen. Alle aktuellen Krisen, und die vielen, die noch kommen mögen, *bringen wie bereits erwähnt vor allem ökonomische Konsequenzen mit sich.* Vielleicht sollten wir uns vornehmen, dem Thema der Ökonomie auch in dem gleichen Maße die Aufmerksamkeit zuzuwenden wie es unser tägliches Leben betrifft!

Das geht nicht nur professionelle Ökonom*innen oder entsprechend ausgebildete Menschen an, sondern uns alle. Denn wir sind alle von den wirtschaftlichen Entwicklungen betroffen. Das in der Theorie noch immer herumgeisternde Trugbild des rationalen, zu jedem Zeitpunkt umfassend informierten *Homo oeconomicus* mit klaren Bedürfnissen und Präferenzen, hilft hier nicht weiter. Gleiches gilt für die netten Schaubilder und Graphen, die häufig in mathematische Gleichungen gekleidet werden. Am ehesten hilft die Ökonometrie, die auf Basis empirischer statistischer Grundlagen ein einigermaßen realistisches Bild der aktuellen Lage abbildet (vgl. zu den Fehlentwicklungen der ökonomischen Theorie u. a. Pietsch 2022a, S. 309 ff.). Aber auch ohne das Spezialistenwissen der Expert*innen sehen wir, dass wir alle nicht umhinkommen, uns *künftig intensiver und umfassender mit ökonomischen Fragen zu beschäftigen*. Denn neben den erwähnten, erst seit wenigen Jahren aufgekommenen Themen wie die Corona-Pandemie oder die Energieversorgungskrise aufgrund des Ukraine-Krieges, müssen wir auch Antworten auf die schon länger diskutierten ökonomischen Fragen finden.

Die *Digitalisierung* wird Millionen von Jobs überflüssig machen oder zumindest verändern (vgl. Pietsch 2022, S. 217 ff.). Gleichzeitig wird sich der Fokus der *Globalisierung* ebenfalls verschieben hin zu einer stärkeren nationalen oder regionalen Bevorratung der Lieferketten („*Local for Local*"). Manche Marktbeobachter stellen bereits eine Erschöpfung der Globalisierung fest (u. a. Hüther et al. 2018). Immobilienpreise steigen vor allem in den Metropolen. Die stolzen Eigentümer von Immobilien werden

„*im Sitzen reicher*", was nicht als Vorwurf gemeint ist, sondern schlicht eine Tatsache beschreibt. Den Mietern läuft dagegen der Mietpreis davon. Versuche, die Mieten auf einem gewissen Niveau zu deckeln, etwa in Form eines „*Mietendeckels*", sind ebenso gescheitert wie der rechtlich untaugliche Versuch, den Besitzer zu enteignen. Die *Polarisierung der Gesellschaft in arm und reich schreitet voran*, die Mittelschicht dünnt sich aus. Der soziale Sprengstoff ist vorprogrammiert. Forderungen nach einem bedingungslosen Grundeinkommen (vgl. u. a. Precht 2022, vor allem S. 327 ff.) werden genauso laut wie die Frage nach der stabilen Altersversorgung und der *überfälligen Umgestaltung des Rentensystems zu Zeiten einer alternden Bevölkerung*. Umso wichtiger ist es, dass wir uns alle mit dem Thema der Ökonomie stärker beschäftigen: Wenn alle Krisen von heute und wahrscheinlich auch von morgen unweigerlich vor allem auf die Wirtschaft einwirken und Konsequenzen für unser tägliches Leben haben, dann sollten wir uns gefälligst intensiv mit diesem Thema beschäftigen.

Dieses kurz gefasste Buch möchte sich genau das zum Ziel nehmen: *Die ökologischen Krisen und die ökonomischen Herausforderungen unserer Zeit klar zu benennen und mögliche Antworten darauf zu formulieren.* Das sind wir nicht nur uns, sondern vor allem der jüngeren Generation schuldig, die das ganze Leben noch vor sich hat. Vor allen Dingen müssen wir uns der Frage stellen, inwieweit der Wohlstand, den wir uns über Generationen erarbeitet haben, so noch beibehalten werden kann. Wir haben es in den vorigen Abschnitten bereits skizziert:

- Die *Energiekrise* zwingt uns (fast) alle, aber vor allem das *untere Einkommens- und Vermögensdrittel*, auf das Ersparte zurückzugreifen – wenn es überhaupt eines

gibt – und zu überlegen, wie wir uns und unsere Familien über die Runden bringen.
- Gleichzeitig sind *viele Unternehmen,* vor allem *kleine und mittelständische* wie etwa Bäckereien durch die dramatisch gestiegenen Strom- und Gaspreise *in ihrer Existenz bedroht.* Gleiches gilt für energieintensive Branchen wie etwa die Chemiebranche. Unzählige Insolvenzen drohen trotz des staatlichen Rettungsschirms und der Gas- bzw. Strompreisbremse. Dadurch sind Millionen von Arbeitsplätzen akut gefährdet, Einkommen brechen weg, Ersparnisse schmelzen dahin und die Konsumnachfrage bricht ein. Dies wiederum bringt auch Unternehmen in Gefahr, die heute noch in der Lage sind, ihre Produkte zu vermarkten. Ein fataler Kreislauf.
- Die *Klimakrise* macht die Erde zunehmend unbewohnbar, verwüstet ganze Landstriche oder vernichtet Ernten. Der Umstieg in die alternativen Energien wie Wind- und Solarkraft, die heute noch unterproportional im Energiemix vertreten sind, braucht viel Zeit und produziert hohe Kosten. Selbst wenn wir den Wohlstand im Land einigermaßen halten könnten, was wäre er wert, wenn die Erde sukzessive unbewohnbar würde? Eine klimaneutrale Wirtschaft ist nicht zum Nulltarif zu haben und wird ebenfalls mit Wohlstandsverlusten erkauft werden.
- Gleichzeitig sind wir nicht vor *weiteren Pandemien* gefeit, unabhängig davon, dass die Covid-Welle noch nicht ausgestanden ist. Weitere Einschränkungen der Wirtschaft in Form von Lockdowns sind denkbar, auch wenn wir alle das Gegenteil hoffen.
- Die *Globalisierungswelle* rollt weiter. Wir haben gesehen, wie anfällig die globalen Lieferketten sind, wenn der Lockdown nicht vor kurzfristigen Grenzschließungen Halt macht. Außerdem sollten wir uns darüber Gedanken machen, dass nur wenige (Industrie)Länder und

die gut Ausgebildeten unter uns von der Globalisierung profitieren zu Lasten des anderen Teils der Weltbevölkerung. Die *Digitalisierung* könnte je nach Studie Millionen von Jobs kosten, die kaum in anderen Bereichen zu kompensieren sind. Auch in einem reichen Land wie Deutschland werden viele Arbeitnehmer*innen auf der Strecke bleiben und ihre Arbeitsplätze verlieren.

Dies alles wird dazu führen, dass der in den ersten Jahrzehnten nach dem Zweiten Weltkrieg aufgebaute *Wohlstand vor allem in Deutschland in Gefahr* gerät. Dort, wo noch Wachstum stattfindet und Geld verdient wird, werden sich das Einkommen und das (ererbte) Vermögen ungleich entwickeln. Der Trend in der Spreizung der Einkommen und Vermögen wird sich fortsetzen trotz der staatlichen Steuer- und Sozialpolitik. Diejenigen, die an der Spitze der Einkommens- und Vermögenspyramide stehen, werden sich künftig noch weiter vom Rest der Bevölkerung entfernen und dies an die Erbengeneration weitergeben. Man spricht bereits heute schon von der Spaltung der Bevölkerung in *das eine Prozent und die 99 % der anderen*. Dieses Buch wird vor allem der Frage nachgehen, ob in der Breite der Bevölkerung, die 99 % anderen sozusagen, das Wachstum des Wohlstands weitergeht oder nicht eher von einer umgekehrten Entwicklung auszugehen ist.

Konkret gefragt: Ist der Wohlstand der breiten Masse der Bevölkerung noch sichergestellt oder ist er nicht sogar gefährdet oder schließlich gar ein *Ende des Wohlstands zumindest für die meisten Bürger*innen in Deutschland gekommen?* Wir sprechen hierbei von den Arbeitnehmer*innen, aber auch von den kleinen und mittelständischen Unternehmen, die die Wirtschaft in Deutschland tragen und mit ihrer Arbeit dafür sorgen, dass es Deutschland gutgeht. Werden sie in der Lage sein, die zusätzlichen Kosten der Energiekrise aufzufangen, den Jobverlust zu vermeiden, der durch die Energiekrise, Pandemien oder die Digitalisierung drohen? Oder werden am Ende nur das eine Prozent oder bestenfalls die zehn Prozent reichsten in Deutschland gut über die Runden kommen können? Auf den Punkt gebracht müssen wir uns fragen, *ob das angenehme Leben für die Mehrheit der Bevölkerung zu Ende geht* zu Lasten derer, die noch gute Jobs haben, über ausreichend Vermögen und Immobilien verfügen – deren Wert immer weiter ansteigt, während den Mietern die Mieten davonlaufen! Dieser Kernfrage müssen wir nachgehen und überlegen, welche Konsequenzen eine solche Entwicklung für uns alle hätte und wie wir diese negativen Entwicklungen aufhalten können. Dabei geht es uns in Deutschland noch vergleichsweise gut. Der Globale Süden, die ärmsten Länder dieser Welt, die Verlierer der Globalisierung, kommen schon heute kaum über die Runde. Von Wohlstand kann hier keine Rede sein. Wenn wir nicht wollen, dass nur eine *hauchdünne Schicht der Wohlhabenden in den reichen Industrieländern vom Wohlstand profitieren,* müssen wir uns Gedanken machen, wie wir diesen unhaltbaren Zustand schnellstens verändern können!

Dabei habe ich selbstverständlich nicht den Stein der Weisen gefunden. Vielmehr möchte ich Anregungen und Vorschläge vorlegen, auf deren Grundlage eine Diskussion zu Lösungsalternativen möglich ist. Beginnen möchte ich nach diesen einleitenden Bemerkungen im ersten Kapitel mit den unvorhergesehenen Pandemien der Zukunft in Kap. 2. Wer hätte allen Ernstes Ende 2019 damit gerechnet, dass ein Covid-19 Virus uns und die gesamte Weltbevölkerung praktisch lahmlegen und das öffentliche Leben nahezu zum Stillstand bringen würde? Niemand konnte ernsthaft davon ausgehen, dass von heute auf morgen Eingriffe in das tägliche Leben von Millionen von Bürger*innen auf der ganzen Welt notwendig sein könnten, um eine Verbreitung des Virus zu verhindern. Die Langzeitfolgen des Virus, das sogenannte *„Long Covid"*, sind für den menschlichen Körper und für die Psyche noch nicht ausreichend erforscht. Ganz zu schweigen von den *zahlreichen Traumata der Kinder,* die ebenso wie die zahlreichen alten und schwachen Menschen unter der Pandemie am stärksten zu leiden hatten.

Wer verspricht uns denn, dass künftige Pandemien nicht genauso unvermittelt auf eine unvorbereitete Weltbevölkerung treffen wie das Corona-Virus? Außerdem haben wir keine Garantie dafür, dass die Corona-Pandemie ein für alle Mal ausgestanden ist. Die neue Normalität ohne Maske und weitgehende Begrenzungen des täglichen Lebens heißen nicht, dass wir nicht irgendwann zwangsweise wieder in die alten Abstandsmuster und Hygieneregeln zurückfallen werden und vielleicht müssen. Obwohl wir alle sehnsüchtig auf eine stabile neue Normalität hoffen, können wir uns künftig nie sicher sein, ob wir nicht von heute oder morgen wieder in den Krisenmodus zurückgeworfen werden.

Ich will in diesem Kap. 2 auch noch einmal in aller Kürze daran erinnern, welche ökonomischen Folgen die Pandemie mit sich gebracht hat und ob künftige Pandemien ähnliche Folgen haben werden. Vor allem drei Dinge wurden während der Pandemie offensichtlich:

1. Das *Verhältnis zwischen Staat und Markt* hat sich zugunsten des Staates verschoben: Ganze Branchen und Unternehmen wie die Luftfahrt- und Tourismusindustrie in Deutschland und damit verbundene Unternehmen wie etwa die Lufthansa oder der Tourismuskonzern TUI mussten durch entsprechende Staatsbeteiligungen bzw. -hilfen vor dem sicheren Konkurs bewahrt werden. Entgegen dem *ordoliberalen Credo,* dass der Staat lediglich die Rahmenbedingungen setzt, wurde gezwunge-

nermaßen massiv in den Marktmechanismus eingegriffen. Es gab (Gott sei Dank!) für die notleidenden Branchen aber auch ausgewählte Berufsgruppen, etwa die Künstler und Kulturschaffenden, Überbrückungshilfen. Es wurde ein gesamtes Arsenal an Hilfsmaßnahmen verabschiedet, um die Unternehmen zu stützen und Arbeitsplätze zu sichern.

2. *Das Instrument der Kurzarbeit,* einzigartig in Deutschland, half ebenso in großem Maße, die Arbeitslosigkeit auf einem vergleichsweisen niedrigen Niveau zu halten. Wir werden uns künftig daran gewöhnen müssen, dass der Marktmechanismus mit seinen Preissignalen und der Knappheitsbotschaft zwar prinzipiell für den Wohlstand sorgen sollte, der Staat aber immer stärker in die Steuerung der Marktergebnisse eingreifen muss. *Märkte und der Staat müssen als Tandem mit klarer Arbeitsteilung operieren:* Der eine Teil, der Markt sorgt für die Gewinne und die Wettbewerbsfähigkeit, der andere Teil, der Staat, sorgt dafür, dass der Wohlstand bei allen ankommt und die Ökonomie mit den ökologischen Ressourcen haushaltet.

3. Die *Globalisierung wird sich ändern müssen,* da die Lieferketten künftig stärker als bisher national oder regional angelegt werden. Das wird sicher nicht für alle Unternehmen und Branchen in dem Maße möglich sein. Dies strategisch auszuschließen wäre allerdings mit Sicherheit auch nicht der richtige Weg. Internationale Termine werden künftig nicht nur wegen der unnötigen Umweltbelastung in hohem Maße ohne die vielen Reisen auskommen müssen. Wiewohl nicht komplett auf physische Präsenz verzichtet werden wird, wird eine große Zahl der (internationalen) Termine und Meetings eher online im Videoformat als physisch stattfinden.

Kap. 3 wird sich mit den *internationalen Krisenherden* und deren Auswirkungen auf die Wirtschaft beschäftigen. Es wird nicht nur um den uns alle betreffenden Krieg in der Ukraine mit seinen umfangreichen Wirtschaftssanktionen gehen, sondern auch um weitere Krisenherde. Der Streit mit China um den Besuch der Sprecherin des US-Repräsentantenhauses, Nancy Pelosi, in Taiwan ist nur stellvertretend für die zahlreichen internationalen Konflikte und Krisenherde, die jederzeit von heute auf morgen die (ökonomische) Weltlage dramatisch verändern können. Dabei haben wir wie oben bereits angedeutet noch nicht über die schon länger schwelenden Konflikte in Afghanistan oder auf dem afrikanischen Kontinent etc. gesprochen, die sich jederzeit ausweiten könnten. Auch hier gilt es, nicht nur die drohenden bzw. bereits vorhandenen menschlichen Folgen abzuschätzen, sondern auch die langfristigen Konsequenzen für die Weltwirtschaft und für Deutschland im Speziellen.

Wenn wir uns alleine den sich anbahnenden Konflikt zwischen China und den USA ansehen hinsichtlich der Frage, wie mit Taiwan umgegangen werden soll, werden die ökonomischen Dimensionen schnell offensichtlich: Für viele, nicht nur deutsche Unternehmen, stellt *China mittlerweile den wichtigsten Exportmarkt* dar. Ein plötzliches Wegbrechen dieses riesigen Marktes aufgrund der politischen Spannungen kann nicht von heute auf morgen durch andere Märkte kompensiert werden. Noch dazu liefert Taiwan etwa zwei Drittel der weltweit benötigten Halbleiter d. h. die Mikrochips, die Herzen moderner Industrieprodukte, besonders der kleinen und hochwertigen (vgl. Lee 2022). Kaum vorzustellen, dass Autos, Kühlschränke oder andere technische Geräte ohne diese Halbleiter auch nur zeitweise auskommen.

Die ökonomischen Folgen dieser politischen Krisen könnten dramatischer kaum sein. Der drohende Gasmangel in Deutschland im Winter 2022/2023 ist nur ein kleiner Vorgeschmack darauf. Wenn schon der Mangel an Gas auf die Verbraucher*innen durchschlägt, so trifft er *vor allem die unteren sozialen Schichten* besonders hart. Das sind diejenigen Mitbürger*innen, die heute sowieso gerade so über die Runden kommen und die durch eine Verdreifachung der Energiepreise kaum noch Chancen haben, ein halbwegs solides Leben führen zu können. Die zum Zeitpunkt des Abfassens dieser Zeilen geplante Gasumlage hätte daher – wie künftig bei allen Belastungen – die Bezieher niedrigerer Einkommen mit staatlichen Ausgleichszahlungen kompensieren müssen. Sie wurde aus gutem Grund abgesagt (vgl. Lemberg 2022):

Zur Rettung der Gas-Importeure in Deutschland hätten die Verbraucher alle 2,4 Cent mehr pro Kilowatt-Stunde Gas zahlen müssen. Nachdem *Uniper,* einer der Gasimporteure, verstaatlicht wurde, wären diese Einnahmen aus dem Gas-Aufschlag auch dem Staat zugutegekommen. Dies wäre finanzverfassungsrechtlich nicht zulässig. Die Gut- und Topverdiener in dieser Republik sind darauf nicht angewiesen! Die zunehmende Volatilität der ökonomischen Entwicklungen in Deutschland, die Änderungen in immer kürzeren Abständen und deren Rückwirkung auf unterschiedliche soziale Schichten in Deutschland werden das Kernthema dieses dritten Kapitels sein.

Kap. 4 steht ganz im Zeichen der *drohenden Klimakatastrophe.* In Zeiten der Flutkatastrophen, nicht am anderen Ende der Welt wie etwa in Sydney, sondern auch bei uns im Ahrtal, stellt sich die Frage, ob wir *wirklich genügend tun,* um den dauerhaften Klimawandel noch abwehren zu können. Gefühlt wurden in den letzten Jahren viele Millionen an Büchern und hunderttausende von Studien zu dem Thema publiziert. Allen einsichtigen Bürger*innen auf der Welt dürfte die Dramatik der Situation klar geworden sein: Nicht nur die Flutkatastrophe im Ahrtal oder der extrem niedrige Pegelstand vieler deutscher Gewässer wie etwa der des Rheins künden von einer drohenden irreversiblen Entwicklung. Abgeschmolzene Polarkappen werden nicht wieder gefrieren. Abgeholzter Regenwald in Brasilien wird so schnell nicht wieder nachwachsen – auch der neu gewählte brasilianische Präsident Lula da Silva wird diese Entwicklung nicht umkehren können. Leidtragende dieser Entwicklung werden aber nicht nur wir Menschen sein. Das Waldsterben und die Verschmutzung der Meere zerstören auch den angestammten Lebensraum vieler Tiere, deren Artensterben ungebremst weitergeht, wenn wir nichts dagegen tun.

Es ist ja nicht so, dass wir die prinzipiellen Probleme nicht kennen würden (wenn wir sie nicht wie ein kleiner Teil der Bevölkerung einfach leugnen bzw. ignorieren). Wir haben *kein Erkenntnis- sondern ein Umsetzungsproblem* (vgl. auch das aktuelle Buch von Maja Göpel, in dem sie vor allem an die *entsprechende Haltung* zur alternativen Handlungsweise an uns alle appelliert, Göpel 2022). Doch viele Maßnahmen zur Stärkung der Nachhaltigkeit sind gegenwärtig wieder auf dem Prüfstand, kaum dass ein Gasmangel droht. So sollen Kernkraftwerke, deren Abschaltung nach der Reaktorkatastrophe von Fukushima 2011 in Deutschland unisono beschlossen wurde, jetzt doch weiterlaufen. Ähnliches gilt für die Kohlekraftwerke. Wiewohl die Suche nach kurzfristigen Alternativen zur Energieversorgung verständlich ist, ist dieser Weg eher kritisch zu sehen, da wir die langfristigen Wirkungen im Auge haben müssen.

Dieses *vierte Kapitel* wird sich vor allem mit den *wesentlichen Maßnahmen zur Einhaltung des Klimaziels der 1,5 Grad* beschäftigen und die Vor- und Nachteile diskutieren. Die bereits beschlossenen und aufgesetzten Maßnahmen werden aber bei weitem noch nicht ausreichen, um den Klimawandel aufzuhalten. Selbst wenn man sich den zum Teil illegalen Aktionen und drastischen Aussagen der *„letzten Generation"* nicht anschließen möchte und sie zumindest in großen Teilen ablehnt (vgl. Die Letzte Generation 2022, z. B. fordern die Aktivisten ein Tempolimit von 100 km/h auf deutschen Autobahnen, eine Fortführung des 9-Euro-Tickets, einen Schuldenerlass für den Globalen Süden), gibt die weltweite Entwicklung doch zu denken. Schließlich wird immer wieder von einem *„grünen Wachstum"* geredet (vgl. exemplarisch Naumer 2022). Ein Wachstum, das vor allem klimaneutral erfolgen soll und mehr Waren und Dienstleistungen produziert ohne gleichzeitig die Umweltkosten und den Energieverbrauch zu erhöhen (vgl. Krumenacker 2022). Auch hier gibt es unterschiedliche Positionen:

Während viele ein solches grünes Wachstum begrüßen, weisen andere (exemplarisch dazu Herrmann 2022) darauf hin, dass ein *Wachstum, im Kapitalismus ein Imperativ,* mit einem richtig umgesetzten Klimaschutz nicht möglich ist. Die Wirtschaft müsse zwangsweise schrumpfen, da alleine die alternativen und umweltverträglichen Energiequellen nicht ausreichten, das Wachstum zu alimentieren. Ein weiter so, ein unbegrenztes Wachstum könne es in einer Welt der endlichen Ressourcen nicht geben. Folglich müsse die Wirtschaft schrumpfen (vgl. Herrmann 2022, vor allem S. 203 ff.).

Kap. 5 wird der Frage nachgehen, wie wir mit der *sozialen Frage des 21. Jahrhunderts* umgehen sollen und welche Rolle dabei der Staat spielt. Dabei handelt es sich nicht nur um die Armut in den Ländern Afrikas oder Lateinamerikas, sondern auch um die Armut im reichen Europa: *Immobilien die nicht mehr bezahlbar sind* (München ist mittlerweile pro Quadratmeter Wohneigentum teurer als London, vgl. Der Spiegel/Immobilienpreise 2022), Mieten, die unerschwinglich werden, da immer noch zu wenig neue Wohnungen, vor allem Sozialwohnungen, gebaut werden. Jobs, die in der Pandemie weggefallen sind oder zu schlecht bezahlt werden. Die Digitalisierung wird den *Wegfall einfacher Jobs noch beschleunigen.* Soziale Jobs, die für den Zusammenhalt unserer Gesellschaft lebensnotwendig sind, wie etwa die Pflegeberufe, werden immer noch zu schlecht bezahlt und zunehmend unattraktiver für die nachwachsende Generation. Die Schere zwischen Topverdienern und Sozialhilfeempfängern wird weiter aufgehen. Die Generation der Erben wird die Vermögensungleichheit in Deutschland noch zementieren.

Wiewohl immer mehr junge Leute das Abitur machen und dem Handwerk immer mehr Lehrlinge fehlen, *nimmt die Bildungsgerechtigkeit weiter ab.* Bereits vor der Corona-Pandemie waren die Abiturient*innen aus den Bildungsschichten häufig unter sich (s. o.). Darüber hinaus verfügen sie häufig über ein hochkarätiges Netzwerk der Eltern und wissen, wie man sich in dieser Welt des Wettbewerbs behaupten muss. Das ist kein Problem derer mit dem richtigen Elternhaus und im Übrigen auch kein Vorwurf: Jede Mutter und jeder Vater wünschen sich legitimerweise das Beste für den Nachwuchs. Es ist vielmehr eine Herausforderung für diejenigen, die weder über die finanziellen noch die gesellschaftlichen Mittel verfügen und in dem *Kreislauf der Bildungsverlierer gefangen* sind. Frei nach dem Motto: Netzwerke schaden nur dem, der sie nicht hat! Abweichungen nach oben sind im Gegensatz zu den 1980er Jahren eher die Ausnahme als die Regel geworden.

Der Staat greift immer mehr in die Speichen der Wirtschaft ein. Während viele Mitbürger*innen dies als wohltuend empfinden, prangern vor allem Marktliberale diese Einmischung des Staates an (vgl. zur Rolle des Staates exemplarisch bei Milton Friedman in Pietsch 2022a, S. 231). Dieser Streit zwischen einem paternalistischen Staat, der seine Bürger*innen von dem schlimmsten Unheil fernhalten soll und einem freien, ungehindert laufenden Markt existiert bereits seit vielen Jahren. Exemplarisch dafür steht die fachliche Auseinandersetzung zwischen John Maynard Keynes und Milton Friedman, den beiden wohl bekanntesten Ökonomen des Zwanzigsten Jahrhunderts (vgl. im Folgenden Pietsch 2022a, S. 191 ff.). Während Keynes den Staat in der Verpflichtung sah, mit seinen Investitionen die fehlende Gesamtnachfrage anzukurbeln, lehnte Friedman den Staatseingriff in jeglicher Form als einen unrechtmäßigen Eingriff in das freie Spiel der Marktkräfte ab (vgl. Pietsch 2022a, S. 217 ff.).

Gerade heute stellt sich wieder sehr aktuell die Frage, ob und wann Unternehmen pandemiebedingt gerettet werden müssen. Ist die Kurzarbeit ein wirksames Instrument (eher ja)? Müssten nicht die Firmen, die von der Energiekrise und der Gasumlage überproportional profitieren und Milliardengewinne einstreichen, sich an der Unterstützung der sozial Schwächeren beteiligen? Die Rede ist von einer *„Übergewinnsteuer"*, was auch immer das konkret ist und wie diese im Einzelnen vom Staat abgeschöpft werden kann, ohne in ein rechtliches Chaos zu stürzen. Zu Zeiten der Corona-Pandemie wurden zahlreiche Entlastungspakete für Unternehmen, ganze Branchen oder Bereiche, etwa die Kulturindustrie, geschnürt, um deren Überleben zu sichern. Was sicherlich eine notwendige Maßnahme in Krisenzeiten darstellte, könnte sich künftig als Dauerlösung herausstellen. Liberale Politiker sprechen im Zusammenhang der Übergewinnsteuer und der zahlreichen staatlichen Unterstützungsmaßnahmen bereits vom *„Ende der Sozialen Marktwirtschaft"* in Deutschland (vgl. FDP 2022).

Die Frage, die sich konkret stellt, ist die *nach der künftigen Rolle des Staates*. In der Wirtschaftsgeschichte gab es dazu klare Positionen, die von Keynes und Friedman habe ich bereits skizziert. Darüber hinaus legte sich die ordoliberale Schule um Walter Eucken und Wilhelm Röpke aber auch Müller-Armack und nicht zuletzt Ludwig Erhard darauf fest, dass der *Staat nur den Rahmen* bilden sollte, den freien Wettbewerb sicherstellen und ansonsten der Wirtschaft freien Lauf lassen sollte. Davon sind wir Stand heute, im Herbst 2022, weiter entfernt als zuvor. Eine gute Weiterentwicklung dieser Idee bietet das Konzept der italienischen Ökonomin *Mariana Mazzucato*. Sie fordert darin einen Staat, der nicht nur den Rahmen schafft, sondern vor allem *die Grundlagenforschung anregt* bzw. finanziert und die (Hochschul)Bildung in den Vordergrund staatlicher Bemühungen setzt. So sichert der Staat die Humanressourcen für einen leistungsfähigen und unternehmerischen Staat (vgl. Mazzucato 2014 und 2021).

Kap. 6 wird die bereits bekannten Themen der Globalisierung und der Digitalisierung vertiefen. Man hat landläufig geglaubt, die Globalisierung werde sich weiter intensivieren. Dennoch hat sie durch die Pandemie und die politischen Konflikte in einigen Teilen der Welt einen starken Dämpfer bekommen. Lieferketten rissen durch die Schließung ganzer Staaten oder Städte wie etwa in China („Lockdown") komplett ab. Die Lieferanten aus aller Welt konnten nicht mehr exportieren. Weltweite Produktionen standen ohne Materialien oder Teile da. Galt die Globalisierung bereits vorher als *„erschöpft"* (Hüther et al. 2018), gingen nun die Überlegungen stärker in Richtung lokaler oder regionaler Lieferketten, um die kurzfristigen Produktionsbedarfe sicherstellen zu können. Die Digitalisierung, so sind manche Marktbeobachter überzeugt (vgl. stellvertretend Precht 2019), wird in den nächsten Jahren alleine in Deutschland Millionen von Jobs kosten. Vor allem einfache, repetitive Tätigkeiten zumeist mit einfacher Ausbildung, werden zunehmend durch Maschinen und die Künstliche Intelligenz ersetzt. Nicht nur redaktionelle Texte oder medizinische Diagnosen wie etwa das Hautkrebsscreening können künftig mithilfe der Künstlichen

Intelligenz erstellt werden, sondern auch einfache buchhalterische Aufgaben oder die Analyse juristischer Texte. Während manche Jobs unwiederbringlich wegfallen, werden andere durch die digitale Technik verändert oder ergänzt. *Millionen von Jobbildern werden sich komplett wandeln.*

Darüber hinaus wird sich das Bild der Arbeit wandeln: Die persönliche Bilanz zwischen Arbeit und Freizeit steht immer mehr im Vordergrund, die sogenannte *„Work Life Balance"*. *Sabbaticals* d. h. unbezahlte Auszeiten vom Beruf mehren sich. Elternzeiten für beide Elternteile, nicht nur für die Mütter, werden Standard. Die Bewegung der *„Frugalisten"* strebt eine möglichst kurze Lebensarbeitszeit zugunsten eines langen unbeschwerten Lebens mit kleinem Portemonnaie an. Die Ersparnisse der Berufszeit sollen dann ab spätestens Mitte 40 für einen geruhsamen Lebensabend sorgen (vgl. etwa Wagner 2019). Generell hat das eigene Büro ebenso ausgedient wie die klaren Hierarchien und der fest zugeteilte Arbeitsplatz, der zunehmend mit den eigenen vier Wänden getauscht wird. Die agile Vorgehensweise der Software-Programmierung, in der kleine Softwareausschnitte in kurz getakteten, mehrwöchigen *„Sprints"* in hierarchiefreien Teams erstellt werden, löst die alte „Wasserfallmethode" ab. Kurz: Die künftige Arbeitswelt ist in einem dramatischen Wandel begriffen. Und das ist erst der Anfang, vor allem wenn die Generation der Babyboomer vollständig in Rente gegangen sein wird. Schlimmer noch: Mit dem Wegfall der älteren Generation am Arbeitsmarkt und der drohenden (und schon lange bekannten!) *Lücke zwischen Babyboomer-Rentnern und Berufsanfängern der neuen Generation* wird sich der bereits existierende Fachkräftemangel noch verstärken. Dies alles wird Thema dieses 6. Kapitels sein.

Am Ende steht dann in Kap. 7 eine erste Skizze zu möglichen Antworten auf die diskutierten Fragen: Wie gehen wir mit künftigen Pandemien um? Welche Lehren ziehen wir aus den politischen Konflikten und Auseinandersetzungen der letzten Jahre? Wie verhindern wir die Klimakatastrophe? Wie bekommen wir die soziale Frage des 21. Jahrhunderts in den Griff mit der weltweiten Armut, der sich ausweitenden Schere zwischen Arm und Reich, den Gewinnern und Verlierern der Globalisierung und der Digitalisierung? Jede einzelne dieser Fragen würde eine eigene Abhandlung benötigen und ich habe bereits in einzelnen früheren Veröffentlichungen Lösungswege skizziert (vgl. etwa Pietsch 2022). Am Ende werden wir die Frage beantworten müssen, wie wir den *„Wohlstand für alle"* (Ludwig Erhard) sicherstellen und nicht nur für eine hauchdünne Schicht in den reichen Industrieländern dieser Erde!

Ziel des letzten Kapitels ist es lediglich, *erste Schritte in die richtige Richtung aufzuzeigen,* wie wir den drängendsten ökonomischen und sozialen Problemen des 21. Jahrhunderts Herr werden könnten. Diese Ideen dienen nur *als Aufforderung an jeden Einzelnen von uns,* sich rechtzeitig Gedanken darüber zu machen, wie wir die drohenden Krisen dieser Welt beherrschbarer gestalten können. Eine wirkliche Kontrolle aller Krisen dieser Welt wird schlicht unmöglich sein.

Nach diesen einführenden Erläuterungen möchte ich Sie nun einladen, sich mit mir gemeinsam den drängendsten ökonomischen aber auch ökologischen Fragen in Krisenzeiten zu stellen. Beginnen wir zunächst mit den unvorhersehbaren Pandemien, die in Zukunft noch auf uns warten und auf die wir eine Antwort finden müssen.

2

Unvorhergesehene Pandemien

> Um die Audioversion dieses Kapitels zu hören, klicken Sie auf den Link oder scannen Sie ihn mit der Springer Nature More Media App: sn.pub/gpu9iw

2.1 Ökonomie in Zeiten von Corona

Seien wir doch mal ehrlich: Die Pandemie mit ihren Lockdowns und Kontaktsperren, der Maskenpflicht und der regelmäßigen Corona-Tests und Booster-Impfungen *scheint gefühlt vorbei zu sein.* Unser Leben wird nicht mehr beherrscht von den Nachweisen eines Negativtests oder der Auffrischungsimpfungen. Geschäfte sind geöffnet, die Maskenpflicht ist mit wenigen Ausnahmen gefallen und vor allem: wir reisen wieder. Zwar müssen noch vereinzelt Tests vorgezeigt werden, etwa wenn man Angehörige in Altersheimen oder Pflegeeinrichtungen besucht oder es werden Masken in Apotheken oder auf Zugreisen empfohlen. Doch gefühlt ist die Pandemie vorbei. *Was natürlich ein Trugschluss ist.* Das Corona-Virus ist natürlich noch da, aber wir verdrängen es bzw. es gibt wirksame Impfungen. Wir haben auch nach den anstrengenden zwei Jahren mit der Pandemie und den unzähligen Lockdowns und Verboten keine Lust mehr. Auch die Wirtschaft hat wieder an Fahrt aufgenommen, vor allem diejenigen Teile und Branchen, die vorher durch die Pandemie in Mitleidenschaft gezogen wurden. Doch noch ist die Pandemie nicht ausgestanden. Darüber hinaus droht weiteres Ungemach durch politische Konflikte und die Energieversorgung. Doch werfen wir einen kurzen Blick zurück auf die vergangenen zwei Jahre (vgl. im Folgenden vor allem Pietsch 2022, S. 267 ff.).

Im März 2020 traf das Corona-Virus auf eine darauf nicht vorbereitete Welt. Die Wirtschaftsleistung brach um 4,9 % gegenüber dem Vorjahr ein. Im zweiten Quartal 2020 sogar um fast 10 %. Der Lockdown fast aller Geschäfte mit Ausnahme derer des täglichen Bedarfs brachte den Konsum nahezu zum Erliegen. Während bestimmte Güter wie etwa Autos, Haushaltsgeräte etc. deutlich weniger nachgefragt wurden, horteten die Haushalte Dinge wie das berühmt gewordene Toilettenpapier oder Lebensmittel. Ganze Regale wurden vorsorglich leergeräumt, um einen monatelangen Lockdown zu Hause überleben zu können. Hamsterkäufe waren die Regel. Produktionen standen still, da die dringend benötigten Teile von den Lieferanten aus dem Ausland nicht mehr geliefert werden konnten. Geschlossene Grenzen schnürten die Lieferketten der Unternehmen ab. Mitarbeiter*innen der meisten, „nicht systemrelevanten" Unternehmen mussten zu Hause bleiben und waren zum Nichtstun verdonnert oder arbeiteten vom Homeoffice aus. Schüler*innen ebenso wie Studierende verfolgten den Unterricht oder die Vorlesung von zu Hause aus oder mussten im Homeschooling von ihren Eltern betreut werden.

Wohl dem, der Eltern hatte, die bei der Erledigung der Schularbeiten die Zeit, die Fähigkeit und die Nerven aufwiesen, ihren Kindern unter die Arme zu greifen. Studierende erlebten mehrere freudlose Semester der nicht selbst gewählten häuslichen Isolation ohne „klassisches" Studentenleben und die entsprechenden Partys. Sie und die betroffenen Schüler*innen, die schnell das Label der *„Generation Corona"* ernteten, erlitten *nicht selten psychische Traumata in ihrer Isolation zu Hause* ohne den physischen Kontakt mit ihren Freund*innen. Die Bezeichnung des *„Long Covid"* für die langfristigen Auswirkungen und Schädigungen der Gesundheit betraf nicht nur die körperlichen Beeinträchtigungen wie den dauerhaften Verlust des Geruchssinns, die Antriebsschwäche und vieles mehr, sondern auch die psychischen Folgen. Die Wirtschaft musste mit einem dreistelligen Milliardenbetrag vor dem Schlimmsten bewahrt werden. Das Instrument des Kurzarbeitergeldes rettete viele der vom Untergang bedrohten Jobs aber auch ganze Unternehmen. Systemrelevante, teilweise auch große Unternehmen mussten vom Staat gerettet werden. Die Staatseingriffe in die deutsche Wirtschaft häuften sich. Analog dazu stiegen das Staatsdefizit und die Schuldenberge, die an die nächsten Generationen weitergereicht werden und dringend abgebaut werden müssen. Dies ist allerdings in Zeiten der Krise und des Krieges leichter gesagt als getan. Gerade in dieser dramatischen Lage schielen alle sehnsüchtig nach dem Staat und seinen Rettungsaktivitäten.

Am stärksten waren die Tourismus- und die Luftfahrtbranche von der Corona-Pandemie gebeutelt worden: 2020 brach der Flugverkehr in Deutschland um knapp 75 % ein. Die Lufthansa musste vom Staat gerettet werden und erhielt einen Überbrückungskredit im Gegenzug zu staatlichen Beteiligungen. Die Tourismusbranche in Deutschland verzeichnete 2020 knapp *zwei Drittel weniger Übernachtungsgäste* aus dem Ausland. Analog brach der Gastronomieumsatz um fast die Hälfte ein. Vom privaten Konsum profitierten lediglich die Lebensmittelgeschäfte, der um 6 % stieg, während der restliche Konsum um knapp 5 % zurückging. Die Onlinekanäle profitierten von den Homeoffices und dem Homeschooling, deren Umsatz im Vergleich zum Vorjahr um fast 20 % anstieg. Die Reallöhne stagnierten bzw. gingen um gut ein Prozent zurück und die Zahl der Erwerbstätigen nahm trotz der Kurzarbeit und des Homeoffice-Arbeitens um 1,6 % ab.

Besonders hart traf es auch die Kulturbranche: Konzerte, Theatervorstellungen und Großereignisse jeglicher Art wurden von heute auf morgen abgesagt. Museen und weitere öffentliche Einrichtungen wie etwa Bibliotheken wurden zeitweilig geschlossen In besonderer Erinnerung sind noch die *„Geisterspiele"* der Bundesliga vor komplett leeren Zuschauerrängen, bei denen die aufmunternden Kommentare der Spieler aber auch der wenigen zugelassenen Betreuer und Trainer als einzige Geräuschquelle zu vernehmen waren. An dieser Stelle wurde besonders deutlich, *wie vernetzt die deutsche Wirtschaft* ist. Finden Großveranstaltungen oder auch Messen nicht statt, sind zahlreiche Messebauer und Organisatoren plötzlich ohne Arbeit. Schausteller dürfen ihre Fahrgeschäfte nicht mehr aufstellen und benötigen kein Personal mehr, das sie betreut und wartet. Diejenigen, die noch Jobs hatten, etwa im Homeoffice oder die Lehrer*innen zu Hause mussten sich an neue Kommunikations- und Gesprächsformate gewöhnen. *Die Digitalisierung wurde quasi über die Hintertür der Pandemie eingeführt.* Wohl dem, dessen Job über Homeoffice zu erledigen war und der die nötige Infrastruktur zu Hause vorliegen hatte. Nicht alle Schüler*innen hatten das Glück. Computer, Internetanschluss und vor allem die

Fähigkeit und nötige Ruhe, zu Hause lernen und arbeiten zu können, wurden spätestens zu diesen Zeiten als wahrer Luxus erlebt.

Ein Riss ging durch die gesamte Gesellschaft: Inwieweit kann man Geschäfte und Einrichtungen des öffentlichen Lebens einfach auf staatliche Anordnung hin schließen? *Kann Impfen staatlich verordnet werden* und jeder Mensch gezwungen werden, diesen Eingriff in seine persönliche Freiheit und Gesundheit über sich ergehen zu lassen? Es ging und geht um die Frage der Verhältnismäßigkeit. Einer Abwägung zwischen Gesundheit der Bevölkerung, vor allem den vulnerablen Gruppen und der unangemessenen Einschränkung der Freiheit. Wiewohl sicherlich über einzelne Maßnahmen, wie etwa der erneuten Schließung der Restaurants trotz ausgefeilter Hygienemaßnahmen, gestritten werden konnte, steht eins fest: *Jedes einzelne Menschenleben, das während der Pandemie durch die zahlreichen Schutz- und Hygienemaßnahmen gerettet werden konnte war der Anstrengung wert!* Die Entscheidung über die Abschaltung der Beatmungsgeräte und die Auswahl derer, die weiterleben dürfen, die sogenannte *„Triage"* – wir alle haben noch die schrecklichen Bilder der Krankenhäuser u. a. in Bergamo im Kopf – möchte niemand mehr treffen müssen!

Insgesamt hat die Corona-Pandemie Stand Dezember 2022 rund *15 Mio. Menschen weltweit das Leben gekostet* (vgl. MDR 2022). Dabei konnten sich die reicheren Industrieländer durch die Menge des relativ schnell verfügbaren Impfstoffs nach anfänglichen Anlaufproblemen doch schnell immunisieren, während es den ärmeren Ländern Afrikas und Lateinamerikas aufgrund mangelnder finanzieller Ressourcen nicht in gleichem Ausmaß gelang. Daher war es als ein ermutigendes Zeichen der Weltgemeinschaft zu werten, dass auf dem G7 Gipfel in Cornwall beschlossen wurde, *den ärmeren Ländern eine*

Milliarde Impfdosen kostenlos zur Verfügung zu stellen (vgl. Collini 2021).

Mittlerweile scheint die Pandemie gemessen am Alltagsleben vorbei zu sein: Die Tourismusbranche boomt wieder. Das Niveau der Kreuzfahrten hat schnell wieder das alte Niveau erreicht und macht bereits Anstalten, sich in den nächsten Jahren zu neuen Rekordhöhen aufzuschwingen (vgl. Statista Kreuzfahrten weltweit 2022). Es wird von einem *weltweiten jährlichen Umsatzwachstum von knapp 16 %* für die Jahre 2022–2026 ausgegangen (vgl. Statista Kreuzfahrten weltweit 2022). Das globale Marktvolumen wird in 2026 auf etwa 30 Mrd. € geschätzt (vgl. Statista Kreuzfahrten weltweit 2022). Die Flüge sind wieder ausgebucht. Gleiches gilt für die Hotellerie und die Gastronomie. Die haben allerdings jetzt ein anderes Problem: Unternehmen der Luft- und Reiseverkehrsbranche mussten notgedrungen in der Pandemie *bis zu einem Drittel der Beschäftigten freisetzen,* da aufgrund der darniederliegenden Reiseaktivitäten auch die Kurzarbeit den Jobverlust nicht lange aufhalten konnte. Außerdem erschien den Arbeitnehmer*innen in dieser Branche der Arbeitsplatz mittel- bis langfristig zu unsicher, sodass viele sich ganz von den betroffenen Branchen verabschiedeten und in anderen Wirtschaftszweigen ihr Auskommen suchten. *Diese Leute mit der entsprechenden Expertise fehlen jetzt,* abgesehen davon, dass die noch verbliebenen entsprechend höhere Gehaltsvorstellungen mitbringen.

Neben dem *hausgemachten Fachkräftemangel* aufgrund der fehlenden Kompensation der mit Masse in Rente gehenden Babyboomer mit den aktuellen Berufseinsteiger*innen, fehlen jetzt noch die in andere Bereiche abgewanderten Spezialist*innen. Die zum Teil mit hohen Abfindungen nach Hause geschickten Expert*innen z. B. der Lufthansa müssen nun teuer wieder beschafft werden und fehlen aktuell, zum Zeitpunkt des Abfassens dieser Zeilen, allerorten. Das Chaos an den Flughäfen in Deutschland während der Sommerzeit, ausgelöst durch fehlendes Sicherheits- und Abfertigungspersonal, stellte viele Reisende auf eine große Geduldsprobe. Noch heute sind kurzfristige Flugstreichungen an der Tagesordnung, da vor allem das benötigte Personal fehlt. Die während der Pandemie zur wichtigsten Berufsgruppe avancierte und häufig bewunderte Berufsgruppe der Pfleger*innen, die sich bis an den Rand der Erschöpfung aufarbeiteten, wird nun zwar etwas besser bezahlt. Die Kehrseite der Medaille ist allerdings, dass die dadurch verursachten Kosten nun von den Patient*innen zu tragen sind, da die gestiegenen Personalkosten von den Alten- und Pflegeheimen an sie weitergegeben werden (vgl. Gerlach 2022).

Natürlich ist die Corona-Pandemie noch längst nicht erledigt, auch wenn das Leben (fast) wieder in den normalen Bahnen verläuft und wir die Einschränkungen nur noch am Rande mitbekommen. Corona-Fälle einzelner Kolleg*innen, Freund*innen und Bekannten tauchen zwar immer mal wieder im Alltag auf, beunruhigen aber kaum noch, da nahezu alle mehrfach geimpft sind und die Krankheit Gott sei Dank in den allermeisten Fällen glimpflich verläuft. Wir bekommen die Pandemie einfach nicht mehr mit oder haben nach der langen Zeit der Lockdowns und des Fernhaltens von Großveranstaltungen oder privaten Treffen einfach keine Lust mehr. Wir sind es leid. Und wir haben die medizinischen Möglichkeiten, uns und unsere Liebsten durch rechtzeitige umfassende Impfungen zu schützen. Soweit so gut. Bis die nächste Welle im Herbst kommt oder eine neue Pandemie. Wer weiß es? So kommen aus China neue, äußerst beunruhigende Nachrichten hinsichtlich einer neuen Virus-Variante: Stand Ende Dezember 2022 infizierten sich *in China täglich etwa 37 Mio. Menschen* mit dieser neuen Variante (vgl. Handelsblatt 2022, Coronavirus). Es ist also noch kein Grund zur Entwarnung, vor allem für die Zukunft. Wenn wir ein Zwischenfazit der zweijährigen Pandemie ziehen sollten, wie sähe es aus? Vor allem *welche ökonomischen Konsequenzen ziehen wir für die Zukunft* (vgl. im Folgenden auch Pietsch 2022, Abschn. 8.4, S. 290 ff.)?

Die Digitalisierung hat einen Booster erfahren. Kaum jemand, der die nötige Infrastruktur zu Hause hat und dessen Arbeit die nötige Flexibilität und Voraussetzungen hergibt, *wird künftig auf sein geliebtes Homeoffice verzichten wollen*. Die Vorteile für beide Seiten, Arbeitnehmer*in aber auch Arbeitgeber, liegt auf der Hand:

Vor allem die Büroarbeiter*innen können künftig stärker für sich entscheiden, von wo aus sie arbeiten. Es spielt letztlich kaum eine Rolle, ob sie mit ihren Kopfhörern und ihren Bildschirmen zu Hause in endlosen Terminen sitzen oder im Büro. Der wesentliche Unterschied liegt vor allem in den meetingfreien Zeiten, in denen man sich mit den Kolleg*innen beim Kaffee oder Mittagessen austauschen kann. Die Büros selbst werden offen sein, der Schreibtisch nicht mehr fest zugeteilt, da sich mehrere Leute einen Schreibtisch teilen. Homeoffice erlaubt künftig viel *stärker die Vereinbarkeit von Familie und Beruf,* ohne dass die Qualität der Arbeit leiden muss. Typische Bürojobs sind mehrheitlich zielegesteuert: Ob man eine Software zu einem Zeitpunkt X fertigstellen muss, die zunehmend in der *agilen Arbeitsweise* erstellt wird, oder bestimmte Tätigkeiten bis zum Ende der Woche erledigen soll. Fast alle Büroarbeit lässt sich von zu Hause aus erledigen. Die lästige Pendelei entfällt an vielen Tagen, was dem Arbeitgeber nicht nur kleinere Büros mit entsprechender Infrastruktur für mehr Mitarbeitende erlaubt (und damit hohe Kosten spart), sondern entlastet auch die Umwelt durch die Anzahl an Fahrzeugen, die weniger auf den Straßen sein werden. Kein Wunder, dass die Unternehmen am Ende der Pandemie mit ihren Mitarbeiter*innen darum ringen, wie viele Tage diese wieder ins Büro zurückkommen sollen.

Geschäftsreisen werden deutlich weniger werden, da viele Arbeitnehmer*innen den Vorteil der virtuellen Konferenzen kennen- und schätzen gelernt haben. Natürlich lässt sich eine persönliche Begegnung niemals durch ein virtuelles Treffen ersetzen. Doch anstelle der regelmäßigen physischen Begegnungen stehen immer häufiger auch die virtuellen als akzeptierte und gelebte Ergänzung. *Der Weg zurück zu der Fünf-Tage-Woche im Büro ist ein für alle Mal vorbei.* Das bedeutet natürlich auch, dass die Unternehmen diesen Weg mitgehen und ihren Mitarbeiter*innen diese Möglichkeit der Flexibilität einräumen müssen, wenn sie die besten bekommen und behalten wollen. Ein Zurück in das analoge Zeitalter wird nach den Erfahrungen der Pandemie nicht mehr möglich sein. Chefs müssen allerdings auch bereit sein, sich auf dieses Experiment einzulassen, da sie ihre Mitarbeiter*innen künftig immer weniger „kontrollieren" können, sondern die Infrastruktur bereithalten, motivieren und vor allem über Ziele führen müssen. *Vertrauen und Wertschätzung werden künftig die wichtigsten Tugenden von Führungskräften werden!*

Die Globalisierung wird sich auf Basis der Erfahrungen während der Pandemie ebenso ändern müssen: *Lieferketten werden stärker national und regional angelegt werden,* um im Falle einer Grenzschließung immer noch reaktionsfähig zu sein und dringend benötigte Teile für die Produktion rechtzeitig angeliefert zu bekommen. Die Welt ist aber auch ein Stück stärker zusammengerückt: Wir haben uns in der Pandemie mehrheitlich an die umfangreichen Hygienevorschriften und Abstandregelungen gehalten, haben die Masken getragen und sind zum Impfen gegangen. So haben wir vor allem diejenigen von uns geschützt, die älter, schwächer oder kränker sind als wir selbst und haben durch unser solidarisches Verhalten nicht nur Leben gerettet, sondern auch gezeigt, dass wir nicht ein Volk von rücksichtslosen Egoisten sind. Ein gutes Zeichen, das auch hoffen lässt für weitere Krisen und Pandemien.

Der *Staat hat während der Pandemie eine überproportionale Rolle* gespielt. Unternehmen wurden gerettet, Branchen gestützt, umfangreiche Ausgleichszahlungen geleistet, Instrumente wie die Kurzarbeit genutzt und Vieles mehr. Ohne die staatlichen Leistungen hätten wir die Krise der Pandemie nicht so unbeschadet überlebt. Für Marktpuristen ist das sicherlich ein Grauen, während Keynesianer dies sicher begrüßen. Die Rolle des Staates wird in diesem Zusammenhang noch einmal intensiver hinterfragt werden müssen, was wir in Kap. 5 ausgiebig diskutieren werden. Die konkrete Frage ist, *wie viel Staatsinterventionismus lässt eine Soziale Marktwirtschaft zu,* ohne das Label der Sozialen *Markt*wirtschaft zu verlieren und in einen Sozialismus mit marktwirtschaftlichen Elementen umzukippen? Im Extrem, so die Kritiker der staatlichen Eingriffe, könnten die von ökonomischen Nachteilen Betroffenen permanent nach dem Staat rufen. Wo fängt das an und wo hört es auf? Diese Fragestellung ergibt sich vor allem vor dem Hintergrund der Inflation, der gestiegenen Energiepreise und der Wirtschaftssanktionen im Rahmen des Ukraine-Krieges. Von einem Staat im Sinne des ordoliberalen Gedankens, der lediglich den Rahmen setzt und den Rest durch den freien Markt regeln lässt, sind wir derzeit weiter entfernt als zuvor. Die Frage ist, ob das so schlecht ist oder eher ein Vorteil. Wir werden dieses Thema wie gesagt im Kap. 5 weiter vertiefen.

Schließlich hat *die Pandemie die Ungleichheit zwischen den Ländern aber auch innerhalb eines Landes weiter verschärft.* Homeoffice war nur für die in vielen Fällen privilegierten Büroarbeiter*innen möglich, die im Vergleich zu den Arbeiter*innen am Band oder den viel gerühmte Pflegekräften und sozialen Dienstleistern diese Möglichkeit nicht hatten. Homeschooling war nur dem möglich, der über eine ausreichende Infrastruktur zu Hause verfügte wie ein Laptop, ein virtuelles Netzwerk d. h. WLAN. Dazu kommt die Rückzugsmöglichkeit zur Abarbeitung der Hausaufgaben und der emotionalen und intellektuellen Unterstützung durch die Eltern. Es ist unnötig zu sagen, dass nicht allen Kindern eine solche Infrastruktur und die nötige Hilfe seitens der Eltern zur Verfügung gestellt werden konnte. Die Schere der Bildungsgewinner und -verlierer ging während der Pandemie weiter auseinander.

Wir hinterlassen der nächsten Generation zudem einen gewaltigen Schuldenberg, der auch hinsichtlich der anstehenden Krisen und Konflikte nicht kleiner zu werden droht: Stand erstes Halbjahr 2022 betrugen die Staatsschulden des Bund d. h. die Verbindlichkeiten des deutschen Staates gegenüber Dritten *2,34 Billionen €* (vgl. Buske 2022). Dabei haben wir noch nicht einmal von der ökologischen Katastrophe gesprochen, die wir unter Umständen ebenfalls unseren Kindern und Enkeln hinterlassen, wenn wir nicht rechtzeitig gegensteuern. Gleichzeitig müssen wir im Augenblick aufgrund des Gasmangels drei Atomkraftwerke bis zum 15. April 2023 weiterlaufen lassen (vgl. Die Bundesregierung 2022), deren Technologie und deren potenzielle Folgen zumindest nach Fukushima kritisch gesehen wird. Es ist unsere Pflicht, *diese Schulden sukzessive und schnellstmöglich wieder abzutragen.* Dies gebietet alleine der ethische Imperativ der intergenerationellen Gerechtigkeit. Gleichzeitig sind wir verpflichtet, nicht nur die Bedürftigen in diesem Land in Zeiten hoher Inflationsraten zu unterstützen, sondern auch vor allem die mittelständischen Unternehmen, die das Rückgrat der deutschen Wirtschaft darstellen. Sind diese vorher genannten Themen nicht schon schwerwiegend genug, müssen wir uns langsam mit dem Gedanken vertraut machen, dass die

Pandemie nur eine Pause eingelegt hat und mitnichten zu einem Ende gekommen ist. Es steht uns noch eine unsichere Zeit bevor. Außerdem tauchen immer wieder neue Virusarten auf, die eine weitere Runde der Pandemie einläuten könnten wie z. B. die Affenpocken. Daher lohnt ein kurzer Blick auf weitere drohende Pandemien.

2.2 Weitere Pandemien am Horizont: Ein Ende ist nicht in Sicht

Nach der Pandemie ist vor der Pandemie. Selbst wenn wir dies unter allen Umständen vermeiden wollen (und es hier nicht darum geht, Pessimismus oder gar Panik zu verbreiten), werden weitere Pandemien nicht zu vermeiden sein. Das Helmholtz Zentrum für Infektionsforschung (HZI) geht davon aus, dass es weitere, sogar noch gefährlichere Pandemien geben wird (vgl. im Folgenden Silbermann 2021). Zunächst müsse es darum gehen, so die Erkenntnis der Forscher, dass die Fehler der Corona-Pandemie aufgearbeitet werden. So *fehlten während der Pandemie vor allem Masken,* Schutzausrüstungen für medizinisches Personal aber auch die Kapazitäten in den zuständigen Krankenhäusern und Gesundheitsämtern. Notfallpläne und Leitlinien müssten detailliert vorbereitet werden, damit uns die nächste Pandemie nicht wieder überrascht und wir rechtzeitig gewappnet sind. Die enge Zusammenarbeit zwischen Wissenschaft, Behörden, Regierung und Unternehmen, die das Erfolgsmodell während der Coronazeit war, muss auch für künftige Pandemien wieder reibungslos funktionieren.

Es ist ja mitnichten so, dass die Corona-Pandemie die einzige in den letzten Jahren war, wenn auch die mit den dramatischsten Folgen für die Weltbevölkerung und die

Wirtschaft. Gemäß einer Studie von 2008 in dem renommierten Fachblatt „Nature" (vgl. Rietz 2021) wurden *zwischen 1940 und 2004 weltweit 335 Ausbrüche von Infektionskrankheiten* verzeichnet, was einem Schnitt von etwa 50 pro Jahrzehnt oder 5 pro Jahr entspricht (vgl. Rietz 2021). Was noch viel dramatischer und sehr beunruhigend ist, ist die Tatsache, dass „…seit den 1990er Jahren … pro Jahr so viele neue Erreger gefunden werden, dass die beteiligten Wissenschaftler es inzwischen aufgegeben haben, für jedes neue Virus, jeden Wurm, jeden pathogenen Pilz ein wissenschaftliches Papier anzufertigen." (Rietz 2021). Daher ist es auch keine Überraschung, dass sich kurz vor dem vermeintlichen Ende der Corona-Pandemie bereits neue Viruserkrankungen ankündigen, die aber anscheinend harmloser verlaufen (vgl. NDR 2022 „Affenpocken"). Stand 30.08.2022 sind lediglich 3455 Fälle in Deutschland beim Robert Koch Institut gemeldet. Wiewohl es hier nach einer ersten Entwarnung aussieht, dürfte es, folgt man der Statistik (s. o.), nicht lange bis zur nächsten Pandemie dauern. Keiner von uns möchte das beschreien. Doch müssen wir vorbereitet sein. Nicht nur hinsichtlich der gesundheitlichen Folgen, sondern auch was die Konsequenzen einer weiteren Pandemie für die Ökonomie bedeutet.

Aktuell breitet sich die bereits *ausgerottet geglaubte Kinderlähmung* wieder aus. Das sie verursachende Poliovirus ist nach der Covid-19-Pandemie und den Affenpocken bereits die dritte Viruserkrankung, die Städte wie New York heimsucht (vgl. Hackenbroch/Pitzke 2022, S. 108). Da das Virus noch nicht vollständig ausgerottet ist – die Impfquote müsste dazu gemäß Experteneinschätzung bei 95 % liegen – besteht immer noch die Gefahr, dass es sich weiter ausbreitet. In Deutschland beträgt die Impfquote zwar 92 %, in einzelnen Landkreisen in Baden-Württemberg und Bayern liegt sie allerdings deutlich darunter (vgl. Hackenbroch/Pitzke 2022, S. 108). Zwar glaubt man, das Virus u. a. durch verstärkte Impfungen in den Griff zu bekommen. Dennoch gäbe es noch „Hotspots" wie etwa der Nordjemen, der Osten des Demokratischen Republik Kongo und Nordnigeria. Solange dieses Virus dort zirkulierte, sei jede Region dieser Welt von diesem Virus nicht gefeit (vgl. Hackenbroch/Pitzke 2022, S. 109).

Was also tun in Vorbereitung auf die nächste Pandemie (vgl. vor allem Wien 2022)? Der Fleckenteppich unterschiedlicher Regelungen in den einzelnen Bundesländern muss *stärker vereinheitlicht werden*. Unterschiede in den Bestimmungen müssen vom regionalen oder sogar lokalen Infektionsgeschehen abhängig gemacht werden. So vermeidet man, dass mehr Unternehmen, Branchen und Arbeitnehmer*innen als notwendig ihre Geschäftsaktivitäten herunterfahren müssen. Die ökonomischen Konsequenzen könnten sonst ein größeres Ausmaß erreichen als notwendig. Da alle Maßnahmen von den einzelnen Ländern, Kommunen und Behörden umgesetzt werden müssen, muss eine rechtzeitige und umfassende Kommunikation auf allen betroffenen Ebenen erfolgen. *Die Digitalisierung muss in allen Bereichen verstärkt Einzug halten.* Dies gilt nicht nur für die Bereiche des Homeoffice und des Homeschoolings, sondern auch für die Verwaltungen und die Gesundheitsämter, Stichwort „elektronische Patientenakte".

Kein Mensch kann mit Sicherheit sagen, wie es mit der Covid-Pandemie weitergeht und ob nicht in absehbarer Zeit weitere Varianten des Coronavirus auftreten werden (s. China!) und zu einer neuen, ansteckenderen Welle führen können. Die Wahrscheinlichkeit ist allerdings groß, dass auch für diese Mutanten des Virus in kürzester Zeit ein wirksamer Impfstoff gefunden wird, der dann in einer weiteren Booster-Impfung flächendeckend verabreicht werden kann. Dennoch können wir nie sicher sein, ob nicht von heute auf morgen ein *vollständig neuer Virus das Licht der Welt erblickt* und uns alle gesundheitlich und ökonomisch bedrohen wird. Das plötzliche Auftauchen des Affenpockenvirus und weitere Viren wie etwa das Wiedererstarken der Kinderlähmung lassen auf jeden Fall aufhorchen. Seien wir also gewarnt und vor allem vorbereitet. Glaubten wir zu Beginn dieses Jahres, die Pandemie einigermaßen in den Griff zu bekommen und eine weitere ökonomische und gesundheitliche Krise abwenden zu können, überraschte uns alle der Überfall der Ukraine, eines demokratischen und unabhängigen Staates, durch Russland am 24. Februar 2022. Eine weitere Unbekannte in unserer Gleichung.

3

Internationale Konflikte und deren ökonomische Auswirkungen

> Um die Audioversion dieses Kapitels zu hören, klicken Sie auf den Link oder scannen Sie ihn mit der Springer Nature More Media App: sn.pub/qmp0wq

3.1 Der Krieg in der Ukraine

Wer von uns hätte gedacht, dass es fast 77 Jahre nach Ende des Zweiten Weltkriegs noch einmal zu einem *Krieg in Europa* kommen würde. Wir alle, die wir in Friedenszeiten und in einer langen Phase des Wohlstands groß geworden sind, hätten so etwas in absehbarer Zeit nie mehr für möglich gehalten. Der Krieg hat unendliches Leid über die Bevölkerung gebracht und viele militärische und zivile Opfer gekostet. Stand 11. Dezember 2022 haben bereits 6755 Zivilisten in diesem Krieg ihr Leben lassen müssen, darunter 424 Kinder (vgl. Statista/Ukraine-Krieg 2022). Unzählige Gebäude und Häuser wurden zerstört. Die

Infrastruktur wird über Jahre, wenn nicht Jahrzehnte nur eingeschränkt nutzbar sein. Russland führt seit dem 24. Februar 2022 einen *Angriffskrieg in der Ukraine* (vgl. im Folgenden Die Zeit 2022, Krieg in der Ukraine), im Rahmen dessen russische Streitkräfte zu Land und in der Luft die Kontrolle über die Ukraine zu gewinnen versuchen. Nach anfänglichen Geländegewinnen in den östlichen und südöstlichen Landesteilen startete die ukrainische Armee über ein halbes Jahr später, seit dem 29. August 2022, eine große Gegenoffensive, in der es gelang, einstmals besetzte Gebiete der Ukraine rund um Charkiw zurückzuerobern. Der *russische Präsident Wladimir Putin spricht der Ukraine das Existenzrecht ab* und beschuldigt sie die ukrainische Regierung u. a. des Völkermords an der russischsprachigen Bevölkerung der Ostukraine (vgl. Die Zeit 2022, Krieg in der Ukraine).

Nach einer kurzen Zeit der Schockstarre reagierte die internationale Staatengemeinschaft, vor allem der Westen, mit *umfangreichen Wirtschaftssanktionen,* die bereits ihre Wirkung entfalten (vgl. im Folgenden Die Bundesregierung 2022, Sanktionen). So wurde Russland vom internationalen Zahlungsverkehr SWIFT abgeschnitten. Transaktionen mit der russischen Zentralbank wurden EU-weit verboten, Vermögenswerte russischer Oligarchen eingefroren, der Zugriff auf Devisenreserven in der EU beschränkt. Faktisch werden 70 % des russischen Bankenmarktes und staatliche Unternehmen, die vor allem für den Verteidigungsbereich wichtig sind, von den wichtigsten Kapitalmärkten abgeschnitten. Russisches Öl und Kohle (übrigens auch Gold) werden nicht mehr importiert, das Gas über die Pipeline Nordstream wird aufgrund verschiedener fadenscheiniger Begründungen (offizieller Grund ist ein angeblicher Konstruktionsfehler einer Turbine von Siemens Energy, vgl. Tagesschau online 2022) von Russland selbst nicht mehr geliefert (vgl. zu den restlichen Sanktionen u. a. Bundesregierung 2022, Sanktionen).

Die Folge ist ein akuter Energiemangel vor allem in Form fehlenden Gases, was etwa die Hälfte der deutschen Haushalte betrifft und einen schweren und frostigen Winter zu bescheren scheint (vgl. Janson 2022). Gas wurde sehr schnell knapp und damit stieg z. B. der Erdgaspreis am Terminmarkt innerhalb weniger Monate vom Kriegsausbruch bis heute (Stand: Dezember 2022) zeitweise um *über 1000 %!* (vgl. Witsch 2022). Das alleine resultiert bereits in Mehrkosten für die Verbraucher*innen in Höhe eines vierstelligen Euro-Betrages pro Jahr (vgl. Witsch 2022). Damit einher gehen natürlich auch die *massiven Preissteigerungen aller Produkte, die mit Hilfe von Gas hergestellt werden:* Vom Brot in den Bäckereien über Porzellanmanufakturen. Diese exorbitanten Preissprünge nach oben stellen die Verbraucher*innen in Deutschland, vor allem die unteren und mittleren Einkommensschichten vor teilweise unlösbare Herausforderungen: Kamen manche Haushalte schon vor dem Krieg kaum über die Runden, können sich viele von ihnen aufgrund der massiv gestiegenen Preise kaum noch über den Monat retten. Aufgrund des deutlichen Preisanstiegs und des hohen Anteils der Energieversorgung am Warenkorb, hat sich die Inflation in Deutschland Stand November 2022 auf 10,0 % im Vergleich zum Vorjahreszeitraum entwickelt (vgl. Destatis 2022).

Die Wirtschaftsprüfer und Unternehmensberater KPMG haben im April 2022 eine Studie zu den wirtschaftlichen Folgen des Russland-Ukraine-Kriegs vorgelegt (vgl. im Folgenden KPMG 2022). Darin äußern sich die befragten Unternehmen verständlicherweise sehr besorgt über die Konsequenzen des russischen Angriffs auf die Ukraine. Jedes zweite Unternehmen verfügte vor dem Krieg über intensive Wirtschaftsbeziehungen zu Russland, jedes

Dritte zur Ukraine. Exportweltmeister Deutschland wurde an seiner empfindlichsten Stelle getroffen. Am stärksten und nachhaltigsten sind diejenigen Unternehmen in Mitleidenschaft gezogen worden, die über eigene Produktionsstätten in Russland bzw. der Ukraine verfügten. Die von der Regierung verhängten umfangreichen Wirtschaftssanktionen (s. o.) führten konsequenterweise dazu, dass einerseits natürlich die Wirtschaftsbeziehungen zu Russland sukzessive eingestellt wurden und dadurch Umsatz, Ertrag und Gewinne wegbrachen. Andererseits verteuern sich für die betroffenen Unternehmen die Preise des Einkaufs, da die Rohstoffe, vor allem Gas nun aus anderen, teureren Quellen zu beziehen sind (vgl. KPMG 2022).

Abgesehen davon, dass sich viele Unternehmen um ihre Mitarbeiter*innen in der Ukraine aber auch in Russland sorgten – es gab viele, privat organisierte Rettungsaktionen, die ukrainische Mitarbeiter*innen in das Hauptquartier des Unternehmens retteten, – sah sich jedes vierte Unternehmen Cyberangriffen aus Russland ausgesetzt (vgl. KPMG 2022). Neben der Rohstoffabhängigkeit von Russland, sind auch die bedrohten Lieferketten Anlass zur Sorge für die Unternehmen. Die Aufgabe des russischen Marktes als Absatzgebiet für die eigenen Produkte wird allerdings erst als *ultima ratio* d. h. in letztmöglicher Konsequenz gesehen. 13 % befragten Unternehmen sehen hohe oder sehr hohe Verluste als Konsequenz des Ukraine-Krieges. Mindestens aber einen deutlichen Umsatzrückgang: So sehen 10 % der Befragten einen Umsatzrückgang von mehr als zehn Prozent (vgl. KPMG 2022). 40 % der befragten Unternehmen gehen sogar so weit zu befürchten, dass der Ukraine-Krieg auch noch länger als drei Jahre negative Auswirkungen auf ihr Unternehmen haben könnte (vgl. KPMG 2022).

Die Anzahl der Insolvenzen hat im September 2022 deutlich zugenommen (vgl. Handelsblatt 2022): Gemäß einer Analyse des Instituts für Wirtschaftsforschung in Halle (IWH) gab es im August 2022 *718 Insolvenzen von Personen- und Kapitalgesellschaften.* Das sind 26 % mehr als im August 2021. Grund dafür seien die stark gestiegenen Energiepreise für wesentliche Produktionsfaktoren und die massive Preissteigerung der importierten Vorleistungsgüter. Dies wiederum resultiert aus den unterbrochenen internationalen Lieferketten. Gleichzeitig belasteten die erhöhten Zinsen und der Anstieg des Mindestlohns die Refinanzierungs- und Personalkosten der Unternehmen (vgl. Handelsblatt 2022). Nicht nur die Unternehmen der Stahl- und Chemieindustrie leiden unter den dramatisch gestiegenen Rohstoffpreisen, sondern auch die Unternehmen, die unser tägliches Leben mit dem Nötigsten versorgen (vgl. Sackmann 2022). Prominentes Beispiel hierfür ist die *Firma Hakle,* der traditionsreiche Hersteller von Toilettenpapier, der kurz vor seinem hundertsten Geburtstag im Jahr 2028 zahlungsunfähig ist. Die Energie für Transport, Logistik und Produktion sei einfach so stark angestiegen, dass die Kosten der Papierherstellung nicht mehr auf den Verkaufspreis abgewälzt werden könnten (vgl. Sackmann 2022).

Lebensmittelpreise sind ebenfalls deutlich angestiegen. Dies ist nicht sofort offensichtlich, da es keine augenscheinliche Verbindung zu den hohen Energiepreisen gibt. Doch kommen in vielen Fällen Lebensmittelerzeugnisse aus der Ukraine (vgl. Sackmann 2022): So sind die Preise für Sonnenblumenöl gegenüber dem Vorjahr um 82 %, Butter um 48 %, Mehl, Getreide und Geflügel um 34 % und Milch um 32 % gestiegen. Gaspreissteigerungen betreffen aber auch so vielfältige Bereiche wie die Bierbranche, Putz- und Waschmittel, Zahnpasta, Kosmetika aber auch Medikamente (vgl. Sackmann 2022). Gleichzeitig sinkt die Nachfrage der Verbraucher*innen für nicht lebensnotwendige Güter wie etwa Möbel (vgl. Sackmann 2022). Die gestiegenen Lebenshaltungskosten müssen natürlich an anderer Stelle wieder eingespart werden. So werden Möbel aber auch Autos und andere nicht überlebensnotwendige Anschaffungen gestreckt oder auf die lange Bank geschoben.

Vor allem die sozial schwächeren Haushalte sind in ihrem Budget überproportional auf diese Lebensmittel angewiesen. Diese massiven Preissteigerungen *treffen aber auch die Mittelschicht,* die bereits durch die unsicheren Zeiten wirtschaftlich stark gebeutelt werden: Ihre Ersparnisse schrumpfen aufgrund der hohen Inflation, die Jobs sind mit ihren Unternehmen bedroht. Die Aussichten sind alles andere als rosig. *Deutschland läuft Gefahr, in eine Rezession zu schlittern* (vgl. Hulverscheidt 2022). Was aber können wir konkret dagegen tun?

Der Staat ist auch hier wieder überproportional gefordert. Was soll er nicht alles tun: Die sozial Schwächeren unter uns müssen unterstützt werden (vgl. die verschiedenen *Rettungspakete*. Zum Zeitpunkt des Abfassens dieser Zeilen wurde gerade das dritte Rettungspaket mit einem Volumen von 65 Mrd. € auf den Weg gebracht, das vor allem Einmalzahlungen für Studierende und Rentner*innen beinhaltet, vgl. Die Bundesregierung 2022, Rettungspakte). Wir haben in Kapitel eins bereits die „Übergewinnsteuer" erwähnt, die alle überproportionalen Gewinne von Energieerzeugern abschöpfen soll. Schließlich haben sie mit ihrem Geschäftsmodell unter „Ausnutzung" der Notlage ohne eigenes dazutun höhere Margen und Erträge eingefahren, von denen sie nun einen Teil zur Alimentierung der notleidenden Bevölkerung abgeben sollen. So fair sich das im ersten Moment anhört, stellt sich doch schnell die Frage nach der Operationalisierung: Was konkret ist eine Übergewinnsteuer, vor allem, *was ist ein*

Übergewinn? Wie grenzt er sich von einem „normalen" Gewinn ab? Das wird sicher noch für angeregte Diskussionen sorgen.

Für intensive Diskussionen sorgt im Herbst 2022 die sogenannte *Gasumlage* (vgl. im Folgenden Regniet 2022): Die Gasumlage ist eine Zusatzabgabe, die die Bundesregierung im Juli 2022 beschlossen hat und die bei 2,419 Cent pro Kilowattstunde Gas liegt (Stand 15.08.2022). Zahlen sollten diese Gasumlage alle deutschen Haushalte ab dem 01.10.2022. Notwendig geworden war dieser Schritt, nachdem die deutsche Regierung beschlossen hat, sukzessive aus der Abhängigkeit aus russischem Gas auszusteigen. Zudem hat der russische Energiekonzern Gasprom in den letzten Monaten die Gaslieferungen drastisch gedrosselt, sodass die Energieversorger in Deutschland das Gas zu erheblichen Mehrkosten anderweitig beziehen müssen. Durch diese Möglichkeit der Energieversorger, den Gaspreis an die Verbraucher*innen weiterzugeben, sehen sich diese erheblichen finanziellen Mehrbelastungen gegenüber, zumal die Strompreise auch weiter ansteigen werden (vgl. Regniet 2022). Die drei bereits beschlossenen Entlastungspakete der Bundesregierung werden, aller Voraussicht nach, die zusätzlichen Kosten der Gasumlage bei weitem nicht decken können.

Nachdem aber die ökonomische Situation bei *Uniper,* dem größten deutschen Energieversorger, aufgrund der dramatischen monatlichen Verluste unhaltbar geworden ist und das Unternehmen nun verstaatlicht wird, stellt sich die Lage wieder anders dar. Die Gasumlage ist extra dafür angeschafft worden, um die Energiekonzerne in Deutschland vor der Insolvenz zu retten. Wenn jetzt aber der Staat die Unternehmen mehrheitlich übernimmt, gibt es keine zwingende Notwendigkeit mehr für eine Gasumlage. Da die Situation für Millionen von Haushalten wirtschaftlich aber untragbar geworden ist – wie immer trifft es vor allem die Bezieher kleinerer aber auch mittlerer Einkommen – stellte sich ernsthaft die Frage, ob eine solche Gasumlage tatsächlich das richtige Instrument zur Bekämpfung der steigenden Gaspreise und zur Rettung finanziell angeschlagenere Energieunternehmen darstellt. Daher wurde die *Gasumlage konsequenterweise gar nicht erst umgesetzt*.

Ein weiteres denkbares Instrument stellt der sogenannte *„Energiepreisdeckel"* dar, der die Energiepreise auf einem bestimmten Niveau staatlich fixieren soll. Analog Frankreich und Großbritannien (vgl. im Folgenden Manager Magazin 2022) sollen die Preissteigerungen bei Strom und Gas staatlicherseits begrenzt werden: In Frankreich soll dies ab Anfang 2023 geschehen. Die monatlichen Preissteigerungen bei Strom und Gas sollen auf 15 % gedeckelt werden. Das bedeutet einen Anstieg der monatlichen Heizkosten um 20 bis 25 €. Ohne diese Preisbremse wären monatlich etwa 200 € mehr zu zahlen. Zusätzlich erhalten etwa *40 % der einkommensschwächsten Haushalte einen Energiescheck in Höhe von 100 bis 200 €*, je nach Haushaltseinkommen. Frankreichs Wirtschaftsminister beziffert die Kosten der Preisbremse auf 16 Mrd. € (vgl. Manager Magazin 2022). Großbritannien deckelt analog zwei Jahre lang ab Oktober 2022 die jährlichen Strom- und Gaspreise bei 2500 Pfund, umgerechnet etwa 2800 €. Ein solches Instrument entlastet die Haushalte in einem erheblichen Umfang und würde vor allem für die betroffenen Unternehmen, die zur Herstellung ihrer Produkte einen hohen Anteil an Gas verwenden, eine Kosten- und Planungssicherheit geben. Ein solches Instrument kann auch auf Sicht betrieben werden: Temporär eingeführt, etwa wie in Großbritannien für etwa zwei Jahre, könnte es in regelmäßigen Abständen, abhängig von der aktuellen Lage, nachgeschärft werden, was Dauer und Höhe anbelangt.

Es sollte auch vor einem *staatlichen Rettungsschirm* für betroffene Unternehmen und Branchen analog der Erfahrungen in der Corona-Pandemie nicht zurückgeschreckt werden. Wirtschaftsminister Habeck hat bereits angekündigt, vor allem kleinere und mittlere Unternehmen durch einen breiten Rettungsschirm abzusichern (vgl. Die Zeit 2022a). Die Unternehmen könnten dann Hilfen beantragen, die sie vor allem durch diese schwierige Zeit tragen könnten. Dies sei allerdings nur eine temporäre Lösung (vgl. Die Zeit 2022a). Es ist sicher richtig, vor allem das Rückgrat der deutschen Wirtschaft, den Mittelstand in dieser schwierigen Phase zu unterstützen. Rechnet man die potenziellen Ausgaben für die von der Bundesregierung geplanten Maßnahmen, die Verstaatlichung von Energieversorgern, den Rettungsschirm für die Unternehmen, den Energiepreisdeckel, die Entlastungspakete etc. zusammen, dann wird schnell klar, *dass die Schuldenbremse kaum noch zu halten sein dürfte.* So richtig es ist, der nachfolgenden Generation keinen Schuldenberg zu hinterlassen, der irgendwann einmal nicht mehr zu tilgen ist, so richtig ist die Soforthilfe in Krisenzeiten. Vor allem Staatsbeteiligungen wie etwa die Lufthansa zu Coronazeiten haben deutlich gemacht, dass der Staat diese Unternehmen nicht nur retten konnte, sondern sogar Gewinne in Höhe von 760 Mio. € aus diesen Aktivitäten (Lufthansa) erzielen konnte (vgl. Manager Magazin/Aktienverkauf 2022). Ähnlich könnte es auch bei Uniper laufen, wenn der Gasmarkt sich wieder erholt haben wird.

Staatliche Hilfen vor allem für die sozial schwächeren Verbraucher*innen sind das Gebot der Stunde. *Stärkere Schultern müssen vor allem in ökonomischen Krisenzeiten mehr tragen als schwache.* Das bedeutet aber auch ganz konkret, dass die unteren Einkommensgruppen auch überproportional entlastet werden müssen. Das Gießkannenprinzip, d. h. die gleiche Entlastung für alle

Haushalte kann nicht die zielführende Maxime sein. Es muss dort geholfen werden, wo die ökonomischen Sorgen und Nöte am größten sind. Multimillionäre oder sehr gut verdienende Haushalte sind nicht auf eine staatliche Unterstützung angewiesen. Der Staat, also wir alle, muss vor allem diejenigen im Blick behalten, die unter dem gewaltigen Druck dramatisch gestiegener Energiepreise aber auch der Inflation generell „unterzugehen" drohen. Verbraucher*innen aber auch Unternehmen, die sich aus eigener Kraft nicht mehr aus der Negativspirale aus Inflation, drohendem Einnahmen- und Jobverlust heraushelfen können, *müssen vom Staat aufgefangen werden.* Dass dies kaum noch etwas mit dem ordoliberalen Staatsverständnis zu tun hat, bei dem der Staat lediglich den Rahmen wirtschaftlicher Aktivität zu setzen hat, versteht sich von selbst.

Neben der durch den Krieg in der Ukraine ausgelösten Energie- und Wirtschaftskrise in Deutschland und in vielen Ländern Europas, drohen noch weitere Konfliktherde auf uns zuzukommen, die die wirtschaftliche Situation Deutschlands weiter verschlechtern dürften. Da ist zunächst einmal die *Krise in Taiwan.*

3.2 Die Krise in Taiwan

Der Konflikt zwischen China und Taiwan existiert schon seit mehr als siebzig Jahren (zu den Hintergründen und neuesten Entwicklungen vgl. im Folgenden NZZ 2022). China betrachtet Taiwan als Teil seines Territoriums. Nach der Kapitulation Japans am Ende des Zweiten Weltkriegs 1945 fällt Taiwan an China. Nahezu zeitgleich entbrennt der chinesische Bürgerkrieg, in dessen Verlauf das chinesische Festland von der kommunistischen Volksbefreiungsarmee unter Führung Mao Zedongs besetzt wird. Im Gegensatz dazu wird Taiwan von den Gegnern Mao Zedongs unter Führung von Chiang Kai-schek als Rückzugsort vor den rivalisierenden Truppen der kommunistischen Volksbefreiungsarmee genutzt. Als Mao Zedong am 1. Oktober 1949 auf dem Festland die Volksrepublik China ausruft, gründet Chiang Kai-schek die Republik China auf Taiwan. *Beide, sowohl Mao Zedong als auch Chiang Kai-schek beanspruchen für sich, ganz China zu vertreten.* Im Laufe der Jahre haben immer mehr Länder allerdings die Regierung in Peking als alleinige Repräsentantin von Gesamtchina anerkannt.

Seit 1979 erkennt auch die USA die Regierung in Peking und nicht in Taipeh als Vertreterin Gesamtchinas an (vgl. NZZ 2022). Allerdings verpflichteten sich die USA gleichzeitig in dem sogenannten *Taiwan Relations Act (1979),* Taiwan mit Waffen zu beliefern und ein Embargo durch China als Bedrohung des Friedens zu kennzeichnen. China hält nichtsdestotrotz an seiner Forderung fest, dass sich die etwa 180 Kilometer vor der chinesischen Küste befindliche Insel Taiwan an die Volksrepublik China anschließt, notfalls mit militärischer Gewalt. Taiwan hat sich in der Zwischenzeit zu einer Demokratie entwickelt, die alle vier Jahre in freien und unabhängigen Wahlen vom Volk einen Präsidenten wählt, der den Premierminister einsetzt. Taiwan verfügt über eine leistungsfähige Wirtschaft. Alleine im Jahr 2021 stieg das Bruttoinlandsprodukt (BIP) Taiwans um knapp 6 % von 669 auf 789 Mrd. US-Dollar (vgl. im Folgenden Melcher 2022). Damit zählt Taiwans Wirtschaft zu den größten Volkswirtschaften der Welt und einem der Länder Asiens mit dem höchsten BIP. Das BIP pro Kopf war in Taiwan fast dreimal so hoch wie in China, nämlich 33.775 US$ im Vergleich zu 12.358 US$ in der Volksrepublik China (vgl. Melcher 2022).

Wesentlich bedeutsamer ist allerdings die Tatsache, dass sich zwei der größten Chip- und Halbleiter-Auftragsfertiger der Welt in Taiwan befinden. 2018 kamen knapp *85 % der produzierten Motherboards,* d. h. die zentralen Platinen eines Computers, die für das reibungslose Miteinander der einzelnen Komponenten sorgen, und 83 % der WLAN-Router bzw. fast 79 % der Notebooks aus Taiwan. Die *IT- und Elektronikbranche kann ohne die Produkte aus Taiwan zumindest kurzfristig nicht existieren.* Der Besuch von Nancy Pelosi in Taiwan, der damaligen Vorsitzenden des amerikanischen Repräsentantenhauses, diente vor allem dazu, Taiwan politisch den Rücken zu stärken (vgl. NZZ 2022). Im Gegenzug ließ die aufgebrachte chinesische Regierung eine dreitägige Militärübung rund um die Insel veranstalten. US-Präsident Biden ließ dagegen klar erkennen, dass die USA im Falle eines chinesischen Angriffs auf Taiwan diesem militärischen Beistand leisten würde. Ferner reiste Anfang September 2022 eine weitere Delegation des amerikanischen Repräsentantenhauses nach Taipeh, um die Unterstützung der USA für Taiwan nachdrücklich zu dokumentieren (vgl. NZZ 2022). Die Lage scheint festgefahren zu sein.

An diesem Konflikt kann man unschwer erkennen, *wie schnell die Ökonomie in die Krise geraten kann und die Zeiten immer unsicherer* bzw. volatiler werden. Am Beispiel der deutschen Wirtschaft zeigen sich die drohenden Konsequenzen eines Taiwan-China-Konflikts besonders deutlich (vgl. Heide et al. 2022): Vor allem die Halbleiterindustrie Taiwans ist für deutsche Unternehmen von herausragender Bedeutung. Gerade bei den modernsten Halbleitern mit einer Strukturgröße von sieben Nanometern und weniger ist die Marktdominanz Taiwans am augenfälligsten. Etwa 80 % dieser High-Tech-Produkte stammen von dort. Insgesamt stehen *taiwanesische Unternehmen für gut 77 % der weltweiten Chip-Fertigung,* an der Verpackung und Testung sind sie immerhin noch zu knapp 58 % beteiligt und zu einem Fünftel des Weltumsatzes am Chip-Design (vgl. Heide et al. 2022). Eine chinesische Seeblockade könnte die Chip-Lieferungen vom einen auf den anderen Tag stoppen.

Sollte Deutschland im Zuge der amerikanischen Auseinandersetzung mit China zu einem Abbruch der wirtschaftlichen Beziehungen mit China gezwungen sein, sind auf einen Schlag etwa *1,1 Mio. Arbeitsplätze und 2,7 % der deutschen Wertschöpfung gefährdet* (vgl. Heide et al. 2022). Es wird schwer werden, kurzfristig die Lieferketten umzuorganisieren und China Taiwan bzw. China aus der Wertschöpfung herauszunehmen. Alleine die *deutsche Automobilindustrie* und Schlüsselbranche der deutschen Wirtschaft erzielt *knapp 40 % ihres weltweiten Umsatzes in China*. Ein kurzfristiges Umschwenken in andere Länder, um den Verkauf von Automobilen auf weitere Märkte zu verteilen, dürfte alleine schon aufgrund des wegbrechenden Volumens kurzfristig unmöglich sein. Arbeitsplatzverluste würden unweigerlich die Folge daraus sein, die die gesamte deutsche Wirtschaft weiter in die Krise führen würde. Doch noch scheint es Gott sei Dank nicht so weit zu sein (Stand Dezember 2022). Auch an diesem Beispiel ist zu erkennen, *wie fragil der Wohlstand in Deutschland ist* und wie schnell sich das Blatt wenden könnte. Doch es gibt noch weitere Krisenherde in der Welt, die sich in die falsche Richtung entwickeln und ein Problem für die Wirtschaft werden könnten.

3.3 Weitere internationale Krisenherde

Während der Ukraine-Krieg in aller Munde ist und der Taiwan-China-Konflikt noch in den Köpfen präsent ist, werden die anderen internationalen Krisenherde im Rahmen der Aufmerksamkeitsökonomie langsam nach hinten gedrängt. Doch sie sind noch da und sorgen für dramatische humanitäre Krisen auch in 2022 (vgl. im Folgenden International Rescue Committee, IRC, 2021). Wir erinnern uns: Im August 2021 übernahmen die Taliban nach dem Abzug internationaler Truppen wieder die Kontrolle in *Afghanistan*. Mit ihnen und ihrem Regime ziehen wie vorauszusehen war fundamentalistische islamische Regelungen ein: Vor allem Frauen sind die Leidtragenden dieses Systems. Ihnen wird von den Taliban der Zugang zu Bildung und Arbeit erheblich eingeschränkt. Ihnen drohen Gewalt, Ausbeutung, Kinderheirat und Missbrauch (vgl. IRC 2021). *Im Ranking der Gleichberechtigung von Frauen steht Afghanistan folgerichtig auf dem letzten Platz von 170 Ländern.* Die Wirtschaft kollabiert und könnte eine Armutsquote von bis zu 97 % hervorrufen. 90 % der Kliniken werden schätzungsweise schließen müssen und hinterlassen Millionen von Menschen ohne oder ohne ausreichende Gesundheitsversorgung. Krankheiten und Pandemien wie etwa Covid-19 sind so Tür und Tor geöffnet. Zusätzlich droht eine langanhaltende Dürre, die die Ernährungssituation weiter dramatisch verschlechtert.

Nicht wesentlich besser sieht es derzeit in *Äthiopien* aus. Äthiopien, eines der ärmsten Länder dieser Welt, ist vom Klimawandel besonders betroffen: Seit geraumer Zeit wechseln sich bereits Dürre und Überschwemmungen ab. Nahrungsmittel sind demzufolge sehr knapp, die Hungersnot groß. Zusätzlich herrscht ein militärischer

Konflikt zwischen der Regierung und der regionalen Partei Volksbefreiungsfront von Tigray (TPLF). Hintergrund ist der Machtverlust der fast drei Jahrzehnte herrschenden politischen Elite *Tigrays,* einer Volksgruppe im Norden Äthiopiens (vgl. NZZ 2022a). Im schlimmsten Fall droht eine Implosion des Vielvölkerstaates, in dem fast 118 Mio. Menschen leben (vgl. NZZ 2022a und IRC 2021). Zusätzlich sind in der betroffenen Region Tigray etwa 900.000 Menschen von der Hungersnot bedroht (vgl. IRC 2021). 4,2 Mio. Menschen sind innerhalb des Landes vertrieben, knapp 26 Mio., also ein gutes Fünftel der Gesamtbevölkerung, benötigt humanitäre Hilfe.

Seit 2004 tobt bereits ein Bürgerkrieg in *Jemen,* der neben den furchtbaren menschlichen Schicksalen auch zu dem Zusammenbruch von Wirtschaft, Bildungs- und Gesundheitswesen geführt hat (vgl. IRC 2021). Schulen und Krankenhäuser wurden entweder durch Kampfhandlungen beschädigt oder für militärische Zwecke genutzt. Etwa 20 Mio. Menschen, zwei Drittel der Bevölkerung, benötigen humanitäre Hilfe. In *Nigeria* dauern bewaffnete Konflikte bereits über 12 Jahre an. Die Konfliktlinie verläuft unter anderem zwischen dem muslimischen Norden und dem christlich geprägten Süden des Landes (vgl. BMZ 2022, Konflikte in vielen Landesteilen). Islamische Gruppierungen u. a. *„Boko Haram"* verüben immer wieder Terroranschläge. Bandenkriminalität, kämpfende Milizen und separatistische Bestrebungen in der Provinz Biafra, im Südosten des Landes prägen das Bild des 211 Mio. Einwohner-Landes mit seinen mehr als 250 ethnischen Gruppen (vgl. BMZ 2022 und IRC 2021). Neben den ethno-religiösen Spannungen kommt es auch um einen Überlebenskampf um die knappen Ressourcen wie z. B. Weidegebiete (vgl. BMZ 2022).

Auch der *Südsudan* und die *Demokratische Republik Kongo* sind von Konflikten und Hungersnöten geprägt.

Während der Südsudan hauptsächlich von militärischen Konflikten und Naturkatastrophen heimgesucht wird, bedroht das *aggressive Ebola-Virus* große Teile der Bevölkerung in der Demokratischen Republik Kongo. Im Vorfeld der Parlamentswahlen wird dort 2023 mit gewalttätigen Auseinandersetzungen gerechnet. Im Südsudan haben Überschwemmungen und weitere Naturkatastrophen neben den militärischen Konflikten dafür gesorgt, dass mehr als 60 % der Bevölkerung nicht weiß, wie sie sich ausreichend ernähren können (vgl. IRC 2021). Eine ähnlich konfliktreiche und von humanitären Katastrophen geprägte Lage findet sich auch im restlichen Teil des Sudan, in Syrien, Somalia und Myanmar, um nur die dramatischsten Krisenherde der Welt zu nennen (zu Details vgl. u. a. IRC 2021).

Das *Institute for Economics and Peace* (IEP) gibt jedes Jahr einen sogenannten „*Global Peace Index*" heraus, einen weltweiten Friedensindex (vgl. im Folgenden IEP 2022). Dieser Index misst anhand dreier Indikatoren die Sicherheitslage auf der Welt und integriert dabei 163 Länder und etwa 99,7 % der weltweiten Bevölkerung. Die drei Indikatoren sind: *Schutz und Sicherheit der Gesellschaft* bzw. der Bevölkerung, *Ausmaß der nationalen und internationalen Konflikte* und der *Grad der Militarisierung* eines Landes. Zwar resümierten die Forscher in ihrer Managementzusammenfassung „nur" eine geringfügige Verschlechterung des weltweiten Friedensindizes, allerdings sei das bereits *die elfte Verschlechterung seit 14 Jahren.* 71 Länder weltweit verschlechterten sich in ihrem Grad an Friedenssituation im Land. Gründe waren hauptsächlich der Anstieg an politischem Terror, die Verschlechterung der Beziehung zu den Nachbarländern, eine Steigerung der internen Konflikte und damit die Verschärfung der politischen Instabilität mit entsprechenden Flüchtlingsbewegungen. Zwar gab es in 90 Ländern Verbesserungen der

Friedenslage. Allerdings hatten die verschlechterten Friedensbedingungen in den 71 Ländern ein höheres Gewicht als die Verbesserungen, sodass der Index sich leicht nach unten entwickelte.

Krisenherde auf der Welt finden sich vor allem *im Mittlere Osten und Nordafrika* (vgl. IEP 2022). Die fünf Länder mit der größten Verschlechterung der Friedenslage waren neben Russland und der Ukraine Burkina Faso, Guinea und Haiti. Europa gilt nach wie vor als die friedlichste Region der Welt mit Island als dem Spitzenreiter als *friedvollste Nation.* Doch auch in Europa lohnt ein kritischer Blick auf die aktuelle Lage:

Die EU ist in vielen Punkten uneins, vor allem zwischen den Ländern mit eher rechtskonservativen Regierungen wie Polen und Ungarn und den eher konservativen oder progressiven Regierungen Westeuropas und Skandinaviens. Beispiele hierfür sind die Diskussionen über ein Ölembargo gegen Russland (vgl. Wettach 2022) oder in der Vergangenheit die Flüchtlingskrise und die unterschiedliche Aufnahmepraxis in einzelnen EU-Ländern. Ungarn und Polen hielten sich auffällig zurück, während Deutschland unter *Kanzlerin Merkel* den Löwenanteil der Flüchtlinge übernahm (Stand Ende 2017, vgl. BpB 2018). Doch auch in weiteren Ländern Europas droht ein „Rechtsruck": Großbritannien ernennt eine konservative Premierministerin, *Liz Truss,* die als erste ökonomische Tat die Steuer für die Besser- und Topverdiener reduziert (was sie auf öffentlichen Druck und Demonstrationen der Bevölkerung schließlich wieder zurücknehmen muss und was sie in der Folge politisch nicht überlebte). Mittlerweile ist der konservative *Rishi Sunak* Premierminister. Doch noch ist unklar, ob der neue Premier mit seinem Team das brisante Gemisch aus implodierendem Gesundheitswesen, Inflation und Stagnation in Großbritannien beherrschen und die Probleme in den Griff bekommen wird (vgl. Nuspliger 2023). Frankreich schrammte knapp an einer rechtsnationalen Präsidentin *Marine Le Pen* vorbei und Italien wird von einer Neofaschistin, *Georgia Meloni*, in einem Dreierbündnis mit rechtsextremen Parteien regiert.

Auch außerhalb der EU drohen sich die Machtverhältnisse in den polarisierten Gesellschaften Nord- und Südamerikas kurzfristig zu verschieben: Zum Zeitpunkt des Abfassens dieser Zeilen läuft in Brasilien die Stichwahl zwischen dem rechtskonservativen *Jair Bolsonaro* und dem sozialistischen Herausforderer *Lula da Silva*, die da Silva für sich entscheiden konnte. Die Unterschiede gerade in wirtschaftspolitischen Vorstellungen und Programmen könnten nicht unterschiedlicher sein: Hier der *radikal marktwirtschaftliche Kurs* des Amtsinhabers Bolsonaro mit Privatisierungen, Steuersenkungen vor allem für die Reichen und Unternehmer, dort der *Sozialist da Silva* mit Steuererhöhungen für die Besserverdienenden, einem höheren Staatsanteil etc. aber auch der Einsatz für den Klimaschutz (vgl. u. a. Zapf 2022). In den USA wurden wir alle Zeuge, wie nach einem radikal marktwirtschaftlichen Kurs unter US-Präsident Trump unter dem US-Präsidenten Joe Biden ein neuer Kurs gefahren wird, der vor allem die *unteren Einkommensgruppen* im Auge hat und den Klimaschutz mit der Wirtschaft versöhnen will. Eine Wahl kann die ökonomische Weichenstellung und deren Schwerpunkte von heute auf morgen radikal verändern.

In der Summe haben wir gesehen, dass in sehr vielen Ländern dieser Erde die politische und wirtschaftliche Situation äußerst instabil ist und sich durch kurzfristige Veränderungen der Regierungen, was in einem demokratischen System natürlich so vorgesehen ist, die Lage weiter verschlechtern kann. Käme es etwa zu einer *zunehmenden*

Blockbildung der Staaten mit einem eher diktatorischen Regime wie China, Russland, Türkei und weiteren Ländern – Putin ist im Gegensatz zu den Vermutungen einzelner Politiker in Deutschland international keinesfalls isoliert, – kann das für die wirtschaftliche Lage Europas und den USA fatale Auswirkungen haben. Diese Länder sind nach wie vor große Absatzmärkte für deutsche Produkte und können die Situation vieler Unternehmen in Deutschland von heute auf morgen dramatisch verändern, wenn sie ihre Grenzen für deutsche Produkte schlössen. Ich denke, es ist klar geworden, dass aufgrund der zahlreichen existierenden Konflikte auf der Welt und der potenziell noch drohenden, die Welt noch unsicherer werden wird. Gleiches gilt natürlich analog für die Wirtschaft. *Unser Wohlstand gerade in Deutschland, der stark vom Export abhängig ist, wird in den nächsten Jahren eher stärker gefährdet* als sicherer werden. Dabei haben wir noch gar nicht über die drohende Klimakatastrophe und ihre Auswirkungen auf die Weltwirtschaft gesprochen.

4
Klimakatastrophe ohne wirksame Gegenmaßnahmen

> Um die Audioversion dieses Kapitels zu hören, klicken Sie auf den Link oder scannen Sie ihn mit der Springer Nature More Media App: sn.pub/9vjwks

4.1 Klimakatastrophe noch abwendbar?

Mittlerweile dürfte in weiten Teilen der Gesellschaft unumstritten sein, dass *der Mensch für den Klimawandel wesentlich verantwortlich* ist. Die Lage stellt sich im Herbst 2022 als sehr dramatisch dar. Gemäß dem aktuellen Bericht des Deutschen Klima-Konsortiums, an dem u. a. so renommierte Institutionen und wissenschaftliche Gesellschaften wie der Deutsche Wetterdienst und die Helmholtz-Klima-Initiative intensiv mitarbeiten (vgl. im Folgenden Deutsches Klima Konsortium et al. (DKK) 2022), ist die Lage zwar sehr ernst aber nicht aussichtslos. Wir können noch etwas tun! Der natürliche Treibhauseffekt sorgt dafür, dass die Erde bewohnbar wird und bleibt. Treibhausgase wie Wasserdampf, Kohlendioxid, Methan und Lachgas sorgen dafür, dass die Sonneneinstrahlung nur partiell abgestrahlt wird und mit der dadurch entstandenen Energie die Erde auf durchschnittlich 14 Grad erwärmt. Stünde diese Sonnenenergie nicht zur Verfügung, wäre die *Erdoberfläche etwa minus 18 Grad* Celsius kalt und damit quasi unbewohnbar (vgl. DKK 2022, S. 4).

Der Mensch ist, und das ist wissenschaftlich erwiesen, die Ursache der Klimaerwärmung. Durch das Verbrennen fossiler Energieträger wie Kohle, Erdöl und Erdgas haben die Treibhausgase zugenommen. Große Mengen an Kunstdünger und Methan in der Landwirtschaft haben diese Tendenzen weiter verschärft. Gleichzeitig werden Wälder im großen Stil gerodet, man denke nur an die riesigen Waldgebiete im Amazonas-Gebiet Brasiliens, was verhindert, dass die vermehrt ausgestoßenen Treibhausgase aufgenommen werden. *Die aktuelle CO_2-Konzentration ist wahrscheinlich die höchste seit drei Millionen Jahren* (vgl. DKK 2022, S. 5), etwa 50 % höher als zu Beginn der Industrialisierung d. h. bevor der Mensch im Maschinenzeitalter aktiv in die Atmosphäre eingegriffen hat. Methan erreicht sogar 250 % des sogenannten vorindustriellen Niveaus (vgl. DKK, S. 5). Die Luft hat sich im globalen Durchschnitt bereits um 1,1 Grad Celsius erwärmt im Vergleich zur vorindustriellen Zeit. Die Auswirkungen der globalen Erwärmung sind dramatisch:

So schrumpfte das Meereis rund um den Nordpol von 6,1 Mio. Quadratkilometer in 1992 auf nur noch rund 4,4 Mio. in 2020 (vgl. DKK 2022, S. 10). Ein Rückgang um fast 28 %! Seit 2006 gehen in Grönland rund *155 Mrd. Tonnen Eismasse pro Jahr verloren,* was gleichzeitig den Meeresspiegel um rund vier Millimeter pro Jahrzehnt ansteigen lässt (vgl. DKK 2022, S. 12). Der Meeresspiegel ist zwischen 1902 und 2015 im weltweiten Schnitt bereits um 16 cm angestiegen. Seit 2006 hat sich diese Anstiegsrate bereits verdoppelt (vgl. DKK 2022, S. 13). Ist das alleine schon beunruhigend, lässt ein Blick auf die Klimaerwärmung in Deutschland stärkste Sorgenfalten aufkommen. Während der ersten Jahrzehnte der Klimaaufzeichnungen in Deutschland zwischen 1881 und 1910 war die Erde noch zwei Grad kälter als im zurückliegenden Jahrzehnt. Das bedeutet eine Steigerung der mittleren Temperatur der bodennahen Luft um 0,12 Grad Celsius pro Dekade, wobei die letzten 5 Dekaden von 1971 bis 2021 der Anstieg bereits das Dreifache, nämlich *0,36 Grad Celsius pro Dekade* erreichte (vgl. DKK 2022, S. 15).

Jetzt könnte man sagen, na ja, die Häufung von Rekordhitze-Jahren, die abwechselnde Zunahme von Regen- und Trockenzeiten mit entsprechendem Hochwasser und Dürren sei nicht ungewöhnlich und noch im Rahmen des normalen Zufallsbereichs. Doch an Zufälle will in der Wissenschaft der Meteorologie niemand mehr ernsthaft glauben. Die Klimawebseite *Carbon Brief* hat bis dato mehr als 350 wissenschaftliche Studien gesammelt. Diese zeigen, dass 70 % aller 405 analysierten Extremwetterereignisse durch den anthropogenen d. h. menschengemachten Klimawandel wahrscheinlicher oder stärker wurden (vgl. ardalpha 2022). Schon jetzt zeigt der Klimawandel seine Auswirkungen auf Flora und Fauna (vgl. DKK 2022, S. 20):

Zugvögel kehren früher aus den warmen Ausweichquartieren zurück, da die Temperatur auch in den früheren kälteren Gebieten Nord- und Mitteleuropas angestiegen ist. Fische laichen früher, Pflanzen fangen früher an zu blühen, was zeitlich nicht mehr zum Lebenszyklus der sie bestäubenden Insekten passt (vgl. DKK 2022, S. 20). Das Ziel der Begrenzung der 1,5 Grad Celsius im Vergleich zur vorindustriellen Zeit ist zwar theoretisch noch machbar, allerdings auf keinen Fall mit der gegenwärtigen Umweltpolitik erreichbar (vgl. DKK 2022, S. 23)! *Verlängert man den Trend der Erderwärmung in die Zukunft, dann wird das 1,5 Grad Celsius-Ziel bereits in einem guten Jahrzehnt gerissen!* Bei ungebremster Erderwärmung und der aktuellen Umweltpolitik auf der Welt würde die Erwärmung der Erde zum 01.01.2100 im weltweiten Durchschnitt *mehr als 4 Grad Celsius* ausmachen (vgl. DKK 2022, S. 23)! Jetzt könnte man naiv sagen, na und? Welche Konsequenzen ein solches Szenario hätte, wäre verheerend (vgl. u. a. Pietsch 2022, S. 155 f.):

- Bis zum Jahr 2100 könnten über die Hälfte der Gletscher auf der Nordhalbkugel der Erde abgeschmolzen sein, ebenso die Permafrostböden. Der Meeresspiegel könnte um über 7 Meter ansteigen und *ganze Landstriche, Inselstaaten und Küstenregionen könnten von der Landkarte verschwunden sein.* Das beträfe u. a. Millionenstädte wie Bangkok, Jakarta oder die Malediven aber auch große Teile Ägyptens, Vietnams oder von Bangladesch (vgl. Powell zitiert nach Pietsch 2022, S. 156). Im Extremfall müssten hunderte Millionen Menschen ihre angestammte Heimat verlassen und in anderen Ländern Unterschlupf finden. Dass die Freude (und die Kapazität) der aufnehmenden Länder nicht unbegrenzt sein wird, darf man nicht nur vermuten. Alleine das Amazonasbecken wird sich bis zum Jahr 2100 um 5 bis 8 Grad Celsius erwärmen; 95 % des Regenwaldes werden bis dahin verschwunden sein (vgl. Powell zitiert nach Pietsch 2022, S. 155).
- Die Folgen des Klimawandels wären aber auch *Kriege um immer knapper werdende Grundnahrungsmittel.* Dies ist eine unmittelbare Konsequenz der zunehmenden Dürren und Überschwemmungen, die weite Teile der Ernte vernichtet. Dies beträfe Regionen wie Ägypten,

Israel aber auch Kanada (vgl. Powell zitiert nach Pietsch 2022, S. 156).
- Die *gesundheitlichen Folgen des Klimawandels* kann man hier nur mit dem Geologen und Klimaforscher Powell andeuten (vgl. Pietsch 2022, S. 56): Nahrungsmangel führt zu Unterernährung und Tod aber auch zu allen möglichen Krankheiten infolge der permanenten Mangelernährung wie u. a. Malaria.

Eine weltweite Studie der Unternehmensberatung McKinsey in 105 Staaten der Erde berechnet die *Konsequenzen des Klimawandels auf die Weltwirtschaft* (vgl. Jung 2020). Sie kommt zu dem Schluss, dass:

- alleine in Indien die zunehmende Hitze und Luftfeuchtigkeit bis 2030 zwischen 2,5 und 4,5 % der *Wirtschaftsleistung kosten* würde.
- vor allem in Ländern wie Nigeria, Pakistan und Bangladesch bis 2050 bis zu 1,2 Mrd. Menschen *tödliche Hitzewellen* drohten.
- Bereiche wie u. a. die Landwirtschaft, Bergbau und Bauindustrie bis 2050 pro Jahr mit *Umsatzeinbußen* von bis zu 6 Billionen Dollar rechnen müssten.
- Tourismus und vor allem die *Lebensmittelproduktion im Mittelmeerraum* stark betroffen wären. Um diese potenziellen Schäden auszugleichen, wären bis zu elf Milliarden Dollar notwendig.
- *Immobilien* vor allem durch drohende Wirbelstürme an Wert verlieren würden: alleine in Florida rechnet man mit einer *Wertminderung* von etwa 30 % bis 2050.
- der Fischfang aufgrund der *Erwärmung der Meere* um etwa acht Prozent reduziert werden würde. Davon betroffen wäre die Nahrungsversorgung von bis zu 800 Mio. Bürgern.

Dies sind allerdings sind nur ausgewählte ökonomische Konsequenzen des Klimawandels. Unnötig zu erwähnen, dass es *vor allem die Ärmsten der Weltbevölkerung trifft*, da z. B. in den Gebieten Afrikas die zunehmenden Dürre- und Trockenheitsperioden die jetzt schon bereits spärliche Lebensmittelknappheit noch weiter zunehmen wird.

Die bereits angespannte Situation zur Vermeidung der Konsequenzen des Klimawandels und zur Einhaltung des kaum noch erreichbaren 1,5-Grad-Klimaziels wird noch durch die Energiekrise verschärft. Auf der Suche nach Alternativen zu russischem Gas, das nach dem Beginn der Ukraine-Krieges immer spärlicher und schließlich gar nicht mehr durch die Leitungen floss, wird immer wieder über alle Optionen gesprochen. Konkret bedeutet dies die Überlegung zur Verlängerung zumindest ausgewählter Kernkraftwerke aber auch Kohlekraftwerke, um den Strom- und Gasbedarf der Bevölkerung nicht nur über den kommenden Winter 2022/2023 sicherzustellen (vgl. Die Zeit 2022, „Energiekrise"). Steinkohlekraftwerke werden verlängert, Braunkohlekraftwerke können zum 01.10.2022 in den Strommarkt zurückkehren (vgl. Die Zeit 2022, „Energiekrise"). Zudem werden drei Kernkraftwerke in Deutschland in ihrer Laufzeit verlängert.

Der Ausstieg aus der Atomkraft war spätestens nach der *Nuklearkatastrophe in Fukushima* im März 2011 *unisono* in der Regierung und Opposition beschlossene Sache. Die Technologie schien auch in einem hochtechnologischen Land wie Japan nicht hundertprozentig sicher zu sein, um weiterlaufen zu können. Nun wird *nolens volens* eine 180 Grad Wende vollzogen, um das knapp gewordene Gas zu kompensieren. Selbst die sicherlich nicht als Befürworterin der Kernkraft geltende Klimaaktivistin, die Schwedin Greta Thunberg, sagte in einem Interview mit der Journalistin Sandra Maischberger im Oktober 2022 (zitiert nach Meyns 2022) „Ich persönlich denke, dass es eine schlechte

Idee ist, auf Kohle zu setzen, solange die AKWs noch laufen …"

Ganz gleich, ob man sich der Meinung derer anschließt, die eine Verlängerung der Laufzeit von drei oder aller Kernkraftwerke fordern und/oder eine verstärkte Nutzung der Kohlekraftwerke: *Wir werden auf alle Fälle wertvolle Zeit im Kampf gegen den Klimawandel verlieren!* Verlängert man die Laufzeit der Kernkraftwerke, erhöht man die Wahrscheinlichkeit eines Reaktorunfalls (auch wenn der sehr niedrig sein sollte) und lässt eine risikobehaftete Technologie am Netz. Eine Entscheidung, die man mit anderen Vorzeichen bereits für die Zukunft getroffen zu haben schien. Speist man zusätzlich die Energie von Kohlekraftwerken ins Netz, verschlechtert man die CO_2-Bilanz wieder erheblich. Anstelle des schnellstmöglichen Wegs zur Klimaneutralität würde man wieder einen Schritt zurück in Richtung Luftverschmutzung gehen. *Wir verlieren wie gesagt wertvolle Zeit, die wir eigentlich nicht haben.* Der Weg nach vorne dürfte ein sehr steiniger sein. Vor allem müssen wir uns mit der Frage beschäftigen, wie wir die verlorene Zeit wieder aufholen wollen. Während wir versuchen, die drängenden und herausfordernden Fragen der Energiekrise zu beantworten, sterben vor unseren Augen immer mehr Tierarten weg und bleiben auf immer verloren. Schon heute ist die Lage dramatisch.

4.2 Tierwohl und Artenschutz

Tierwohl
In Deutschland werden jährlich mehr als 770 Mio. Tiere aller Art geschlachtet, darunter Schweine, Rinder und Schafe (vgl. im Folgenden Greenpeace, Tierhaltung 2022). Die Nachfrage nach möglichst billigem Fleisch und damit einhergehend die Fleisch- und Milchproduktion hat

sich alleine in Europa in den Jahren zwischen 1960 und 2010 verdreifacht. Kostendruck und harter, internationaler Wettbewerb haben es nötig gemacht, die *Tierhaltung so kostengünstig und so produktiv wie möglich zu gestalten.* Trotz aller Beteuerungen zur Nachhaltigkeit und Tierwohl werden aufgrund des überschaubaren Budgets der meisten Verbraucher*innen zumeist die billigsten Angebote an Fleisch gekauft. Angebot und Nachfrage auf dem Fleischmarkt folgen dem ökonomischen Prinzip: Alle Marktteilnehmer, in diesem Fall die Tierhalter und Fleischproduzenten, versuchen, den maximal am Markt durchsetzbaren Preis, etwa bei den bekannten Discountern, mit möglichst geringen Kosten darzustellen. Derjenige, der den gängigen Marktpreis nicht darstellen kann, wird, auch das ein ökonomisches Gesetz, früher oder später aus dem Markt ausscheiden müssen. Konkret: es droht die Insolvenz. Die Konsequenzen für die Tierhaltung und schließlich für das Wohl der Tiere sieht entsprechend häufig so aus (vgl. Greenpeace 2022):

Die *Haltung von Schweinen* in den Ställen auf engstem Raum (ökonomisch gesprochen: die Optimierung der Platzverhältnisse und damit die Minimierung der Kosten; einem Mastschwein steht durchschnittlich nur 0,75 Quadratmeter Platz zu) führt dazu, dass die Tiere sich gegenseitig verletzen und beispielsweise *gegenseitig die Ringelschwänze anfressen.* Um dies zu verhindern werden bei etwa 40 Mio. Ferkeln die Ringelschwänze kurz nach der Geburt abgeschnitten („Kupieren"). Bis 2021 wurden etwa 20 Mio. Ferkel ohne Betäubung kastriert d. h. die Hoden entfernt. Seit 2021 gibt es Gott sei Dank zumindest ein Verbot der Kastrationen ohne Betäubung. Während es in anderen EU-Ländern bereits verboten ist, Sauen in engen Gitterkäfigen zu halten, in denen sie nur noch dahinvegetieren können, ist dies in Deutschland mit Übergangsfristen noch erlaubt (vgl. Greenpeace 2022).

Milchkühe und Schlachtrinder werden zum Teil immer noch in Anbindehaltung und ungeeignetem Untergrund aufgezogen. Bis 2022 wurden jährlich etwa 45 Mio. männliche Küken in Brütereien getötet, das sogenannte *„Schreddern"*. Ab 2022 soll diese zu tiefst abstoßende Praxis endlich verboten werden. In der Putenaufzucht werden den Tieren immer noch die Schnäbel gekürzt. Eine von Greenpeace in Auftrag gegebene Studie des Meinungsforschungsinstituts Kantar Emnid kommt zu dem Ergebnis (vgl. Greenpeace 2022, vertiefender Link „Tierwohlabgabe"), dass 85 % der Befragten sich für Steuern und Abgaben auf Fleisch und Wurst aussprechen, wenn die dadurch erzielten Erlöse in die Verbesserung der Tierhaltung einfließen. Eine *Tierwohlabgabe* in Höhe von 50 Cent pro Kilo Fleisch könnte schon ausreichen. Doch in einer Zeit, in der vor allem das untere Einkommens- und Vermögensdrittel der Bevölkerung kaum noch über die Runden kommt, ist eine solche Abgabe gerade von dieser Gruppe nicht mehr zu bezahlen. Tierwohl muss uns alle angehen, daher sollte der Staat eine solche Tierwohlabgabe übernehmen! Zudem muss ein *verpflichtendes Tierhaltelabel* eingeführt werden, dass die Haltepraxis der Tiere widerspiegelt und den Verbraucher*innen die Situation in den Ställen beim Kauf anzeigt.

Doch wir müssen uns fairerweise auch die Sicht der Tierhalter vor Augen führen: Eine artgerechte Tierhaltung bringt uns allen nichts, *wenn die Halter davon nicht mehr leben können und insolvent werden.* So schlagen auch die steigenden Energiepreise auf die Stimmung der Milchbauern (vgl. Deter 2022). Niemand weiß Stand heute, wie sich die steigenden Energiepreise auf die Erträge der Milchbauern auswirken werden. Zudem schlagen die zusätzlichen Kosten der artgerechten Tierhaltung, der neuen Vorschriften zur Tiergesundheit, die Umweltauflagen etc. auf das Ergebnis durch. Zusätzlich machen sich der Mindestlohn und die gestiegenen Preise für Tierfutter, Soja und Raps, bemerkbar. Alleine die Maissilage, die als Futter für Wiederkäuer und für die Biogaserzeugung eingesetzt wird, ist im Vergleich zum Vorjahr um 70 % teurer geworden (vgl. Deter 2022). Zusätzlich trifft die Bauern auch der *allgemeine Fachkräftemangel* in Deutschland.

Es macht sich hier bei den Milchbauern wie auch bei anderen Berufsgruppen in Deutschland bemerkbar, dass die gesellschaftliche Anerkennung zu wünschen übriglässt. An diesem Beispiel kann unschwer festgestellt werden, dass die *Bezahlung von Jobs* nicht nur von der Ausbildung und der Leistung, sondern auch von *der gesellschaftlichen Relevanz* abhängig sein sollte! Ferner kämpfen die Landwirt*innen häufig auch mit den Lippenbekenntnissen der Verbraucher*innen: Trotz der (angeblichen) Bereitschaft, mehr Geld für artgerechte Tierhaltung zu zahlen, straft die Realität am Verkaufspunkt die sozial erwünschten Aussagen Lügen. So kaufen *nur noch etwa 5 % der Verbraucher*innen* die höherpreisige Biomilch mit entsprechender artgerechter Haltung. Der Rest bleibt bei der konventionell hergestellten Milch oder greift zur handelseigenen Marke. Beide Seiten müssen zwangsweise dem ökonomischen Prinzip gehorchen: Discounter versprechen den billigstmöglichen Preis und die Verbraucher*innen, vor allem die sozial schwächeren, müssen ihr Überleben und das ihrer Familie absichern. Beim Geld hört bekanntlich die Freundschaft auf.

Es soll hier keine undifferenzierte Kritik der Verbraucher*innen oder der Landwirt*innen vorgenommen werden. Im Gegenteil, es sollte uns zu denken geben, dass die *Tierwohlmaßnahmen uns als Gesellschaft etwas kosten sollten*. Leider können immer weniger von uns diese gestiegenen Kosten abfangen und müssen anstelle der höherpreisigen Produkte *nolens volens* auf die kostengünstigsten zurückgreifen. Das kann man niemandem verdenken, der mit knappem Budget und dramatisch gestiegenen Energiepreisen seine Familie über den Tag und den Monat bringen muss. Gleichzeitig ist auch die Sicht der Landwirt*innen einleuchtend, dass die überfälligen Maßnahmen zum Tierwohl in deutlich höhere Preise münden. Doch existiert kein Markt dafür, weil die Verbraucher*innen nicht bereit (oder finanziell in der Lage) sind, dann sind diese Maßnahmen unternehmerisch nicht durchzuhalten. Wenn schon der Staat in vielen Bereichen in die Wirtschaft eingreift wie etwa in der Pandemie oder bei der Gas- und Strompreisbremse geschehen, dann kann (und muss) er auch hier unterstützend eingreifen. Konkret: Der Staat muss die gestiegenen Kosten des Tierwohls, etwa weil nur halb so viele Tiere auf dem gleichen Platz im Stall leben als vorher, zumindest *zu einem großen Teil subventionieren*. Die Landwirt*innen verdienen ebenso unsere finanzielle Hilfe wie die Bürger*innen, die sich die höherpreisigen Grundnahrungsmittel nicht leisten können. *Tierwohl hat seinen Preis.* Wenn wir dies als Gesellschaft alle wollen, dann müssen wir auch alle bereit sein, dafür zu zahlen. Nur so können wir Tierwohl und Wohlstand miteinander kombinieren!

Artenschutz

Jeden Tag sterben auf der Welt 150 Tier- und Pflanzenarten insgesamt aus und kehren niemals auf die Erde zurück (vgl. Pauli 2022). Arten, die in der Folge von Jahrmillionen entstanden sind und sich im Rahmen der Evolution weiterentwickelt haben. Es stirbt nicht nur die Art aus, sondern deren Eigenschaften und Genetik. Sie fehlt künftig im Ökosystem. Säugetiere brauchen beispielsweise etwa 1,5 Mio. Jahre für ihre Entstehung. Es sterben sogar Arten aus lange bevor sie bekannt sind (vgl. Pauli 2022). Wenn wir nicht sofort gegensteuern, sind von den geschätzten acht Millionen Arten auf der Welt mittelfristig etwa *eine*

Million vom Aussterben bedroht. Diese Schätzung stammt von den Experten des Biodiversitätsrats, der etwa 15.000 Studien (!) zu diesem Thema ausgewertet hat. Dabei sei dies nur eine konservative Schätzung, die nur einen Bruchteil der Entwicklungen im Blick habe (vgl. Pauli 2022). Jetzt könnte man naiv die Frage stellen, was das konkret für uns bedeutet.

Tiere und Pflanzen haben in unserem Ökosystem wichtige Funktionen (vgl. Friess 2022). So liefern einzelne Arten Nahrung, stellen die Grundlage vieler Arzneien dar, spielen für den Klimaschutz eine entscheidende Rolle und dienen letztlich uns allen. Tiere und Pflanzen sind in unserem Ökosystem auf der Erde aufeinander angewiesen: Insekten bestäuben Pflanzen und dienen gleichzeitig den Vögeln als Nahrung. Ohne sie würden Ernten geringer ausfallen, Vögel hätten weniger zu Fressen etc. (vgl. Friess 2022). Was viele nicht wissen: Bienen helfen über ihre Bestäubungsleistung, Lebensmittel wie etwa Früchte zu produzieren. Es ist leicht einzusehen, was passierte, wenn die Bienen sukzessive aussterben würden. Viel schwerwiegender allerdings ist die Tatsache, dass ein gleichzeitiges Sterben zu vieler Arten innerhalb kürzester Zeit dazu führt, dass *das gesamte Ökosystem aus dem Gleichgewicht gerät*. Einzelne Tier- und Pflanzenarten können durch andere Arten in ihrer Funktion kompensiert werden (vgl. Flatley 2022). Dies ist allerdings bei dem Tod einer Vielzahl gleichrangiger Arten nicht mehr möglich. Hochspezialisierte Arten, die genau an ihre Umgebung angepasst waren, sterben aus. Übrig bleiben die sogenannten „Generalisten" wie etwa die Ratten oder Stechmücken, die ihrerseits vermehrt Krankheiten auf den Menschen übertragen können (vgl. Flatley 2022). Man kann sich diese Entwicklung mit einem einfachen Bild veranschaulichen (vgl. Flatley 2022):

Zunächst stapelt man in einem beliebten Geschicklichkeitsspiel Holzblöcke zu einem Turm. Dann versucht man einzelne Holzblöcke vorsichtig aus dem Turm herauszuziehen, ohne dass der Turm zusammenstürzt. Dies gelingt eine Zeit lang. Das Entfernen einzelner Holzblöcke verändert zwar insgesamt sukzessive die Statik, trägt aber noch eine Weile, ohne dass man diese Instabilität bemerkt. Im Laufe der Zeit und dem weiteren Entfernen einzelner Holzblöcke fängt der Turm schließlich an zu wackeln und *bricht schließlich in sich zusammen.* So in etwa muss man sich den Zusammenbruch einzelner und schließlich des globalen Ökosystems vorstellen. Lange Zeit unbemerkt, mündet es schließlich in eine Katastrophe.

Ein *konkretes Beispiel* für ein solches Ökosystem soll, neben der bereits erwähnten Bestäubungsleistung der Bienen, der Fischbestand sein (vgl. Flatley 2022). Wir Menschen brauchen Fisch als Grundnahrungsmittel. Für 3,3 Mrd. Menschen oder gut 40 % der Erdbevölkerung gehört Fisch zur Hauptproteinquelle und ist somit unerlässlich für die tägliche Ernährung. Die etwa gut 4000 Fischarten auf der Welt benötigen zum Überleben ihrerseits Korallenriffe. Diese wiederum sind durch die Erderwärmung und die Übersäuerung der Meere gefährdet (vgl. Pietsch 2022, 157 f.): Durch die seit Jahren voranschreitende Rodung großer Teile des Waldgebietes, etwa am Amazonas, wird die Aufnahme von Treibhausgas aus der Atmosphäre deutlich verringert. Dies führt zu einer Zunahme der Wärmeeinstrahlung auf die Erde. Etwa 93 % der überschüssigen Energie fließt in die Weltmeere und sorgt für deutlich ansteigende Temperaturen des Wassers. Der Säuregrad des weltweiten Meeres steigt aufgrund des gestiegenen globalen Kohlendioxidausstoßes, da sich Kohlendioxid mit Meerwasser zu Kohlensäure verbindet, was den Säuregrad ansteigen lässt (vgl. Pietsch 2022, S. 158). So greift eines ins andere bei dem Ökosystem: *Verblichene*

Korallenriffe, keine Fische mehr und folglich keine Nahrung mehr für große Teile der Erdbevölkerung. Obwohl es keine seriösen Prognosen geben kann, da das Ökosystem der Erde sehr komplex ist (vgl. Flatley 2022), gehen manche Studien sogar davon aus, dass der große Kollaps, das große Massenaussterben innerhalb eines oder weniger Jahrhunderte geschehen kann.

Was können wir gegen das Artensterben tun? Jeder Einzelne von uns kann Folgendes tun (vgl. Ayoub 2021):

1. *Weniger oder gar kein Fleisch mehr essen*
   Mehr als ein Drittel der globalen Landflächen werden für die Landwirtschaft genutzt und mehr als drei Viertel der Süßwasserressourcen. 83 Prozent aller landwirtschaftlichen Flächen werden alleine für die Produktion von Fleisch- und Milchprodukten genutzt. Außerdem werden so weniger Treibhausgase freigesetzt.
2. *Lieber Lebensmittel in Bio-Qualität kaufen*
   Eingesetzte Pestizide sind für viele Insekten, Pflanzen und Kleintiere tödlich. Dies entzieht wiederum den Vögeln ihre Nahrungsgrundlage und trägt massiv zum Vogelsterben bei. Doch wir haben bereits vorhin festgestellt, dass man sich diese *höherpreisigen Lebensmittel* erst einmal leisten können muss! Staatliche Subventionen vor allem für untere Einkommensbezieher sind sicherlich hilfreich.
3. *Auf Palmöl verzichten*
   Warum? Sie werden sicherlich fragen, was das bringen soll. Hätten Sie etwa gewusst, dass Palmöl das weltweit am meisten verbreitetste Pflanzenöl ist, das in so vielfältigen Produkten wie u.a. Süßigkeiten, Waschmittel, Fertigprodukten und Kosmetika steckt? Um Palmöl-Produkte anzubauen wird vor allem im asiatisch-pazifischen Raum hektarweise Regenwald gerodet. Anstelle des Urwaldes entsteht somit eine pflanzliche Monokul-

tur, die gleichzeitig Tierarten ausrottet. Es gibt mittlerweile genügend gleichwertige Ersatzprodukte, die ohne Palmöl auskommen wie etwa Margarine, Seife oder Kosmetika (vgl. Ayoub 2021).
4. *Verzicht auf bedrohte Fischarten*
Thunfisch, Makrele, Lachs und Kabeljau gehören zu den bedrohten Fischarten. Es macht sicher Sinn, zumindest weniger von diesen vom Aussterben bedrohten Fischarten zu verzehren, zumal die Weltmeere bereits jetzt hoffnungslos überfischt sind (vgl. Ayoub 2021). Beim Fang dieser Fische bleiben häufig auch Wale, Delfine und Schildkröten als Beifang im Netz hängen und verenden dort.
5. *Individuellen Konsum überdenken*
Abfälle aller Art belasten die Umwelt schwer. So werden jedes Jahr etwa 300 bis 400 Millionen Tonnen Schwermetalle, Lösungsmittel und hochgradig giftiger Abwasserschlamm in die Gewässer gekippt. Plastikmüll und Düngemittel tun ihr Übriges. Bereits heute gibt es auf einer Fläche von *mehr als 245.000 Quadratkilometer* (das entspricht einer Fläche, die größer ist als das gesamte Vereinigte Königreich!) *mehr als 400 „Todeszonen"*! In diesen „Todeszonen" können Pflanzen und Tiere bereits heute nicht mehr existieren. Wir können helfen, diesen Missstand abzustellen, indem wir nicht nur auf eine *Kreislaufwirtschaft* mit maximal möglicher Recyclingquote umstellen und nachhaltig produzieren, sondern indem wir schlicht *weniger konsumieren!* Brauchen wir tatsächlich jedes halbe Jahr ein paar neue Schuhe oder immer wieder neue Mäntel, Pullover oder Kleider etc. Jeder von uns sollte sich genau überlegen, ob er oder sie diesen oder jenen noch so modischen Artikel noch benötigt oder nicht auch ohne ihn auskommt. Dies ist sicher des Nachdenkens wert.

6. *Den Klimawandel bekämpfen*
Da das Artensterben und der Klimawandel Hand in Hand gehen, sollten wir uns vor allem daran machen, den Klimawandel so schnell und so intensiv wie möglich zu bekämpfen. Wie das geschehen soll, sehen wir uns im kommenden Kapitel an.

Es gab aber auch aktuell *Lichtblicke zu verzeichnen*, was den Umgang der Staaten mit dem Artensterben anbelangt. So haben sich nach vier Jahre andauernden Diskussionen im Dezember 2022 196 Staaten auf der *Weltnaturkonferenz in Montreal* darauf geeinigt, bis 2030 *jeweils 30 % der Landes- und Meeresfläche der Erde unter Schutz* zu stellen (vgl. auch im Folgenden Krumenacker 2022). Wird diese Vereinbarung konsequent umgesetzt, könnte ein großer Teil der bedrohten Tier- und Pflanzenarten vor dem Aussterben bewahrt werden. Darüber hinaus sollen die Risiken durch Pestizide in der Landwirtschaft im gleichen Zeitraum halbiert und 500 Mrd. Dollar an umweltschädlichen Subventionen in der Landwirtschaft durch naturverträgliche ersetzt werden. Sofern dieses gewaltige Artenschutzabkommen tatsächlich bis 2030 realisiert wird, hat die Menschheit einen großen Schritt nach vorne getan! Als Wermutstropfen bleibt allerdings, dass aufgrund notwendiger Kompromisse bestimmte *ambitionierte Ziele abgeschwächt* werden mussten: So wurde das Ziel, bis 2030 die Umweltverschmutzung mit Plastik zu beenden, nur noch als *„anzustreben"* definiert (vgl. Krumenacker 2022). Besonders erfreulich ist in diesem Zusammenhang, dass *Deutschland der größte einzelne Geldgeber* für die Biodiversitätshilfen zwischen den Staaten ist (vgl. Krumenacker 2022).

4.3 Klimaaktivist*innen und Maßnahmen zum Klimaschutz

Anlässlich der Frankfurter Buchmesse wurde ich im Oktober 2022 im Anschluss an die Vorstellung meines neuen Buches *„Unsere Wirtschaft ethisch überdenken. Eine Aufforderung"* (vgl. Pietsch 2022) von einer jungen Leserin gefragt, was sie und ihre Generation denn tun könne, um den Klimawandel noch aufzuhalten. Einerseits sei sie und ihre Generation *aufgrund ihres jungen Alters noch nicht in der Lage,* federführend und an verantwortlicher Stelle, etwa in der Bundesregierung, in die Politik einzugreifen und die Weichen für die Zukunft proaktiv zu stellen. Andererseits bliebe aber *keine Zeit mehr zum Abwarten* übrig. Da hat die Leserin sicherlich vollkommen Recht. Es ist eine sehr schwierige Frage, zumal die Politik heute mehrheitlich noch von der älteren Generation (meiner!) verantwortet wird, und von Kompromissen lebt.

Die Ampel-Koalition tut ihr Bestes, doch auch hier gehen die Meinungen zum Thema Klimaschutz zwischen den einzelnen Parteien und ihren Akteuren, die sich zu diesem Zweckbündnis zusammengeschlossen haben, zum Teil stark auseinander. Denken Sie z. B. an das *Tempolimit auf deutschen Autobahnen* oder den Streit über die Verlängerung der Atomkraftwerke etc. Was bleibt dieser Generation anderes übrig als immer wieder mit Aktionen auf die drohende Klimakatastrophe in aller Welt hinzuweisen? Aktivist*innen wie *Fridays for Future* mit der globalen Leitfigur Greta Thunberg, *Extinction Rebellion* oder *Letzte Generation* versuchen mit mehr oder minder legalen Praktiken, die Welt auf die drohende Gefahr aufmerksam zu machen und der Gesellschaft immer wieder den Spiegel vor Augen zu halten. Es lohnt sich an dieser Stelle, einen

Blick in die Programme der einzelnen Aktivist*innen-Gruppen zu werfen.

Fridays for Future
Fridays for Future, als Bewegung entstanden aus dem Klimastreik der schwedischen Schülerin *Greta Thunberg* und heute weltweit aktiv, fordert die Einhaltung der in Paris vereinbarten Klimaziele und des 1,5 Grad Ziels (vgl. im Folgenden Fridays for Future Deutschland 2022). Konkret fordern sie für Deutschland die Klimaneutralität bis 2035 („Nettonull"), den Kohleausstieg bis 2030 und die Umstellung auf erneuerbare Energieversorgung bis 2035. Um das 1,5 Grad Ziel im Vergleich zur vorindustriellen Zeit zu erreichen, müssten die Subventionen für fossile Energieträger beendet, ein Viertel der Kohlekraft abgeschaltet und eine CO_2-Steuer auf alle Treibhausgasemissionen erhoben werden (vgl. Fridays for Future Deutschland 2022). Als Maßstab für die Höhe der CO_2-Steuer sollten die Kosten genommen werden, die der nachfolgenden Generation entstehen. Gemäß Umweltbundesamt seien dies 180 € pro Tonne CO_2. Dabei legen die Klimaaktivist*innen richtigerweise Wert auf die Feststellung, dass *alle Maßnahmen zum Klimaschutz sozialverträglich geschehen müssten* und nicht auf Kosten von Menschen mit geringen Einkommen gehen dürften (vgl. Fridays for Future Deutschland 2022).

Sie fordern zu Recht eine Transparenz zu den Zahlen, Daten und Fakten des Klimawandels, die ebenso wie die getroffenen Maßnahmen einer unabhängigen wissenschaftlichen Kontrolle unterliegen und vor allem die Bürger*innen über den aktuellen Stand des Klimawandels und der Gegenmaßnahmen informieren und aufklären sollen (vgl. Fridays for Future Deutschland 2022). Gleichzeitig verlangen sie von der Bundesregierung, auf Kommunal-, Landes- und Bundesebene nicht nur die Klimakrise klar zu benennen, sondern auch schnellstmöglich *alle erforderlichen Maßnahmen zur Bekämpfung des menschengemachten Klimawandels* zu ergreifen, um die Klimakatastrophe noch abzuwenden. Zudem fordern sie, dass „…das wirtschaftliche Handeln (…) nicht weiterhin planetare Grenzen überschreiten" darf (Fridays for Future Deutschland 2020). Sie setzen den *Klimastreik* auch global als friedliches Mittel des Protests ein, um ein Umdenken aller Beteiligten und ein konsequentes Gegensteuern zu erreichen. Dabei zitieren die Aktivist*innen den französischen Komödiendichter und Schauspieler *Jean-Baptiste Poquelin,* besser bekannt unter dem Namen *Molière:* „Wir sind nicht nur für das verantwortlich, was wir tun, sondern auch für das, was wir nicht tun." Während viele Menschen in Deutschland aber auch auf der Welt sich an die vielen freitäglichen Streiks der zumeist jugendlichen Protestierer gewöhnt haben (und tatsächlich noch immer zu wenig passiert), versuchen andere Gruppierungen, mit aggressiveren Methoden die Aufmerksamkeit der (Welt-) Bevölkerung auf das drängendste Thema der Menschheit, die drohende Klimakatastrophe, zu lenken. Gemeint sind die *„Extinction Rebellion-"* und die *„Letzte Generation"* (Last Generation)-Bewegung.

Extinction Rebellion (XR)
Die Extinction-Bewegung, zu deutsch: *Aufstand gegen das Aussterben,* besteht aus Menschen unterschiedlicher Altersgruppen und Bereichen und fordert ähnlich wie Fridays for Future eine radikale Abkehr von der bisherigen Praxis der ökologischen Verwüstung des Planeten. Konkret fordern sie drei Dinge (vgl. Extinction Rebellion Deutschland 2022, Hauptseite und entsprechende Unterpunkte):

1. Den Menschen in allen Ländern ungeschminkt *reinen Wein einzuschenken über die aktuelle Situation des Klimawandels und der drohenden Klimakatastrop*he

("Sagt die Wahrheit"). Anstelle eines geschönten und verharmlosenden Berichts über die aktuelle Klimasituation wissenschaftliche Zahlen, Daten und Fakten sprechen zu lassen, die die Dringlichkeit eines sofortigen Handelns für alle nachvollziehbar aufzeigt und Maßnahmen zu definieren und umzusetzen, die zur Rettung des Ökosystems und dem Aufhalten von Klimawandel und Artensterben beitragen.

2. Sie fordern eine *CO_2-Neutralität in Deutschland bereits im Jahr 2025* (!) Nur so hätten wir zumindest zu 50 % die Chance, das 1,5 Grad Ziel der Erderwärmung gemäß dem Pariser Klimaabkommen noch einzuhalten. Deutschland müsse seiner Vorbildfunktion im Vergleich zu den ärmeren Ländern nachkommen, zumal es als reiches Land überproportional zur Erderwärmung beiträgt und aufgrund seiner finanziellen Mittel schneller die Transformation bewältigen könnte.

3. Es soll ein *Bürger*innenrat gegründet* werden, der aus repräsentativ ausgewählten Bürger*innen besteht und lediglich dem Menschen und dem Kampf gegen den Klimawandel gewidmet ist. So soll ein *außerparlamentarisches Gegengewicht* etabliert werden, dass sich explizit mit den Folgen der Klimawandels beschäftigt und sofortige Gegenmaßnahmen erarbeitet und umsetzt. Auf diese Weise kann die mangelnde Repräsentanz und Aktivität der Handelnden in Politik und Gesellschaft zum Thema des Klimawandels um betroffene und besorgte Bürger*innen und deren Ideen ergänzt werden. Entsprechend wird keine Zeit verloren, Ideen und Aktivitäten gegen den Klimawandel werden gebündelt und in Abstimmung mit den politisch handelnden Personen umgesetzt.

Die Aktivist*innen von Extinction Rebellion halten sich gemäß ihrem Wertekanon zugute, zwar mit kreativen

Aktionen und zivilem Ungehorsam zu handeln, doch vor allem einen *gewaltfreien Protest* zu pflegen (s. 9. Wert in ihrem Unterkapitel Prinzipien und Werte, vgl. Extinction Rebellion Deutschland 2022). Einen etwas anderen Weg gehen die Unterstützer des Netzwerks *„Die letzte Generation"*.

Die Letzte Generation
Dieses Netzwerk nennt sich „die Letzte Generation", weil sie sagt: „Wir sind die Letzte Generation, die den Kollaps unserer Gesellschaft noch aufhalten kann" (Letzte Generation 2022). Sie sind Teil eines internationalen Netzwerks A22. Aus der Erklärung des Netzwerks vom April 2022 heißt es (A22 Network 2022):

„Die alte Welt liegt im Sterben. Wir befinden uns in der letzten Stunde, in der dunkelsten Stunde. Diese Welt wird vor unseren Augen vernichtet. Wir befinden uns in einem Zwischenstadium. Was wir jetzt tun, entscheidet über das Schicksal dieser und der nächsten Welt."

Sie fordern in Deutschland das sofortige Tempolimit von 100 km/h auf den Autobahnen, die Einführung eines dauerhaften 9-Euro-Tickets und den Erlass der Schulden für den Globalen Süden seitens des Internationalen Währungsfonds. Dadurch würde verhindert, dass diese Länder weiter fossile Brennstoffe förderten. Zur Umsetzung ihrer Forderungen und zur Schaffung der nötigen Aufmerksamkeit für ihre Bewegung und Forderungen setzen sie gezielt auf Verkehrsblockaden wie etwa der Autobahn A100 und anderer meistbefahrener Autobahnen und Straßen in Deutschland. Sie kleben sich auf die Fahrbahn fest und verhindern so, dass der Verkehr fließen kann. Dabei nehmen sie sogar *„hohe Gebühren, Straftatvorwürfe und Freiheitsentzug"* billigend in Kauf (Letzte Generation 2022).

Besondere Kritik zogen die Aktivist*innen auf sich, als im November 2022 eine Radfahrerin in Berlin für hirntot erklärt werden musste, nachdem ein Spezialfahrzeug zur Rettung der verletzten Radfahrerin nicht rechtzeitig am Unfallort eintreffen konnte. Zwei Demonstrant*innen hatten sich auf der Berliner Stadtautobahn auf der Schilderbrücke festgeklebt (vgl. Hagen et al. 2022). Das Spezialfahrzeug konnte nur mit einigen Minuten Verspätung am Unfallort eintreffen. Angeblich, so der Vorwurf, hätte die Frau vor dem Hirntod bewahrt werden können. Forderungen nach einem Verbot der Gruppierung werden bereits laut (vgl. Hagen et al. 2022).

Dies sind allerdings nicht die einzigen Aktionen diverser Klimaaktivist*innen in letzter Zeit (vgl. Die Zeit, Proteste 2022). So wurden Häuserfassaden der Parteizentralen von SPD und FDP inklusive der Bundesgeschäftsstelle der Grünen in Berlin Mitte mit orangener Farbe beschmiert. Im Potsdamer Museum Barberini wurde ein mehr als 110 Mio. teures Gemälde des Impressionisten Claude Monet, das Gott sei Dank hinter Glas geschützt war, mit Kartoffelbrei beworfen. Das Gemälde wurde entsprechend nicht beschädigt.

Um es klar und eindeutig zu sagen: Solche Aktionen, die den Verkehr behindern und im schlimmsten Fall sogar Menschenleben gefährden oder gar kosten bzw. Sachbeschädigungen aller Art *sind strafbar und in keiner Weise zu dulden!* Diese Aktionen müssen mit *der Härte des Gesetzes verfolgt werden* wie jede Straftat in diesem Land auch. Allerdings sollten wir uns, vor allem wir Älteren (die „Babyboomer"), folgendes vor Augen halten:

Wie verzweifelt muss diese junge Generation sein, wenn sie nicht nur zu solchen Aktionen aufruft und sie gezielt durchführt, sondern auch die Strafverfolgung bis hin zum Freiheitsentzug billigend in Kauf nimmt? Diese Angehörigen der jungen Generation, stellvertretend für unsere Kinder und Enkel, gehen lieber ins Gefängnis als tatenlos herumzusitzen und aus ihrer Sicht dem nahen Ende unseres Planeten entgegenzusehen! Oder sie protestieren stellvertretend gegen den Abriss des Weilers in *Lützerath,* eines Ortsteils von Erkelenz in Nordrhein-Westfalen, der der RWE Power AG gehört. Anstelle des Abbaus der Kohle und der Umsiedelung des Ortes, wie in einem Kompromiss zwischen Politik und Wirtschaft vereinbart, solle lieber auf erneuerbare Energien gesetzt werden. Die jungen Leute machen dies alles mehrheitlich *nicht aus Spaß an der Rebellion,* sondern weil sie sich begründete Sorgen machen, dass die Welt wie wir sie alle kannten, demnächst verschwunden sein könnte! *Wir müssen dringend mit ihnen reden, ihnen ein Forum bieten,* damit sie ihre Sorgen im Detail vortragen können und wir gemeinsam überlegen können, wie wir ihre Forderungen konkret und praktisch umsetzen können. Selbstverständlich ist Politik immer ein Kompromissgeschäft. Niemand wird aus einer Diskussion, einer Verhandlung herauskommen und sich 1:1 in seinen Forderungen durchsetzen. Nur beteiligen müssen wir diese Generation an der Diskussion und der Umsetzung der Maßnahmen! Üben wir Solidarität mit den Anliegen unserer Kinder und Enkel so wie sie in Zeiten der Pandemie auf die Älteren von uns Rücksicht genommen haben.

Warum nicht ein *Gremium* etablieren, z. B. eine *„Jugendregierung",* in dem die betroffene jüngere Generation, der Bundesregierung beratend zur Seite steht und dafür sorgt, dass die Perspektiven und Meinungen dieser jungen Leute und deren Aktivist*innen *permanent* die Politik der Handelnden in den Kommunen, den Ländern und der Regierung präsent sind. Jede Maßnahme, jedes Ziel zur Eindämmung des Klimawandels kann so mit der Generation, die am längsten damit leben muss, abgestimmt und vereinbart werden. So könnte auch das *Machbare vereinbart* werden, da die zu Recht idealistische Jugend mit ihren hohen Forderungen sich mit den Praktikern der Umsetzung trifft und sich in Form eines tragfähigen Kompromisses auf sofortige und wirksame Maßnahmen zum Klimaschutz einigte, die allen weiterhelfen. So kritisierbar manche Aktionen der Klimaaktivist*innen sein mögen (wäre es nicht z. B. besser, *legale aber aufsehenerregende Events global zu organisieren* wie etwa Konzerte internationaler Künstler analog der *Band Aid for Africa,* die sich dieses Mal für das Klima einsetzen und die Einnahmen für die Bekämpfung des Klimawandels zu nutzen?), wir dürfen dabei den *inhaltlichen Kern dieser Forderungen* nicht vernachlässigen. Wir sitzen alle im selben Boot, nur dass die ältere Generation dieses schneller verlässt und nicht so lange mit den Konsequenzen unseres Handelns konfrontiert sein werden! Geben wir dieser jungen Generation also eine institutionalisierte Stimme!

Die Maßnahmen zur Bekämpfung des Klimawandels sind schon lange bekannt und in vielen Bereichen herrscht bereits Einigkeit quer über alle Parteien. *Wir haben kein Erkenntnis-. sondern ein Umsetzungsproblem!* Im Grunde wissen wir alle, was zu tun ist, um den Klimawandel zu stoppen. Wir sind uns mehrheitlich nur nicht einig, *wie radikal und wie schnell* wir die einzelnen Maßnahmen umsetzen wollen und können. Ich habe bereits in dem einen oder anderen Buch konkrete Maßnahmen zur Eindämmung des Klimawandels, des Artensterbens etc. ausgeführt und möchte mich daher im Folgenden auf einige Stichworte beschränken (vgl. etwa Pietsch 2022, S. 179 ff. und Pietsch 2020, S. 260 ff.) Die Forderungen vor allem der jungen Generation sind ebenfalls schon lange klar. Sie lauten in aller Kürze und in Ausschnitten (im Detail nachzulesen in dem lesenswerten Buch von Heinisch et al. 2019, hier S. 48 ff.):

1. Deutscher Kohleausstieg bis 2025, globaler bis 2030
2. Einführung einer CO_2-Abgabe auf EU-Ebene
3. Ende aller umweltschädlichen Subventionen

4. Besteuerung des Flugverkehrs und Verbot von Kurzstreckenflügen bis 1000 Kilometer
5. Verringerung des Autoverkehrs und im Idealfall eine autofreie Zukunft
6. Verbot von Pestiziden, Herbiziden und Insektiziden
7. Abschaffung von Monokulturen
8. Schutz der Wälder, Ozeane und Meere
9. Plastik und Müll drastisch reduzieren etc.

Selbstverständlich sind diese Forderungen radikal, man könnte sie auch *„Kampfziele"* oder *„stretch targets"* nennen. Auch in der Unternehmenspraxis ist es nicht unüblich, solche sehr ambitionierten Ziele zu formulieren. Doch auch hier müssen u. a. in den Unternehmen verschiedene Interessen unter einen Hut gebracht werden. Viele Forderungen wie die des Kohleausstiegs, des Abbaus umweltschädlicher Subventionen, des Schutzes der Wälder und Meere sowie die Reduktion des Mülls und der Verschmutzung durch Plastik sind mittlerweile *Common sense*. Die Frage ist nur, wie das konkret und bis wann umzusetzen ist.

Andere Forderungen wie etwa das Verbot von Kurzstreckenflügen oder der Weg in eine autofreie Zukunft stellt einen *massiven Eingriff in die Freiheit der Bürger*innen* dar und ist auch für die überwiegende Mehrheit nicht erstrebenswert. Hier geht der Weg sicher mehr in Richtung alternativer Antriebe d. h. Elektromobilität oder noch viel stärker in Richtung *„Grünen Wasserstoff"*. Grüner Wasserstoff kann durch Elektrolyse klimaneutral erzeugt werden, indem man Strom aus erneuerbaren Quellen wie Wind und Sonne verwendet, um Wasser in Sauerstoff und Wasserstoff aufzuspalten (vgl. Zukunft Gas 2022). Doch der Aufbau der nötigen Infrastruktur u. a. für den globalem Wasserstoff-Import oder die Ladeinfrastruktur wird Zeit brauchen und hohe Kosten verursachen.

Dass wir keine Zeit zu verlieren haben zeigt der gerade veröffentlichte Bericht des Klimarates der Bundesregierung (vgl. Spiegel, Klimaziele 2030, 2022). Dem Bericht zufolge müssten sich die Schadstoffemissionen im Industriesektor im Durchschnitt um den Faktor zehn (!) und im Verkehrsbereich um den Faktor 14 (!) reduzieren, um die Klimaziele der Bundesregierung in 2030 noch zu erreichen. Das Ausbautempo bei Solar- und Windanlagen reiche bei weitem nicht aus. Ferner zeige die Analyse der klimapolitischen Maßnahmen, dass „bislang praktisch keine Maßnahmen implementiert wurden, die auf Verhaltensänderungen abzielen." (Spiegel, Klimaziele 2030, 2022). Die Effizienzgewinne durch einen sparsameren Einsatz von Energie wurden durch das Wachstum der Wirtschaft, der gestiegenen Wohnfläche und der höheren Transportleistungen konterkariert (vgl. Spiegel, Klimaziele 2030, 2022). Wie man es dreht und wendet, *wir sind nicht schnell genug in unserem Bemühen zur Nachhaltigkeit* (vgl. auch den exzellenten Bericht im Spiegel Titel Nr.45, „Rette sich wer kann", vom 05.11.2022). Dabei sind wir uns Deutschland zumindest mehrheitlich einig, dass wir uns aktiv gegen den Klimawandel stemmen müssen.

Der neue Bericht vom Club of Rome, 50 Jahre nach dem legendären Bericht über „Die Grenzen des Wachstums" (vgl. Dixson-Declève et al. 2022, S. 223) kommt ebenfalls zu dem Schluss, dass es ohne den sofortigen Ausstieg aus fossilen Brennstoffen und dem gleichzeitigen Ausbau der erneuerbaren Energie nicht gelingen wird, den Klimawandel aufzuhalten. Die Investitionen in erneuerbare Energien müssten weltweit auf eine Billion Dollar jährlich verdreifacht werden. Es sollte schnellstmöglich alles elektrifiziert und massiv in die Energiespeicherung investiert werden. Sie schließen mit einem Aufruf zum Handeln (Dixson-Declève et al. 2022, S. 223):

> *„Wir alle sind gefragt, diesen Wandel zu unterstützen: als besorgte Bürgerinnen und Bürger, als Menschen und Bewohnerinnen und Bewohner der Erde, denen ihre Zukunft am Herzen liegt. Politikerinnen und Politiker reagieren auf die Äußerungen der Öffentlichkeit, und der Kurs, für den wir eintreten, braucht öffentliche Aktionen und einen Chor von Stimmen, damit eine unaufhaltsame Dynamik in Gang kommen kann…"*

Wobei wir wieder bei den Klimaaktivist*innen wären. Wir brauchen aber nicht nur die ständige Aufmerksam auf das Thema, sondern *wir müssen auch liefern.* Nicht das Erzählte reicht, sondern nur das Erreichte zählt!

Das kapitalistische Wirtschaftssystem, in unserem Fall die Soziale Marktwirtschaft, braucht zum Überleben Wachstum. Gleichzeitig stoßen wir aber auf die ökologischen Grenzen der Erde, da uns nicht unbegrenzte Ressourcen für ein permanentes ökonomisches Wachstum zur Verfügung stehen. Oder wie es der Bonner Philosoph Markus Gabriel formuliert (Gabriel 2022, S. 113):

> *„(Wir) wissen seit Jahrzehnten, dass unsere einseitig konsum- und wachstumsorientierte Auffassung von gelingendem Wirtschaften planetare Grenzen überschreitet und den Menschen mit seiner eigenen Selbstausrottung bedroht."*

Gabriel verweist dazu beispielhaft auf die Studie des Club of Rome zu den Grenzen des Wachstums von 1972. Wir kommen also nicht umhin zu überlegen, wie wirtschaftliches Wachstum und endliche ökologische Ressourcen in Einklang zu bringen sind. Konkret gefragt: *Ist „grünes Wachstum" möglich?*

4.4 Ist „grünes Wachstum" möglich?

Bevor wir uns der Frage widmen, was „grünes Wachstum" überhaupt bedeutet und ob dies möglich ist, müssen wir zunächst darüber nachdenken, warum Wirtschaft eigentlich immer wachsen muss. Einen guten Eindruck in das Pro und Contra des Wirtschaftswachstums erhält man, wenn man dem publizierten Streitgespräch der politischen Philosophin *Katja Gentinetta* und dem Volkswirt *Nico Paech* folgt (vgl. im Folgenden Gentinetta/Paech 2022). Gentinetta argumentiert ausgehend von dem Menschen, dem ein natürliches Strebevermögen (*orexis*, s. Aristoteles) innewohnt und der mit Hilfe seiner Vernunft und Innovationsfähigkeit den Fortschritt in allen Wissensgebieten produziert (vgl. Gentinetta/Paech 2022, S. 14): Nur so seien Entwicklungen in der Medizin, die Überwindung von Armut und Hunger und vieles mehr möglich. Die Steigerung des Lebensstandards sei ohne Wirtschaftswachstum nicht denkbar. Auf der Suche nach dem guten Leben sei der Ökonomie das Wachstum als Eigenlogik eingeschrieben, immer auf der Suche nach der Effizienzsteigerung (Gentinetta/Paech 2022, S. 16).

Der technische Fortschritt schafft immer effizientere Produkte, die den Lebensstandard der Menschen erhöhen, in den Unternehmen Arbeitsplätze schaffen. Die Menschen können diese Produkte dann dank ihres Lohns konsumieren, was wiederum neue Märkte und weitere Produkte schafft. Der Sozialismus als Alternative hatte, zumindest in der Prägung der DDR, so Gentinetta, versagt (Gentinetta/Paech 2022, S. 31 ff.). Was passiert also, wenn das Wachstum in der Wirtschaft nicht stattfindet? Gentinetta ist da sehr klar in ihrer Argumentation (Gentinetta/Paech 2022, S. 36/37):

> *„Fällt das Wirtschaftswachstum aus, kann der vorhandene Wohlstand nur noch verteilt, aber nicht mehr erneuert werden. Damit fehlen neue Impulse, und Investitionen bleiben aus, weil niemand investiert, wenn keine Aussicht auf Erfolg besteht. Das erwünschte Nullwachstum schlägt also rasch in ein negatives Wachstum um, und das bedeutet weniger Produktion, weniger Konsum, weniger Einnahmen, weniger Arbeit, weniger Einkommen. Sinkt parallel dazu nicht auch die Bevölkerung (…), sind mehr oder minder brutale Verteilungskämpfe, Armut und Elend die Folge. Die propagierte Postwachstumsökonomie entpuppt sich dann als Postwohlstandsökonomie, in der auch die Mittel für eine staatliche Wohlfahrtspolitik fehlen."*

Unter dem Strich folgt sie damit der Logik, dass, bevor etwas verteilt werden kann, es erst einmal erwirtschaftet werden muss. Neben der volkswirtschaftlichen Logik, die uns alle als Bürger*innen betrifft, gibt es natürlich auch eine betriebswirtschaftliche Logik des Wachstums (vgl. u. a. Zeuch 2022). Am besten machen wir uns das anhand eines kleinen Beispiels klar.

Nehmen wir also an, Sie und ich, wir würden gemeinsam ein Unternehmen gründen wollen. In der Sprache des neuen Marktes heißt das dann „Start-up". Wir wollen eine Software namens *„Verschönere-Dein-Leben"* entwickeln und an möglichst viele Privatnutzer*innen verkaufen. Zunächst müssen wir viel harte Arbeit hineinstecken: Wir überlegen uns, welche Erleichterungen und Problemlösungen unsere Software unseren Kund*innen bringen soll. Dann müssen wir uns fragen, ob wir die Software verkaufen oder in Form von Lizenzen zu monatlichen Gebühren vertreiben wollen, an wen wir sie verkaufen wollen usw. Diese Software muss natürlich erst einmal entwickelt und „produziert" werden d. h. programmiert werden. Nehmen wir der Einfachheit an, wir arbeiten von zu Hause aus und haben keine Mitarbeiter*innen. Uns selbst zahlen wir zunächst kein Gehalt. Doch gibt es für uns beide in dieser Phase *zwei Gründe zum Wachstum:* Einerseits wollen wir die entstandenen Kosten für die Entwicklung, den Vertrieb etc. der Software wieder reinholen. Andererseits wollen wir natürlich auch von dem Gewinn des Unternehmens leben und unsere Familie ernähren. Schließlich dürfen wir nicht vergessen, dass wir ja unsere ganze Arbeitskraft in unser „Start-up" stecken, die alternativ ja auch ein monatliches Gehalt erzielt hätte. Diese sogenannten *„Opportunitätskosten"* müssen wir ja auch einspielen.

Wenn wir nun am Markt erfolgreich sind und unsere Software gut oder gar sehr gut verkaufen, kommen schnell zwei Fragen auf: Was mache ich, wenn plötzlich so viele Kund*innen unsere Software kaufen, dass wir mit der Lieferung oder dem Vertrieb der Software nicht mehr hinterherkommen? Wir müssen also Mitarbeiter*innen einstellen. Was passiert, wenn andere Unternehmen, die auch Software herstellen, unser Produkt „Verschönere-Dein-Leben" und den damit entwickelten Markt so attraktiv finden, dass sie auch in diesen Markt investieren? Also sind wir gezwungen, unser Produkt qualitativ weiterzuentwickeln und gleichzeitig effizienter zu produzieren. Denn beim geringeren Preis des Wettbewerbsprodukts und vergleichbarer Leistung wechseln die Kunden schnell zu der Konkurrenz. Folglich müssen wir *wachsen und effizienter werden.* Wir könnten aber auch sagen, dass uns der Umsatz, der Gewinn ausreicht und wir verknappen unsere Software. Dann würden wir im Zweifel aber nachfragende potenzielle Kund*innen nicht mehr bedienen und die würden zwangsweise bei der Konkurrenz kaufen müssen. Es besteht dabei die Gefahr, dass *sukzessive alle Kunden zur Konkurrenz* wechseln. Kurzfristig kann man sicherlich eine gewisse Loyalität der Kund*innen erwarten, wenn wir beispielsweise lange einen guten Service geboten haben.

Mittel- bis langfristig aber schlägt ein besseres Preis- Leistungsverhältnis die bedingungslose Treue.

Schwieriger wird es, wenn wir, wie das klassischerweise im Start-up Business passiert, unser Unternehmen über die Bank oder Investoren *finanzieren*. Dann müssen wir zusätzlich zu den oben angestellten Überlegungen natürlich unsere Kredite zurückzahlen und/oder den Rendite- und Wachstumserwartungen der Investoren („Business Angels" bzw. Inkubatoren) entsprechen. Investoren geben uns ihr Geld nur dann, wenn der Business Plan, d. h. unsere Idee von der Vision über die Strategie bis zum Wachstum pro Jahr festgeschrieben ist und die Kapitalgeber überzeugt. Je größer wir werden, desto umfangreicher wird der Kostenblock, den wir abdecken müssen: Mehr Mitarbeiter*innen bedeutet höhere Personalkosten, Gebäude, Versicherungen, Weiterentwicklung der Software, Internationalisierung etc. Wenn wir die Kosten nachhaltig und langfristig nicht decken können, sind wir insolvent und müssen unsere Mitarbeiter*innen entlassen. *Wachstum ist also Pflicht.* Sollten wir mit unserem Start-up so groß werden, dass wir irgendwann an der Börse notiert werden (Aktiengesellschaft), dann erwarten unsere Aktionäre eine angemessene Rendite für ihr eingelegtes Geld. Externe Kapitalgeber erwarten auch Mindestgewinne, die nur durch entsprechendes Wachstum erreicht werden etc. Preisfrage: Werden Aktionäre in ein Unternehmen investieren, dass sich mit einem gewissen Mindestgewinn begnügt oder gar schrumpfen möchte? Wohl eher nicht.

Je größer wir als Unternehmen werden, desto mehr Vorteile genießen wir: Die Kosten pro Stück sinken in aller Regel pro produzierte Einheit. Das nennt sich betriebswirtschaftlich die *(Stück-)Kostendegression*. In unserem Fall würde eine Weiterentwicklung der Software pro Stück günstiger werden, da wir diese Entwicklung einmal durchführen, die Kosten aber in Form von Lizenzgebühren oder Preisen an viele Kund*innen weitergeben können. Unsere Reputation am Markt steigt, wir erhalten leichter und zu besseren Konditionen Kredite, unsere Start-up-Erfolgsgeschichte wird umso schneller geschrieben und positiver ausfallen, *je stärker wir in kurzer Zeit gewachsen sind.* Schließlich sorgen unsere Mitarbeiter*innen selbst für Wachstum: Verkäufer*innen erhalten gemäß ihrer Verkaufszahlen Provisionen. Gleiches gilt in einer späteren Phase für das (Top-)Management, wenn sie das profitable Wachstum sicherstellen bzw. in neue Höhen führen. Alle Beteiligten haben also einen großen finanziellen Anreiz, so viele Produkte wie möglich mit einem höchstmöglichen Gewinn zu verkaufen. Wenn wir das alles nicht tun, überlassen wir den Markt zunehmend dem Wettbewerber und werden aus dem Markt gedrängt.

An diesem kleinen Beispiel haben wir gesehen, dass das *Wachstum der Wirtschaft systeminhärent* ist, d. h. es gehört zum Wesen der (kapitalistischen) Ökonomie, dass sie ständig wachsen muss. Sie schafft dadurch Arbeitsplätze und sichert den Lebensstandard. Kombiniert mit dem *technischen Fortschritt,* der in der permanenten Suche nach der Effizienz und der Kreativität der Menschen entsteht (Wettbewerb!), sorgt das Wachstum also für eine Steigerung des Wohlstands. Ist das Wachstum der Wirtschaft also alternativlos? Nein, meint u. a. Nico Paech, Verfechter einer *„Postwachstumsökonomie"* und Professor für Volkswirtschaftslehre im Studiengang „Plurale Ökonomik" an der Universität Siegen. Das Hauptargument lässt sich sehr einfach auf den Punkt bringen (vgl. Paech in Gentinetta/Paech 2022, S. 57 ff.): *Es gibt kein unendliches (Wirtschafts)Wachstum in einer endlichen Welt* (bezogen auf die ökologischen Ressourcen)! In den Worten von Nico Paech (Gentinetta/Paech 2022, S. 59):

„Die Postwachstumsökonomik verneint eine systematische Vermehrbarkeit materieller Handlungsspielräume im endlichen System Erde: Jedes mehr an materiellen Freiheiten wird zwangsläufig mit einem Verlust an nutzbaren Ressourcen und einer Zunahme ökologischer Schäden erkauft. Dies untermauert die Einsicht, dass ein sozial gerechter Zustand nur erreicht werden kann, wenn akzeptiert wird, dass die verfügbare Verteilungsmasse begrenzt ist."

Das bisherige System kranke gemäß Paech u. a. daran, dass einerseits die Bemessungsgrundlage, das *Wohlfahrtsmaß falsch gewählt* wird und andererseits die Marktpreise nicht oder nur in unzureichendem Maße die wahren ökologischen Kosten beinhalten. So werden in der Literatur schon seit längerem neben dem Bruttoinlandsprodukt, das reines quantitatives Wachstum einfängt (und etwa die Leistungen der Hausfrauen und Hausmänner nicht berücksichtigt, da sie kein Gehalt erhalten), qualitative Messgrößen gefordert, etwa der *Human Development Index,* der z. B. auch Bildungskennziffern mit einbezieht, oder der *Happy Planet Index* oder das in Bhutan gemessene *„Bruttonationalglück"* (vgl. Gentinetta/Paech S. 61 f.). Ferner würden ökologische Kosten, in Ökonomen-Sprache „negative externe Effekte" wie Umweltverschmutzung, unnötige Abfälle etc. nicht in die Produktionskosten und somit in die Preise mit einberechnet. Die Umwelt werde quasi „kostenlos" mit eingebunden und systematisch zerstört.

Konkret fordert Paech im Rahmen seines Konzepts der Postwachstumsökonomie, die bzw. den (vgl. Gentinetta/ Paech S. 91 ff.):

- *Selbstbegrenzung des Konsums,* konkret: weniger kaufen, etwa Bekleidung (wer braucht 20 Paar Schuhe oder 10 Paar Hosen?). Ersatzbeschaffung nur bei nichtreparablen Schäden, ansonsten Weiternutzung.

- *Verringerung des Anspruchsniveaus,* z. B. weniger Urlaubsreisen, weniger Fleisch etc. bis hin zu
- *Vollständiger Verzicht* auf bestimmte Dinge wie Fleischverzehr, Flüge, Kreuzfahrten, Smartphone etc.

Unterstützt werden soll das Ganze durch die sogenannte *„Subsistenzwirtschaft",* d. h. die eigene Herstellung von Gütern vor allem des täglichen Bedarfs wie Nahrungsmittel, Bekleidung, Elektrizität in einer Regionalökonomie. Damit wird auf Transport- und Logistikkosten verzichtet und nur für den eigenen Bedarf produziert. Industriell gefertigte Produkte wie etwa Autos, Waschmaschinen, Werkzeuge etc. sollen gemeinschaftlich genutzt und somit geteilt werden. Sie stehen mehreren Personen zur gemeinschaftlichen Nutzung zur Verfügung. Die Nutzungsdauer der Güter wird durch einen achtsamen Gebrauch und entsprechende Pflege, Wartung und Reparatur verlängert. Die schrumpfende Wirtschaft solle u. a. durch eine Verkürzung der regulären Wochenarbeitszeit auf im Schnitt 20 h kompensiert werden, um Arbeitslosigkeit zu vermeiden.

Während es in diesem Ansatz der Postwachstumsökonomie einige interessante Ansätze gibt, die man weiterverfolgen kann, wird *das gesamte Konzept schnell an seine Grenzen stoßen.* So ist es sicherlich richtig, sich freiwillig im Konsum einzuschränken und sich zu überlegen, welche Produkte ich tatsächlich für mein tägliches Leben benötige und welche nur aus reinem Statuskonsum oder des reinen Konsums willen (vgl. dazu Pietsch 2020, S. 25 ff.). Da muss und kann sich jeder getrost selbst an die eigene Nase fassen. Ähnliches gilt für die verlängerte Nutzungsdauer oder die Überlegung, ob jede Urlaubsreise Sinn macht (zu Hause ist es auch ganz schön) und immer geflogen werden muss, an Kreuzfahrten teilzunehmen, häufig Fleisch zu essen etc. Sich *bewusst und freiwillig selbst einzuschränken* ist sicher nicht verkehrt. Dass der Ansatz des

Teilens erfolgversprechend sein kann, zeigen nicht zuletzt die Beispiele des *Car Sharings* oder die Plattformen zur Vermietung von Privatwohnungen oder Mitfahrzentralen zur Maximierung der Auslastung von Autos.

In der Summe wird aber, wie wir in unserem kleinen Beispiel vorhin gesehen haben, an dem *Wachstum der Wirtschaft kein Weg vorbeiführen,* wenn wir unseren Lebensstandard und den Wohlstand beibehalten wollen. Wie sieht es aber mit dem wichtigsten Argument von Nico Paech aus, dass ein unbegrenztes Wirtschaftswachstum auf einem endlichen Planeten nicht möglich ist? Ist also, das war unsere Ausgangsfrage dieses Kapitels, ein „grünes Wachstum" möglich? Nachdem wir nun die Pro- und Contra-Argumente des Wirtschaftswachstums gehört haben und nun wissen, dass ein *Wachstum der Wirtschaft quasi Systemvoraussetzung* ist, wollen wir uns nun intensiver mit dem „grünen Wachstum" beschäftigen. Was also ist *„grünes Wachstum"?*

Eine einheitliche Definition von grünem Wachstum gibt es aktuell nicht (vgl. im Folgenden Ressourcenwende 2020). Der Grundgedanke dabei ist übereinstimmend, dass wirtschaftliches Wachstum gemessen am Bruttoinlandsprodukt (BIP) mit den ökologischen Grenzen unseres Planeten vereinbar ist. Ressourcenverbrauch und Kohlenstoffemissionen ließen sich voneinander entkoppeln. Während die Weltbank grünes Wachstum als eine effiziente Nutzung von natürlichen Ressourcen bei einer Minimierung der Umweltverschmutzung bzw. -schäden definiert, die gleichzeitig eine Widerstandsfähigkeit gegen Naturkatastrophen ermöglicht, sehen das die Vereinten Nationen in ihrem Umweltprogramm (UNEP) und die OECD (Organisation für wirtschaftliche Zusammenarbeit und Entwicklung) etwas anders (vgl. Ressourcenwende 2020). UNEP begreift grünes Wachstum als das Zusammenspiel von wachsendem Einkommen, Wohlergehen der

Menschen und eine Verringerung der Umweltrisiken. Die OECD legt ihren Schwerpunkt bei dem grünen Wachstum auf die Bereitstellung der Ressourcen durch die Natur bei gleichzeitiger Förderung des Wirtschaftswachstums (vgl. Ressourcenwende 2020).

Im Hintergrund der Überlegungen zum grünen Wachstum steht die Überlegung, dass die Wirtschaft durch den technologischen Fortschritt, den Ersatz etwa der fossilen Brennstoffe durch Strom oder grünen Wasserstoff und dem Wandel des Konsumentenverhaltens in der Lage sei, trotz knapper Rohstoffe zu wachsen (zur Vertiefung des Konzepts vgl. u. a. Naumer 2022). Doch lässt sich das Wirtschaftswachstum tatsächlich von den endlichen ökologischen Ressourcen entkoppeln? Gemäß einer Studie von Jason Hickel und Giorgos Kallis von 2019 sei *grünes Wachstum prinzipiell nicht möglich* (Ressourcenwende 2020):

> *„Auf lange Sicht wird aber jede wachsende Wirtschaft immer einen Input an Ressourcen brauchen, um wachsen zu können. Denn auch jede Effizienzsteigerung hat ein Maximum und ist damit limitiert. Weiteres Wachstum nach Erreichen des Effizienzmaximums bedeutet weiteren Bedarf an Ressourcen."*

So kommen die Autoren folgerichtig zu dem Schluss, dass

> *„… Nur über eine Verkleinerung von Produktion und Konsum im Globalen Norden und ein Überwinden des Wachstumsnarratives können die planetaren Grenzen eingehalten werden. Wenn es wirklich unser Ziel ist, den klimatischen und ökologischen Kollaps zu verhindern, dürfen wir nicht mehr grenzenloses Wirtschaftswachstum hinnehmen, sondern müssen diese Prämisse hinterfragen."*

Es leuchtet unmittelbar ein, dass ein grenzenloses Wirtschaftswachstum auf einem endlichen Planeten nicht möglich ist. Die Politökonomin und Nachhaltigkeitsexpertin Maja Göpel hat zurecht darauf hingewiesen, dass sich in der Zeit zwischen 1992 und 2014 das globale Bruttoinlandsprodukt pro Kopf der Bevölkerung *verdoppelt* hat. Gleichzeitig hat sich aber der Ressourcenvorrat der Natur pro Kopf *um vierzig Prozent verringert* (vgl. Göpel 2022, S. 172). Die Frage ist nur, welche Alternativen zu grünem Wachstum gibt es eigentlich?

Maja Göpel sieht die Antwort in einer anderen Art des Wachstums (vgl. Göpel 2022, S. 144 ff.): Anstelle einem Wachstumsnarrativ anzuhängen und immer mehr zu konsumieren, häufiger in Urlaub fahren, Trends mit immer kürzeren Zyklen zu verfolgen und die Arbeitszeit und das gespeicherte Datenvolumen zu verdichten *mehr in Sinn, Gesundheit, Lebenszeit und Wertschöpfung* z. B. im Sinne karitativer Tätigkeiten für meine Mitmenschen zu investieren. Ein Wachstum qualitativer Art, das sich nicht in Geldwerten ausdrücken lässt. So richtig dieses Konzept des alternativen Wachsens ist (was fairerweise auch nicht die Frage des grünen Wachstums im Buch von Maja Göpel erschöpfend beantworten sollte), so wenig hilft es uns allerdings in der Frage weiter, wie sich ökonomisches Wachstum von ökologischen Ressourcenverbrauch entkoppeln lässt.

Eine mögliche Antwort liefert Ulrike Herrmann, Wirtschaftsredakteurin bei der taz und Bestsellerautorin, in ihrem neuen, sachkundig geschriebenen Buch über *„Das Ende des Kapitalismus"* (vgl. Herrmann 2022). Sie kommt auf Basis einer treffenden Analyse der Entstehung des Kapitalismus (vgl. Hermann 2022, Kap. 1, S. 19 ff.) zu dem gleichen Schluss, dass der Kapitalismus permanent wachsen müsse (vgl. S. 96): Analog unseres vorherigen Beispiels kann Wachstum nur entstehen, wenn Kredite aufgenommen werden, die aber dann wieder zurückgezahlt werden müssen. Dies kann nur gelingen, wenn die Wirtschaft (oder das Unternehmen, das den Kredit aufgenommen hat) weiterwächst (vgl. Herrmann 2022, S. 88). Die Menschen müssen Geld verdienen, um sich etwas leisten zu können. Das Ziel des Kapitalismus ist folgerichtig Vollbeschäftigung (vgl. Herrmann 2022, S. 69 und 94).

Grünes Wachstum sei schon aus mehreren Gründen nicht möglich: Einerseits könne man in einer endlichen Natur nicht unbegrenzt wachsen (vgl. Herrmann 2022, S. 163 ff.). Andererseits würden weder die Kohlenstoffemissionen verschwinden noch die Sonne und der Wind verlässlich die nötige Menge an alternativen Energien liefern, die man für eine wachsende Wirtschaft bräuchte (vgl. Herrmann 2022, S. 115 ff.). Am Ende, so die ernüchternde Bilanz von Herrmann bliebe nur ein *„grünes Schrumpfen"*. Das Dilemma sei dabei klar (Herrmann 2022, S. 213):

„Die Wirtschaft kann nur klimaneutral werden, wenn sie schrumpft, aber genau dieses Schrumpfen würde es fast unmöglich machen, den grünen Umbau zu finanzieren."

Um diesem Dilemma zu entfliehen, empfiehlt die Historikerin Herrmann die britische Kriegswirtschaft von 1939 (vgl. Herrmann 2022, S. 232 ff.). Die zivile Produktion war damals in Großbritannien gezwungen, stark zu schrumpfen, um die nötigen Produktionskapazitäten für die Rüstung des Militärs freizuschaufeln. Die Briten organisierten fortan eine *„private Planwirtschaft"* (Herrmann 2022, S. 237):

„Der Staat gab vor, was produziert wurde – aber die Unternehmen blieben im Eigentum ihrer Besitzer. Firmen, Handwerksbetriebe, Restaurants oder Läden wurden nicht verstaat-

licht, sondern konnten weiterhin selbst entscheiden, wie sie ihre Betriebe führten."

Kurzum, die Produktion wurde rationiert und mit ihr der Verbrauch. Würde man dieses Modell der britischen Kriegswirtschaft auf das heutige Deutschland übertragen, so Herrmann, dann würde von unserem Wohlstand nur die Hälfte übrigbleiben und wir wären wieder so wohlhabend wie im Jahr 1978 (vgl. Herrmann 2022, S. 241). Damals jettete man zwar nicht mehrfach für ein verlängertes Wochenende nach Mallorca, sondern reiste mit dem Auto für einige Wochen nach Italien. Dies sei schließlich auch nicht so schlecht gewesen (vgl. Herrmann 2022, S. 241). Da hat Ulrike Herrmann *im Prinzip* recht. Ich, Jahrgang 1964, erinnere mich sehr gerne an die gemeinsamen Urlaube mit meinen Eltern in Nordspanien oder Italien. Anstelle aufwändiger Reisevorbereitungen und -kosten gab es legendäre selbstgemachte Nudelsalate meiner Mutter auf den einzelnen Reisestopps und Übernachtungen in günstigen Apartments oder Hotels der Mittelklasse. Das Leben war gefühlt auch nicht schlechter als heute. Aber: Flüge wären in diesem Konzept nicht mehr möglich, Autos würden keine mehr fahren, Immobilien müssten rationiert werden ähnlich dem Fleisch (vgl. Herrmann 2022, S. 250). Knappe Güter würden dann, so die Idealvorstellung von Herrmann, gerecht verteilt werden (vgl. Herrmann 2022, S. 253). Die Produktion würde gelenkt, der Konsum rationiert und die Regierung definiere, was und wie viel davon hergestellt würde (vgl. Herrmann 2022, S. 254).

So sehr ich die Argumentation des klug geschriebenen und gut recherchierten Buches von Ulrike Herrmann nachvollziehen kann: Ich *stimme mit ihr in der Diagnose im Prinzip überein,* dass ein unendliches Wirtschaftswachstum mit einer endlichen Umwelt nicht vereinbar ist. Und bei aller Nostalgie für das Jahr 1978 und den schönen und erholsamen Urlaubsreisen mit meinen Eltern, *die Hälfte des Wohlstands bleibt die Hälfte des Wohlstands*. Die Vermögenden und gut Verdienenden unter uns werden damit leben können, mit der Hälfte des Budgets klarzukommen, den Ärmeren wird es nicht gelingen bei ihrem täglichen Überlebenskampf, auf Wohlstand zu verzichten. Ich vermute fairerweise auch, dass Herrmann mit dem Wohlstand von 1978 nicht gleichsetzt, dass wir „nur" mit den technologischen Errungenschaften oder dem Stand der Medizin etc. des Jahres 1978 leben müssten. Da sind wir nämlich heute bereits weiter, Stichwort Smartphones, moderne Medizin etc.

Während dies alles aber eher je nach Perspektive überbrückbare Alternativen wären (freiwillige Konsumeinschränkung von denjenigen, die es sich leisten können, tut manchmal wirklich not!), sind aus meiner Sicht zwei Punkte mit einem Streben nach Wohlstand für möglichst alle *absolut unvereinbar:*

Erstens: Der vollkommene Verzicht auf Flugreisen, Autofahrten und in Ansätzen auf Fleisch würde nicht nur Vorzeigeindustrien in Deutschland mit Millionen von direkt oder indirekt Beschäftigten zerstören, *sondern wäre auch ein direkter Eingriff in die persönliche und unternehmerische Freiheit!* Wir würden quasi den Bürger*innen verbieten zu fliegen, mit dem Auto zu fahren etc. Den Flugzeugbauern, Reisebüros, Fluggesellschaften etc. und der Automobilindustrie und ihrem weit verzweigten Netz an Zulieferern in aller Welt würden wir ebenso untersagen, unternehmerisch tätig zu werden. Das kann nicht unser Ziel sein.

Zweitens: Die Idee mit der *Rationierung* hat leider unrühmliche Vorbilder in der DDR und der ehemaligen Sowjetunion. Zwar waren auch die sogenannten Produktionsmittel in staatlicher Hand (die blieben im Modell der britischen Kriegswirtschaft von 1939 und ihrer Übertragung auf Deutschland *in privater Hand*). Doch das Rationierungsmodell wird übernommen. Wer definiert denn in diesem Modell, wieviel von welchem Gut produziert wird? Wer konsolidiert den nationalen Bedarf, vor allem wenn man die globalen Abhängigkeiten mitbedenkt? Die Befürchtung liegt nahe, dass eine solche staatlich rationierte Wirtschaft bei gleichzeitig schrumpfender Wirtschaft Vetternwirtschaft, Korruption und Fehlallokation Tür und Tor öffnet. Warum sollte es in diesem Modell deutlich besser laufen als in dem Wirtschaftsmodell der DDR? Warum ist Großbritannien nicht bei diesem Wirtschaftsmodell geblieben, wenn es so erfolgreich war und hat sich stattdessen für ein wirtschaftsliberales Modell entschieden, das vor allem unter der Regierung Margaret Thatchers *ausgeprägte neoliberale Marktstrukturen,* Stichworte: Steuern (für die Reichen) runter, umfangreiche Privatisierungen etc. Merkmale aufwies?

Aus meiner Sicht wird *dieses Modell so nicht fliegen* und wird auch in einer Demokratie so nicht mehrheitsfähig sein. Ein wirklich interessanter Ansatz, nachvollziehbar beschrieben, aber aus meiner Sicht so nicht umsetzbar. Was aber wäre die Alternative? Können wir den Klimawandel noch aufhalten und dennoch ökonomisch weiterwachsen?

Der Weg kann nur gelingen, wenn wir *so schnell wie möglich auf 100 % Erneuerbare Energien umschwenken*. Da wir nicht alleine auf diesem Planeten sind, gilt das natürlich für alle, vor allem die großen Länder dieser Erde wie die USA, Indien, China, Brasilien etc. Dabei ist die Ausgangsbasis der Erneuerbaren Energien Stand heute sehr ernüchternd (vgl. Energiezukunft 2022): Die Bundesregierung hat sich bis 2030 ehrgeizige Ziele gesetzt, u. a. 80 % des Stroms mit Erneuerbaren Energiequellen zu betreiben. Ähnlich ambitionierte Ziele gibt es für die Windkraft, die Anzahl der Elektrofahrzeuge, die Fotovoltaik oder den grünen Wasserstoff. Stand heute (vgl. Energiezukunft 2022) ist allerdings von dem Durchschnittstempo, das zum Erreichen dieser ambitionierten Ziele notwendig ist, nur ein Bruchteil erreicht: 30 % in Fotovoltaik, 24 % in der Windkraft an Land, 0 % (!) bei der Windkraft auf See, 20 % bei den batteriegetriebenen PKWs (BEV, *Battery Electric Vehicles*) und 14 % bei der Anzahl der öffentlichen Ladepunkte.

Das bedeutet konkret etwa bei der Fotovoltaik, dass sich das Tempo bei der Umsetzung der *Fotovoltaik um mehr als das Dreifache steigern* müsste und bei der Windkraft an Land um das Vierfache, um die Ziele für 2030 in Deutschland noch zu erreichen. Bei den BEVs, also den rein elektrisch betriebenen Autos, müsste sich das Tempo um den Faktor vier steigern und *bei den Ladesäulen um den Faktor sieben!* Um insgesamt die Ziele der Bundesregierung und die Klimaziele zu erreichen, müssten die *Kapazitäten um vier Prozentpunkte jedes Jahr wachsen.* Zum Vergleich: Seit 2012, also in den vergangenen zehn Jahren, hat sich die Wärmewende nur um etwa drei Prozentpunkte weiterentwickelt. Wärmewende bedeutet, dass Wärme nachhaltig und erneuerbar produziert werden muss. Dies wiederum ist nur zu erreichen, wenn die installierte Leistung der Fotovoltaik, der Windkraftanlagen, die öffentlichen Ladepunkte etc. im Durchschnitt um vier Prozentpunkte wächst. Klingt eigentlich machbar. *Doch es bedarf einer jährlichen Steigerung der Wärmewende, die höher ist als das, was in der letzten Dekade erreicht wurde!* Ein Herkulesakt, der nur gelingen kann, wenn alle an einem Strang in die richtige Richtung ziehen. Eine *konzertierte Aktion aller Beteiligten.*

Dass die Energiewende in Deutschland bis 2035 machbar ist, halten Expert*innen bei Greenpeace für möglich (vgl. im Folgenden Greenpeace, Energiewende 2022). Greenpeace ist nicht gerade für optimistische und geschönte Prognosen bekannt. Im Gegenteil. Allerdings müsste sich die Geschwindigkeit der Energiewende erheblich steigern. Ausgehend von den ernüchternden Zahlen, dass 2020 nur etwa 17 % des deutschen Energieverbrauchs durch Erneuerbare Energien gedeckt ist (vgl. im Folgenden Greenpeace, Energiewende 2022), gilt es in den nächsten 17 Jahren bis 2040, die 83 Prozentpunkte mit Wasser-, Sonnen-, Wind und Erdwärmen-Energie aufzuholen. Die Autor*innen von Greenpeace schlagen u. a. vor, dass Bürger*innen selbst ebenfalls animiert werden sollen, ihre eigene Energie zu erzeugen, Stichwort Fotovoltaik-Anlage auf dem Dach, die dann wiederum so sparsam wie möglich verwendet wird. Greenpeace fordert, *anstelle eines Ausstiegs aus den Kohlekraftwerken bis 2038 bereits 2030 anzustreben.* Gleiches gilt für das fossile Erdgas, aus dem spätestens bis 2035 ausgestiegen werden sollte. Weitere Stichworte sind die Beschleunigung von Genehmigungsverfahren z. B. für die Anstandsregeln der Windkraftanlagen, eine Bildungsoffensive für die Jugend zum Thema Maßnahmen für den Klimaschutz, dezentrale Lösungen unter aktiver Beteiligung aller Bürger*innen einer Region oder einer Stadt.

Es ist sicher hier nicht der Ort, sämtliche mögliche Maßnahmen zum vorzeitigen Erreichen der Klimaziele in Deutschland aufzuzählen. Wichtig ist an dieser Stelle nur folgender Gedanke: Wenn wir uns *alle, generationsübergreifend zusammenschließen,* Ideen für den Klimaschutz entwickeln und jetzt umsetzen, dann können wir den Hebel noch umlegen. Der Staat, also wir alle, müsste die nötigen finanziellen Mittel zur Verfügung stellen und mithelfen, die Ziele zu erreichen. Dann bräuchten auch die immer zahlreicher werdenden Klimaaktivist*innen nicht mehr auf die Straße zu gehen oder sich gar auf dieser festzukleben. Wir alle würden uns selbst den größten Gefallen tun, denn *auf einem toten Planeten brauchen wir uns über Wirtschaftswachstum nicht mehr zu unterhalten!*

5

Die soziale Frage und die Rolle des Staates

> Um die Audioversion dieses Kapitels zu hören, klicken Sie auf den Link oder scannen Sie ihn mit der Springer Nature More Media App: sn.pub/v3jybf

5.1 Corona und Ukrainekrieg: Die Schere der Ungleichheit weitet sich

Kamen bereits vor der Corona-Krise viele Millionen Menschen in Deutschland, einem der reichsten Länder dieser Erde, nicht über die Runden, verschärfte sich diese Situation noch mit der Pandemie. Zusätzlich nahm die soziale Ungleichheit in der Welt dramatisch zu (vgl. im Folgenden Oxfam 2022). So berichtet die internationale Nothilfe- und Entwicklungsorganisation *Oxfam,* die sich weltweit in Krisen und Katastrophen für lebensrettende

Nothilfe einsetzt, dass die soziale Schere in der Pandemie deutlich angestiegen ist (vgl. Oxfam 2022):

- Die *Anzahl der Milliardär*innen auf der Welt hat sich zum März 2022 um 573 auf 2668 erhöht* im Vergleich zum Beginn der Pandemie Anfang 2020. Zusammen vereinten sie ein Vermögen von 12,7 Billionen Dollar auf sich, was einer Steigerung um 3,78 Billionen Dollar oder 42 % entspricht. Dieses Gesamtvermögen entspricht knapp 14 % des weltweiten Bruttoinlandsprodukts. Im Jahr 2000 hat das gesamte Vermögen aller Milliardär*innen auf der Welt lediglich 4,4 % des weltweiten Bruttoinlandsprodukts ausgemacht.
- Gleichzeitig sind etwa *260 Mio. Menschen gefährdet, in die Armt abzurutschen*. Grund dafür sind die in 2021 gestiegenen Lebensmittelpreise von weltweit im Durchschnitt gut 33 %. Es wird in 2022 ein weiterer Anstieg von 23 % erwartet.
- Die *Ungleichheit zwischen den Ländern* hat ebenfalls in der Pandemie zugenommen, da vor allem einkommensschwache Länder zur Bewältigung der Pandemie hohe Kredite aufnehmen mussten und nun etwa 60 % dieser Länder am Rande der Zahlungsunfähigkeit stehen.

Der jedes Jahr von Oxfam veröffentlichte Ungleichheitsbericht bestätigt immer wieder den Trend zur Ungleichheit (vgl. Oxfam, gewaltige Ungleichheit 2022): So hat das reichste Prozent der Weltbevölkerung seit 1995 fast 20-mal mehr Vermögen angehäuft als die ärmere untere Hälfte, etwa 4 Mrd. Menschen, zusammen! Auch in Deutschland herrscht im Vergleich zu den anderen Ländern dieser Erde eine relativ hohe Ungleichheit. So verfügen die *zehn reichsten Deutschen* über ein kumuliertes Vermögen von 256 Mrd. Dollar, während die Armutsquote mit gut 16 % einen neuen Höchststand in Deutschland

5 Die soziale Frage und die Rolle des Staates

erreichte. Demzufolge lebten 13,4 Mio. Menschen in Deutschland in Armut, darunter vor allem Frauen und Kinder.

Die Zahlen haben sich auch in 2022 leider noch einmal verschlechtert, die Ungleichheit hat im Jahr des Ukrainekrieges 2022 weiter zugenommen (vgl. u. a. Schmitt/Hauschild, Oxfam Deutschland 2023). So gingen in den letzten zehn Jahren von je 100 erwirtschafteten US-Dollar *54,40 US$ an das reichste Prozent,* während die *ärmsten 50 % lediglich 0,70 US$* erhielten (vgl. Schmitt/Hauschild 2023, S. 3). Gemäß Schätzungen des UN-Entwicklungsprogramms sind alleine in den ersten drei Monaten seit März des Jahres 2022 71 Mio. Menschen auf der Welt in die Armut getrieben worden (vgl. Schmitt/Hauschild 2023, S. 4). Vor allem die stark gestiegenen Lebensmittelpreise treffen die Ärmsten der Welt, die etwa zwei Drittel ihres Einkommens für Lebensmittel benötigen (vgl. Schmitt/Hauschild 2023, S. 4). Entsprechend schlagen die Autoren u. a. eine Erhöhung der progressiven Steuern vor allem für Reiche, eine Vermögenssteuer und eine Erhöhung der Erbschaftssteuer vor (vgl. Schmitt/Hauschild 2023, S. 10 ff.).

Dieser Bericht konnte Anfang des Jahres 2022 noch nicht die ökonomischen Folgen des Ukrainekrieges berücksichtigen. Wie wir alle wissen, haben sich die Strom- und Gaspreise um ein Vielfaches erhöht. Die Inflation erreicht Rekordhöhen in zweistelligen Prozentraten. Viele Menschen, auch die Mittelschicht ist zunehmend in ihrer Existenz bedroht. Eine Studie des Deutschen Instituts der Wirtschaft (DIW) in Berlin von 2022 (vgl. Kritikos 2022) zeigt deutlich, dass vor allem *die untere Mittelschicht* besonders stark von der Inflation betroffen ist, die unmittelbar mit dem Ukrainekrieg zusammenhängt. Wie in Kap. 1 bereits erwähnt, sorgen vor allem die fehlenden

Gaslieferungen aus Russland für den dramatischen Anstieg der Preise und heizen damit die Inflation zusätzlich an.

So zeigt die Studie des DIW, dass alleine im Mai 2022 im Vergleich zum April 2022 die Inflationsrate in ausgewählten Konsumbereichen zum Teil dramatisch gestiegen ist (vgl. Kritikos 2022). So haben sich die Mobilitätsenergie d. h. u. a. Benzin, Diesel, Ladestrom um gut 40 %, Haushaltsenergie um knapp 37 % und Nahrungsmittel und alkoholfreie Getränke um gut zehn Prozent verteuert. Und diese Entwicklung der Preise alleine *in einem Monat!* Gemessen wird die Inflationsrate ökonomisch anhand eines repräsentativ zusammengesetzten Warenkorbs. Die Energiepreise wirken besonders stark in den Bereichen Wohnen und Mobilität, die 45 % dieses Warenkorbs auf sich vereinen. Dabei sind die ökonomischen Wirkungen der Inflation nach Einkommensgruppen unterschiedlich zu gewichten. So leuchtet zwar intuitiv ein, dass die unteren Einkommen überproportional von den dramatisch gestiegenen Preisen betroffen sind. Einfach ausgedrückt: Während es für die *obersten und oberen Einkommensgruppen bestenfalls ärgerlich zu nennen ist,* dass die Preise so steigen, sind die mittleren aber vor allem unteren Einkommensgruppen akut in ihrer Existenz gefährdet.

Hinzu kommt, dass die Warenkörbe der einzelnen Einkommensgruppen unterschiedlich aussehen. So macht in den 20 % der Haushalte in Deutschland mit dem untersten Nettoeinkommen der Konsum von Nahrungsmitteln und Wohnen inklusive der Haushaltsenergie *fast zwei Drittel des Gesamtkonsums* aus (vgl. Kritikos 2022). In den zwanzig Prozent der obersten Einkommensgruppe kommen die Waren des sogenannten Grundbedarfs *nur auf etwa 44 %* des Gesamtkonsums, was leicht nachvollziehbar ist: Wer mehr Geld zur Verfügung hat, braucht sich nicht darauf zu konzentrieren, dass er und seine Familie

5 Die soziale Frage und die Rolle des Staates

genügend zu essen und zu trinken hat, sondern hat auch Geld für Urlaube, Autos, Immobilien oder teurere Kleidung etc. zur Verfügung. Der Anteil der Grundversorgung am Gesamtkonsum fällt entsprechend deutlich geringer aus. Wer arm ist, geht nicht nur entsprechend schneller wirtschaftlich unter, sondern ist von den größten Preissteigerungen bei Energie und Lebensmittel auch noch am meisten betroffen!

Wir haben in Kap. 3 bereits gesehen, dass der Ukrainekrieg und die damit verbundene Energiekrise nicht nur zu einer hohen Inflation geführt hat und vor allem das untere Einkommens- und Vermögensdrittel der deutschen Bevölkerung in seiner Existenz bedroht, sondern auch kleine und mittelständische Unternehmen. In Prinzip sind *alle Unternehmen gefährdet, die überproportional auf die Energiezufuhr aus Gas, Strom etc. angewiesen* sind. Wir haben das vor allem bei den *Bäckereien und Porzellanherstellern* gesehen, es betrifft aber nahezu alle Unternehmen in Deutschland. Wir müssen uns vor Augen führen, dass der Globale Süden unserer Erde, vor allem der afrikanische Kontinent aber auch die armen Länder Mittelamerikas heute schon mehrheitlich in der Armut versinken und die Menschen hungern müssen. Aber auch die reichen Länder Europas und deren Unternehmen leiden unter der Energiekrise, immer mehr Menschen geraten in die Gefahr der Armut. Auch in den Ländern, in denen der Wohlstand eher weniger in Gefahr ist, steigt die Ungleichheit deutlich an. Im Klartext heißt das, dass *der Wohlstand weltweit auf immer weniger Menschen verteilt wird.* Sollte die Entwicklung so weiter gehen, bleibt am Ende nur noch eine hauchdünne Schicht an Reichen und Vermögenden übrig, die schließlich auch noch mit einem immer weniger bewohnbaren Planeten leben müssen. Keine schönen Aussichten.

Selbstverständlich habe ich diese Betrachtung ein wenig zugespitzt und zeitlich gerafft. Natürlich ist diese Entwicklung schleichend, aber bereits seit Jahren zu beobachten. Ähnlich den Entwicklungen des Klimawandels hat sich in vielen Bereichen unmerklich ein Prozess herausgebildet, der den sozialen Zusammenhalt in Deutschland aber auch in der Welt zunehmend gefährdet. Vielleicht werden Sie jetzt fragen, *warum es so schlimm ist, dass es diese zunehmende Ungleichheit auf dieser Welt gibt*. Schließlich verfügen die Menschen über unterschiedliche Talente und Fähigkeiten gepaart mit Leistungsbereitschaft und Engagement. Dies mag zwar richtig sein, aber es gibt gewichtige Gründe, die dafürsprechen, dass wir uns alle gegen die soziale Ungleichheit stemmen (vgl. u. a. Oxfam, häufigste Fragen 2022).

So wird die *Armut verfestigt,* wenn der durch das Wirtschaftswachstum erzielte Wohlstand fast nur bei den oberen Einkommens- und Vermögensgruppen ankommt. Denken Sie u. a. nur daran, dass gerade in den Metropolen unseres Landes wie München und Berlin die *Immobilienbesitzer quasi im Sitzen reicher werden und den Mietern die Mieten davonlaufen.* Die Klimabilanz trifft die Ärmsten der Weltbevölkerung besonders hart: Während die Pro-Kopf-Emissionen der ärmeren Hälfte der Weltbevölkerung bis 2030 deutlich unter dem Wert bleiben werden, der mit dem 1,5 Grad Ziel vereinbar ist, überschreiten die *reichsten zehn Prozent diesen Wert um das Neunfache!* (vgl. u. a. Oxfam, häufigste Fragen 2022). Immer unter der Annahme, dass sich das Verhalten nicht ändert, wird das reichste Prozent der Menschen 2030 Pro-Kopf-Emissionen haben, die den Faktor 30 (!) über dem Wert liegen, der für das 1,5 Grad Ziel noch tolerierbar ist.

Der Zugang zur Bildung und zu einem bezahlbaren Gesundheitssystem wird für die Ärmeren der Gesellschaft, auch einer reichen wie der deutschen, immer schwieriger, wenn sie weiter privatisiert wird. So wird die Tendenz steigen, dass die Vermögenden ihre Kinder in teure und gut ausgestattete Privatschulen oder -universitäten schicken, was den ärmeren Schichten verwehrt bleibt. Die USA sind heute bereits ein abschreckendes Beispiel dafür. Nicht verwunderlich, dass die soziale Ungleichheit zwischen dem einen Prozent der reichsten und den 99 % anderen in den USA so groß ist wie fast nirgends auf der Welt (vgl. exemplarisch Meyer 2021: So zählen 12 % der Amerikaner zu den reichsten 1 % der Weltbevölkerung und führen das Milliardärs-Ranking an. Gleichzeitig tun sich 40 % der Amerikaner schwer, kurzfristig 400 Dollar aufzubringen!). Gleiches gilt für die Gesundheitsversorgung, die zunehmend privatisiert wird und ein Zweiklassensystem etablieren könnte (man denke etwa an den Vergleich der Privatpatienten und der Kassenpatienten). Dass unterschiedliche Zugänge zur Bildung und zur Gesundheitsversorgung zu einer weiteren Spaltung der Gesellschaft und sozialen Unruhen führen dürften, kann sich jeder von uns vorstellen.

Häufig wird als Argument gegen die soziale Ungleichheit aufgeführt, dass vor allem hier in *Deutschland jeder sein Glück in eigenen Händen hat* und mit Anstrengung, guter Bildung und harter Arbeit den Aufstieg in andere Schichten schaffen kann. Lassen Sie uns an dieser Stelle einmal kurz beleuchten, wie es mit der Chancengleichheit gerade hier in Deutschland aussieht. Hat hier wirklich jeder und jede die gleiche Chance an gesellschaftlicher Teilhabe und vor allem auf den Aufstieg durch Bildung? Wir wollen uns dies im folgenden Kapitel einmal näher ansehen.

5.2 Von Bildungsgewinnern und Bildungsverlierern

Wir kennen alle die Geschichte der wenigen Kinder aus den ärmeren Schichten in Deutschland und anderen Ländern, die es geschafft haben, ihren angestammten Milieus zu entfliehen und reich und berühmt zu werden. Der amerikanische Spruch, der den American Dream d. h. das Aufstiegsversprechen untermauerte, bei dem alles möglich sei, wenn man sich nur intensiv genug anstrengte, ist uns allen bestimmt noch ein Begriff: *„From dishwasher to millionaire"*, also vom Tellerwäscher zum Millionär. So vielversprechend dieser Spruch und das dahinterstehende Aufstiegsversprechen sein mag, die Realität trifft es in Deutschland aber auch in den meisten Ländern dieser Welt nicht (mehr). Wenn es überhaupt in einzelnen Ländern wie im Globalen Süden eine Chance gibt, dann ist diese minimal und nur den Mitgliedern einer sehr kleinen Minderheit möglich, die entsprechende Förderung erfahren haben oder sich sehr engagiert haben, gepaart mit dem Quäntchen Glück, was man immer im Leben benötigt. Wie aber sieht größtenteils die *„Bildungsgerechtigkeit" in Deutschland* aus?

Es fängt wie immer bereits bei der Gnade der zufälligen Geburt an, ob man in einen armen oder reichen Haushalt hineingeboren wird, die Eltern bildungsinteressiert und gar Akademiker sind oder eher bildungsfern. Bildungsinteressierte Eltern, die zumeist auch über die nötigen finanziellen Mittel verfügen und häufig selbst eine gute Bildung genossen haben, versuchen früh, ihre *Kinder intellektuell anzuregen*. Sei es, dass sie ihnen vorlesen oder Gute-Nacht-Geschichten erzählen, sei es, dass sie mit ihnen diskutieren, viel erklären oder ihre zahllosen Fragen beantworten. Dabei fungieren sie selbst als Vorbilder, was ihre eigene

Bildung, das Lesen von Büchern oder die Beschäftigung mit den interessanten Themen dieser Welt anbelangt. Dabei spielt es keine Rolle, ob die Eltern ihren Kindern die Liebe zur Musik, zum Sport, zur Natur, für die Technik oder handwerkliche Fertigkeiten mitgeben. Die ständige (intellektuelle) Beschäftigung reicht aus.

Dabei ist es mitnichten so, dass bildungsferne Eltern nicht auch an einer guten Ausbildung ihrer Kinder interessiert sind oder gar schlechte Eltern sind. *Das ist nicht der Punkt.* Die Kinder lernen vielmehr am Vorbild, durch die Beschäftigung mit den unterschiedlichen Dingen des Lebens und im Rahmen der Zeit, die sich die Eltern für ihre Kinder nehmen. Auf der Suche nach der intellektuellen Beschäftigung der Kinder bereits von frühester Jugend an kommt man aber unweigerlich an der *finanziellen Dimension* dieser Hobbies und Beschäftigungsmöglichkeiten vorbei. Hobbies wie ein Musikinstrument lernen, Ballettunterricht oder Mannschaftssportarten wie Tennis oder Fußball kosten Geld, das viele Familien nicht haben. Im extrem können sich arme Familien, die von Hartz-IV leben, die nun ein *„Bürgergeld"* erhalten, noch nicht einmal einen Kinobesuch leisten, um die filmische Fantasie der Kinder und Jugendlichen anregen zu können.

Bereits beim Besuch von Kindergärten gibt es zahlreiche Unterschiede, wenn man überhaupt einen der raren Plätze, *vor allem in den Städten,* ergattern kann. Bereits im Kindergarten gibt es Elterninitiativen und private Einrichtungen, die gegen entsprechende finanzielle Beteiligung den Kindern Englisch oder sogar Chinesisch beibringen, wenn es denn sein muss. *Mit Geld kann man sich vieles kaufen.* Dabei müssten in den Kindergärten auch die deutschsprachlichen Grundlagen gelegt werden, was vor allem für Kinder aus Migrationsfamilien wesentlich ist. Auch bei den Schulen gibt es enorme Unterschiede, vor allem was die Qualität anbelangt. In Deutschland ist der Besuch der Grundschule mit wenigen Ausnahmen wie etwa in Nordrhein-Westfalen klar geregelt: Das Kind geht in die Schule, die gemäß dem Sprengel-Prinzip am nächsten zum Wohnort liegt. Dabei können ganze Straßenzüge und Hausnummern den Unterschied machen: Viele Eltern, die es sich leisten können, ziehen um, damit ihre Kinder in die „richtige" Schule gehen kann. Das ist in Städten wie Berlin gang und gäbe. Die Qualität der Schule lässt sich also beeinflussen, wenn man die (finanziellen) Möglichkeiten hat.

Noch besser geht es dann denjenigen Kindern, die von ihren Eltern aus dem staatlichen Schulsystem herausgenommen werden und dann in teure, aber auch entsprechend gut ausgestattete, Privatschulen geschickt werden. Hier gibt es keine finanziellen Grenzen nach oben. In Starnberg, südlich von München, in der anerkannt *reichsten Gemeinde Deutschlands* mit den meisten Millionären pro Einwohnerzahl, gibt es eine internationale Schule, die für ihre Schüler*innen eine hervorragende internationale Ausbildung anbietet. Das alles hat natürlich auch seinen Preis: Je nach Alter des Kindes kostete eine solche elitäre Ausbildung 2018 im Jahr zwischen 14.000 und 25.500 € (vgl. Bader 2018). Nicht mit einberechnet, dass es auch Geschwisterrabatte etc. gibt. Dafür erhält man aber den Unterricht auf Englisch, ein international anerkanntes Abitur, um dann u. a. in den USA zu studieren zu können. Verstehen Sie mich nicht falsch: Ich gönne es jedem Kind, das eine solche Ausbildung durchlaufen kann, und ich kann auch die Eltern verstehen, die ihren Kindern die bestmögliche Ausbildung angedeihen wollen. Der Punkt ist, dass diese Möglichkeit *nur den reichsten Eltern und ihren Kindern* möglich ist. Das sind ganz hervorragende Schulen, die mit Sicherheit ihr Geld wert sind. Allerdings nur für diejenigen offen stehen, die das nötige Kleingeld haben oder den wenigen, die von den Stipendien profitieren können. Selbstverständlich müssen die Eltern das Geld auch *erst einmal verdienen* und arbeiten in den meisten Fällen sehr hart dafür.

Aber es gibt nicht nur diese sehr teuren Privatschulen mit dem exklusiven Angebot, sondern nicht zu Unrecht generell Privatschulen als Ergänzung zum staatlichen Schulsystem und damit eine Möglichkeit, Bildungsschwerpunkte zu setzen, seien sie auf Musik, Sport, Kunst oder andere inhaltliche Schwerpunkte bezogen. Alle diese Optionen sind und bleiben den ärmeren Familien verschlossen. Jetzt könnten Sie einwenden, das staatliche Schulsystem bietet auch so bereits eine enorme Vielfalt an Möglichkeiten. Das ist zwar richtig, doch kommt bereits ein Aspekt zu tragen, den man nicht unterschätzen sollte: *Die Kinder werden von ihren Eltern aus dem staatlichen Schulsystem herausgeholt* und in eine Klasse mit anderen Kindern gesteckt, deren Eltern sich die Gebühren – ob nun ein kleiner monatlicher Betrag oder ein großer sei an dieser Stelle nicht so bedeutend – der Privatschule leisten können. Dazu kommt, dass sich die Privatschulen in aller Regel ihre Kinder aussuchen und sogar Vorstellungsgespräche mit den Eltern (und manchmal auch den Kindern) führen können. Man bleibt also unter sich: Bildungsinteressierte, zumeist selber über eine gute Bildung verfügende Eltern mit dem nötigen finanziellen Hintergrund.

Ein solches Netzwerk, wir kennen das alle aus eigener Erfahrung, trägt nicht selten ein Leben lang. Natürlich besteht das Leben nicht nur daraus, sich mit Kindern aus begüterten Schichten zu halten. Aber es hilft im Leben. Man weiß, wie diese Schicht tickt, wie man handelt und auftritt – nämlich selbstbewusst, hat zumeist vor nichts und niemanden Angst, weiß sich in bestimmten Kreisen zu bewegen etc., wo „man" in Urlaub fährt etc. Ärmere Kinder wird man selten bei Ausflügen in den Promiorten erleben. Dort ist es eher so, dass die Klasse häufig für die

Schulausflüge dieser Kinder mitbezahlt (was wirklich bewundernswert ist). Doch sind die Hürden und die Scham solcher Kinder und vor allem deren Eltern hoch, da sie häufig kaum das Taschengeld für einen Landschulheimaufenthalt finanzieren können. Häufig fahren diese Kinder auch nicht mit, da sich die Eltern diese Scham ersparen wollen.

Wenn man von Bildungsgerechtigkeit spricht und davon, dass alle die gleichen Chancen haben, dann muss man sich die Realität mal in Zahlen, Daten und Fakten ansehen. So gehen 79 % der Kinder aus dem Akademikerhaushalten auf das Gymnasium und nur 27 % der Kinder von Nicht-Akademikern (vgl. Himmelrath 2018). Eltern mit hoher Bildung können ihre Kinder in der Schule unterstützen, helfen in der Methodik des Lernens oder den Inhalten. Sie können sich teuren Nachhilfeunterricht einkaufen und vor allem: *Sie liefern die Vorbilder für ihre Kinder.* Sie sehen, Mutter und Vater haben bestimmte Positionen in der Firma aber auch im Leben mit entsprechender Vergütung nur erhalten, weil sie sehr lange und sehr hart gearbeitet haben. Zuvor lag ein langer, entbehrungsreicher Bildungsweg hinter ihnen. Umgekehrt sehen Kinder aus Familien, bei denen die Eltern schon lange arbeitslos waren oder die alleinerziehende Mutter schon lange ohne Arbeit ist, dass es ein Leben ohne Arbeit auch gibt. Entweder versuchen sie dann bewusst, dort herauszukommen oder sie arrangieren sich bereits von vorneherein damit.

Den Übergang zum Gymnasium bestimmen nicht alleine die Noten und damit der Fleiß und die Fähigkeiten, sondern auch Faktoren wie der Lehrer, die Lehrerin, die das beurteilen, die Eltern selbst, die das unbedingt wollen etc. Vielfach schicken Eltern aus bildungsfernen Schichten ihre Kinder nicht auf das Gymnasium, selbst wenn die Noten es hergäben, weil sie selbst nicht an die Sinnhaftigkeit des langen Lernens, etwa des Studiums, glauben

5 Die soziale Frage und die Rolle des Staates

(vgl. Maurer 2015). Eine solide handwerkliche Ausbildung ohne Abitur und möglichem Studium scheint eine bessere und nachvollziehbarere Alternative zu sein. Je länger die Ausbildung dauert, desto mehr Kosten sind damit verbunden. Die sozialen aber auch kulturellen und individualpsychologischen Hürden sind hoch, eine entsprechend hochwertige Schulbildung zu erhalten, wenn man aus den ärmeren und bildungsfernen Schichten entstammt. Das Studium lässt sich dann auch nur finanzieren, wenn die Studierenden neben der Bafög-Zahlung *einem Nebenjob nachgehen, der ihr Studium verlängert.* Eltern, die über größere finanzielle Möglichkeiten verfügen, können dann in einer andern (Hochschul-)Stadt die Mieten übernehmen oder im extrem sogar für die Dauer des Studiums ihrer Kinder eine Studentenwohnung kaufen. Darüber hinaus bleibt den ärmeren Studierenden trotz zahlreicher Stipendien der Weg an eine zukunftsträchtige Privatuniversität, wie das etwa in den USA gang und gäbe ist, häufig verschlossen. Hier bleibt „man" am Ende doch zumeist unter sich.

Eine Forsa-Umfrage im Auftrag der Initiative Tag der Bildung 2021 unter 1000 repräsentativ befragten Jugendlichen und jungen Erwachsenen hat die Meinungen dieser Zielgruppe zum deutschen Bildungssystem eingefangen (vgl. Tag der Bildung 2021). 59 % der Befragten waren eher nicht der Meinung, dass „In Deutschland im Großen und Ganzen alle Kinder unabhängig von ihrer sozialen und kulturellen Herkunft die gleichen Chancen auf eine gute Bildung" haben (Tag der Bildung 2021, Forsa-Umfrage, S. 4). Dabei ist die Anzahl derer, die die Bildungschancen ungleich sehen von 2018 und 2019 bis 2021 von 47 über 56 auf 59 % angestiegen: *Immer mehr befragte Jugendliche und junge Erwachsene selbst glauben immer weniger an die gleichen Bildungschancen in Deutschland.* Dabei sind überproportional häufig Männer dieser Meinung (Tag der Bildung 2021, Forsa-Umfrage, S. 4).

Befragt, welche Faktoren auf eine gute Bildung des Kindes sehr großen oder großen Einfluss haben, meinten (vgl. Tag der Bildung 2021, Forsa-Umfrage, S. 5):

- 92 % die Qualität der Schule und der Lehrer*innen
- 90 % die Zuwendung und Unterstützung der Eltern
- 86 % die eigene Motivation des Kindes
- 67 % die Bildung der Eltern
- 73 % der Freundeskreis des Kindes
- 51 der kulturelle Hintergrund des Kindes

Die Schule und die Eltern, so könnte man es zusammenfassen, machen einen enormen Unterschied bei der Bildung der Kinder. So trivial wie richtig. Doch sind wie wir gesehen haben, die Voraussetzungen bei den Kindern höchst unterschiedlich und vor allem eines: zufällig im Sinne der *„Gnade der richtigen Geburt"*. Die eigene Motivation des Kindes spielt selbstverständlich eine große Rolle. Etwas, was ein Kind mehrheitlich selbst beeinflussen kann. Niemand, der es im Leben zu etwas gebracht hat, ob als Manager*in, Unternehmer*in oder Ähnliches hat es geschafft, ohne sehr lange sehr hart zu arbeiten. Mit Sicherheit ist es niemandem in den Schoss gefallen, plötzlich erfolgreich zu sein. *Doch die überwiegende Mehrzahl der Kinder und Jugendlichen haben erst gar keine Chance dazu gehabt.* Insofern ist die Geschichte von der Chancengleichheit bei der Bildung aus meiner Sicht eine Mär, die so nicht existiert und sich in den letzten Jahren eher verschlechtert als verbessert hat. Was kann man aber dagegen tun?

Ich habe bereits in meinem letzten Buch (vgl. Pietsch 2022, S. 107 f. aber auch Butterwegge/Butterwegge 2021, 2021, S. 235 ff.) ein paar Anregungen gegeben, die ich hier gerne noch einmal in aller Kürze aufgreifen möchte. Karitative Einrichtungen wie die „*Arche*" und die *Tafel* helfen bereits mit den kostenlosen Lebensmitteln oder Mittagstischen für die Kinder. Ferner hilft sicher eine *Kindergrundsicherung* in der Höhe von mindestens 600 €, die sowohl den Kindern aber auch Schulen zugutekommt, die solchen Kindern entsprechende Förderung und Betreuung zur Verfügung stellen. Die Maßnahmen zur *Förderung der Kinder sollte allerdings stärker individualisiert* werden. So können z. B. begabte Kinder mit finanziellen Stipendien und Mentor*innen ausgestattet werden, die sie auf ihrem Lebensweg begleiten. Bereits im Grundschulalter (warum nicht bereits im Kindergartenalter?) können so benachteiligte Kinder gezielt gefördert und auf ihrem Bildungsweg begleitet werden. Lernmittelfonds, kostenlose Nutzungen von Kinos, Freibädern, öffentliche Nahverkehre etc. könnten eine Möglichkeit sein. Ganztageseinrichtungen, in denen diesen sozial schwachen Kindern ein gemeinsames Frühstück oder Mittag- und Abendessen angeboten werden inklusive eines Freizeitprogramms, finanziert durch den Staat, könnten weitere Optionen darstellen.

Nicht alles muss staatlich organisiert und finanziert werden. Warum kann man nicht auch daran denken, dass benachteiligte Kinder und Jugendliche von engagierten Rentner*innen frei nach dem Prinzip „*Rent-a-Oma/Opa*" begleitet werden, als Inputgeber und Vorbild, den Weg der Bildung durchzuziehen. Gleiches gilt für ältere Schüler*innen und Studierende, die diesen Kindern und Jugendliche unentgeltlich Nachhilfe erteilen. Dies gibt es bereits heute und sollte ausgebaut und idealerweise staatlich gefördert werden. Erfolgreiche Manager*innen und Unternehmer*innen sind sicher auch im Rahmen ihres Zeitbudgets bereit, Vorträge in den Schulen über die in den jeweiligen Betrieben und Unternehmen geforderte Bildung und die angebotenen Ausbildungsplätze zu halten. So könnten die Kinder und Jugendliche auch einen verstärkten Anreiz erhalten und sehen, wozu sich Bildung lohnt. Dies geschieht zwar bereits heute, müsste aber noch ausgebaut werden.

Eine Zusammenarbeit von arm und reich, mit und ohne akademische Bildung, jung und alt muss allerdings nicht immer vom Staat organisiert werden. Die Zivilgesellschaft kann viel mehr stemmen als das – und es ist schon sehr viel – was derzeit alles geleistet wird. Eine mögliche Kritik, dass dies alles nette Ideen seien aber nicht oder nur in engen Grenzen umsetzbar, lasse ich nicht gelten. Auch Bill Gates hat einmal in der Garage angefangen und sich nicht ausmalen können, was er alles in Leben erreichen würde. Wir müssen es nur alle einmal versuchen! Wichtig dabei sind natürlich auch die Rahmenbedingungen. Vielfach wird aber auch das Wirtschaftssystem des Kapitalismus kritisiert, das schuld sei an der sozialen Ungleichheit (vgl. u. a. Bude/Staab 2016). Die Frage ist allerdings, ob dieses System noch lange durchhalten wird oder ist es bereits am Ende wie manche Beobachter bereits zu glauben scheinen (vgl. exemplarisch Herrmann 2022).

5.3 Ist der Kapitalismus am Ende?

Vom Kapitalismus gibt es zwei Erzählungen: Die eine handelt vom unaufhörlichen Anstieg des Wohlstands der Bevölkerung durch ein *schier unendliches Wirtschaftswachstum.* Damit verbunden ist die Zufriedenheit der Menschen und das Glück der materiellen Vorsorge. Die andere handelt von der *Ausbeutung des Menschen und seiner Umwelt,* ein unendliches Wachstum, das in einer Welt mit nur endlichen Ressourcen irgendwann an ihr logische Ende gerät. Das Resultat ist nicht der materielle Wohlstand für alle innerhalb der Bevölkerung, gemessen am

Bruttoinlandsprodukt, das lediglich die materielle Wertschöpfung eines Landes umfasst, sondern nur für einige Wenige. Ein System, das scheinbar an sein Ende gelangt ist. Wir wollen uns im Folgenden diese beiden Erzählungen näher ansehen und gemeinsam überlegen, welche dieser Deutungen des Kapitalismus der Realität am nächsten kommt und was unter Umständen geändert werden muss, um dieses Wirtschafts- und Gesellschaftssystem zu verbessern. *Fangen wir mit der optimistischen Erzählung an: Dem Kapitalismus als Wohlstands- und Aufstiegsversprechen.*

Nach dem Zweiten Weltkrieg lag Deutschland nicht nur in Trümmern, sondern auch wirtschaftlich am Boden. Unter der Verwaltung der vier Siegermächte des Weltkrieges wurden je nach historischen Vorbildern und Erfahrungen der maßgeblichen Länder unterschiedliche Wirtschaftssysteme in den beiden Teilen Deutschland eingeführt: In den von den westlichen Alliierten, den USA, Frankreich und Großbritannien besetzten Gebieten der künftigen Bundesrepublik Deutschland herrschten die *marktwirtschaftlichen, kapitalistischen Vorstellungen* vor, während die damalige Sowjetunion aus eigener Anschauung und Erfahrung das System der *kommunistischen Planwirtschaft* favorisierte und in der Deutschen Demokratischen Republik einführte. In dem westlichen Teil Deutschlands, in der Bundesrepublik, wurde eine Form der Marktwirtschaft gewählt, die neben Elementen wie freier Wettbewerb, freie Preisbildung und Eigentum an den Produktionsmitteln und privaten Unternehmen auch eine soziale Komponente enthalten sollte (vgl. im Folgenden Pietsch 2020, S. 70 ff.). Es war die Geburtsstunde der *Sozialen Marktwirtschaft* (fortan immer mit einem großen S geschrieben), die zwar immer mit dem damaligen Wirtschaftsminister und späteren Bundeskanzler Ludwig Erhard verbunden war, doch vor allem von seinem damaligen Staatssekretär, dem Ökonomieprofessor Alfred Müller-Armack, entwickelt wurde.

Konkret bedeutet dies eine Marktwirtschaft, die vor allem einen fairen und geordneten Wettbewerb zulassen sollte. Kartelle und staatliche Eingriffe in den Markt sollten tunlichst verhindert werden. Streng nach der ordoliberalen Schule (vgl. Pietsch 2022a, S. 237 ff.) sollte der *Staat nur den Rahmen bilden* innerhalb dessen sich die Wirtschaft frei entfalten konnte. Er sollte vor allem den Schutz nach außen und innen sicherstellen analog dem freien und ungehinderten Wettbewerb. Die Marktwirtschaft müsse auch die *„sozialen und kulturellen Ziele"* (Müller-Armack 1990, S. 116) einer Gesellschaft widerspiegeln, also konkret Antworten auf Armut und Bedürftigkeit liefern und soziale Schiefstände verhindern. Sozialpolitische Maßnahmen wie der *Mindestlohn* (vgl. Müller-Armack 1990, S. 119) spielten damals bei der Einführung der *Sozialen Marktwirtschaft* 1949 ebenso bereits eine Rolle wie die *progressive Besteuerung,* d. h. höhere Steuersätze für höhere Einkommen und umgekehrt, und Kinderbeihilfen, Miet- und Wohnungsbauzuschüsse (Müller-Armack 1990, S. 119) bis zu einem bestimmten Einkommen. Diese *„marktgerechten Eingriffe"* (Müller-Armack 1990, S. 119) des Staates in die Wirtschaft waren aus Sicht der geistigen Väter dieser kapitalistischen Wirtschaftsordnung genauso legitim wie eine gezielte Förderung vor allem kleiner und mittelständischer Betriebe (Müller-Armack 1990, S. 120 f.).

Der Erfolg der Sozialen Marktwirtschaft gab den Gründern dieser neuen Wirtschaftsordnung Recht: Das wirtschaftlich am Boden liegende Deutschland schaffte es gemäß dem Credo Ludwig Erhards *„Wohlstand für alle"* (so der berühmte Titel seines Buches, vgl. Erhard 1957), die Nachfrage der Bürger*innen nach den täglichen Dingen des Lebens durch permanentes Wachstum zu befriedigen. Fast jeder Haushalt konnte sich durch viele neu geschaffene Jobs und eine hohe Nachfrage nach Arbeitskräften und das damit verbundene Einkommen wieder mehr leisten. Alleine die Erstausstattung an den nötigsten Gütern des Lebens wie etwa eine Waschmaschine, ein Radio, Mobiliar, Textilien etc. schufen eine beispiellose Nachfrage nach Produkten, auf die die Deutschen lange verzichten mussten und die dadurch wiederum sichere Arbeitsplätze schufen. Das sogenannte *„Wirtschaftswunder"* ließ fast alle Deutschen kollektiv zu einem gewissen materiellen Wohlstand kommen. Kaum ein Haushalt ohne diese Grundausstattung an Dingen des Lebens, viele sogar mit einem VW Käfer, das sichtbare Zeichen des Wohlstands in den Fünfziger Jahren in Deutschland (mein Vater liebte seinen ersten Käfer in diesen Jahren sehr). Alfred Müller-Armack hatte auch seine sozialpolitischen Zielsetzungen mit dieser kapitalistischen Wirtschaftsform durchgesetzt (Müller-Armack 1990, S. 157):

> *„Wir verschreiben uns damit nicht einer fühllosen Organisationsform, sondern können gewiß sein, auf dem Weg dahin unseren sozialen und ethischen Überzeugungen folgen zu können."*

Der Kapitalismus in Form der Sozialen Marktwirtschaft, so kann man die Erzählung zusammenfassen, schuf durch das ständige Wachstum und die soziale Abfederung vor allem in Deutschland einen Wohlstand, der in seinem Höhepunkt Ende der Sechziger Jahre tatsächlich für (fast) alle möglich war. Wie aber geht dagegen die andere Erzählung, die Geschichte von der Unvereinbarkeit des Kapitalismus mit der Umwelt, der Ausbeutung der Menschen und der wachsenden Ungleichheit? Ist es tatsächlich so wie Ulrike Herrmann in ihrem neuesten Buch schreibt (Herrmann 2022, S. 15): *„Der Kapitalismus ist faszinierend, hat aber* *keine Zukunft."* Und wenn dem tatsächlich so ist, was kommt danach? Beantworten wir die Frage vor dem Hintergrund der aktuellen wirtschaftlichen Entwicklung in Deutschland.

Bereits vor der Pandemie kam der Wohlstand nicht mehr bei allen Teilen der deutschen Bevölkerung an (vgl. Pietsch 2022, S. 88 ff. und die dort jeweils zitierte Literatur): Gemäß dem 5. Armutsbericht der Deutschen Bundesregierung gelten in Deutschland 13 Mio. Menschen als arm, was einem Anteil von 15,7 % an der Gesamtbevölkerung anbetrifft. Das entspricht einem *Anstieg von drei Prozentpunkten* im Vergleich zu 2002. Die Armutsgrenze beginnt dort, wo man nur noch fünfzig Prozent des durchschnittlichen Einkommens zur Verfügung hat. In Deutschland lag die Armutsgrenze 2018 bei einem Single bei einem monatlich verfügbaren Einkommen von 1135 €. Die Armut betrifft vor allem alte und kranke Menschen, Arbeitslose, Alleinerziehende, kinderreiche Familien oder generell natürlich Arbeitnehmer*innen mit niedrigen Löhnen. *Im reichen Deutschland müssen 500.000 Kinder täglich hungern. 860.000 Menschen in Deutschland sind offiziell ohne gemieteten Wohnraum!* Die inoffiziellen Zahlen der Wohnungslosen dürften die Millionengrenze deutlich überschreiten.

Auf der anderen Seite der Einkommens- und Vermögenspyramide vereinen die obersten zehn Prozent der vermögendsten Deutschen rund zwei Drittel des Nettovermögens, d. h. des gesamten Vermögens abzüglich der Schulden, auf sich. Alleine das oberste ein Prozent in Deutschland hat ein Vermögen, das etwa 35 % des gesamten Nettovermögens entspricht. 1,5 % der erwachsenen Deutschen verfügen jeweils über ein Nettovermögen von mindestens einer Million Euro. Die Verteilung der Nettoeinkommen in Deutschland ist nach der Wiedervereinigung tendenziell ungleicher geworden (vgl. Pietsch 2022,

S. 93). Es geht mir hier *nicht darum, eine Sozialneiddebatte anzustoßen,* sondern nüchtern aufzuzeigen, dass das kapitalistische System nicht nur unverträglich mit der Umwelt sein soll, sondern auch erhebliche soziale Schieflagen produziert. Selbst wenn man sich der Meinung derer nicht anschließen mag, die den Kapitalismus abschaffen wollen, wird hier der Handlungsbedarf mehr als offensichtlich.

Jetzt könnte man ja sagen, in früheren Zeiten der Geschichte war es noch schlimmer: In den Hochzeiten der Feudalwirtschaft im Mittelalter mit der kleinen Schicht der vermögenden Adligen als Lehnherren des Königs und vielen leibeigenen Bauern ohne große Rechte oder zu Zeiten von Marx mit den in elenden Verhältnissen lebenden, ausgebeuteten Arbeiter*innen. *Natürlich geht es uns heute deutlich besser.* Wir leben in einem Sozialstaat, der zumindest die Ärmsten versorgt. Die medizinische Versorgung ist deutlich besser d. h. wir leben alle auch deutlich länger etc. Geschenkt. Doch kann es uns nicht zufriedenstellen, dass es früher noch schlechter war. Die Lage ist aktuell, im Winter 2022/2023, noch schlechter als vor der Pandemie. Grund sind die Energiekrise und die Folgen des Ukrainekrieges. Die Inflation liegt aktuell bei etwa zehn Prozent mit steigender Tendenz. Ein Ende ist nicht in Sicht, auch wenn sich zwischenzeitlich die Inflation geringfügig abgeschwächt hat. Energiepreise, vor allem Gas und Strom explodieren. Gerade (Stand Dezember 2022) haben die Haushalte die Vervielfachung ihrer Energiepreise von den jeweiligen Stadtwerken erhalten. Haushalte, die schon immer „auf Kante genäht" hatten, gehen wirtschaftlich unter trotz zahlreicher Entlastungen staatlicherseits. Aber es betrifft und das ist neu, nicht nur die Unterschicht der Hartz-IV bzw. künftig „Bürgergeld"-Empfänger, sondern *zunehmend die Mittelschicht.*

So kommt die Spiegel-Titelgeschichte vom 19.11.2022 (vgl. Book et al. 2022, S. 8 ff., hier zitiert S. 8) zu dem ernüchternden Befund, dass:

- die Miete etwa der Studentenwohnungen in Berlin gegenüber 2021 um *18 % angestiegen ist.*
- eine 70 m² große Wohnung *550 € mehr* an zusätzlichen Energiekosten pro Jahr für das Heizen benötigt.
- die Baukosten vor allem aufgrund gestiegener Rohstoffpreise um *60 % teurer* geworden sind und mittlerweile *4 % Zinsen* für ein Immobiliendarlehen mit einer Laufzeit von zehn Jahren fällig werden. Vor zwei Jahren lagen diese noch unter einem Prozent (vgl. Book et al. 2022, S. 13).

Die Konsequenz daraus ist, dass immer mehr Menschen in Deutschland sich *von dem Traum des Eigenheims verabschieden müssen* und wieder stärker auf eine Mietwohnung angewiesen sind. Was wiederum die Mietpreise ansteigen lässt. In den Metropolen in Deutschland ist die Lage für junge Familien aber auch für Doppelverdiener mit einem hohen Einkommen nahezu hoffnungslos: Ein Haus, geschweige denn eine bezahlbare Eigentumswohnung ist in beliebten Großstädten wie München oder Berlin kaum noch zu bezahlen. Wohl dem, der einer Generation angehört, die rechtzeitig vor Jahrzehnten zu noch einigermaßen erschwinglichen Preisen kaufen konnte. Sie werden im Sitzen reicher, während die jüngere Generation in die Miete ausweichen oder ganz weit außerhalb des Speckgürtels der Metropolen ziehen muss. Aber auch dort steigen die Preise immer stärker an. Homeoffice sei Dank. Den Mietern laufen die Mietpreise davon. Vor allem *im Alter wird das kaum noch zu bezahlen* sein. Die Preise der Immobilien machen aktuell nur eine Pause. Sie werden vor allem in diesen Metropolen weiter ansteigen, allein schon deshalb, weil allgemein nicht genügend neue Wohnungen (vgl. Book et al. 2022, S. 10) gebaut werden.

Wer profitiert denn also noch vom Kapitalismus, wenn selbst die (gehobene) Mittelschicht sich kaum noch etwas leisten kann? Es kann doch nicht sein, dass das *Wohlstandsversprechen der Sozialen Marktwirtschaft sich nur auf den immer kleiner werdenden Anteil der Oberschicht oder der oberen Mittelschicht konzentriert,* während alle anderen kämpfen müssen. Doch Wohlstand hat nicht nur materielle Facetten. Das Problem fängt schon damit an, dass die Wirtschaftsleistung heute fast ausschließlich anhand des Bruttoinlandsprodukts (BIP) gemessen wird. Eine reine materielle Größe, die die Wertschöpfung eines Landes aber nicht die Zufriedenheit seiner Mitbürger*innen misst. Dabei gibt es mittlerweile eine Reihe von *alternativen Messindikatoren,* die den Wohlstand eines Landes differenzierter erfassen und auch qualitative Faktoren mit einfließen lassen. Im Folgenden wollen wir uns ausgewählte Indizes in aller Kürze ansehen.

So existiert beispielsweise ein sogenannter *„Happy Planet Index"* (vgl. im Folgenden die sehr anschauliche Darstellung alternativer Indizes von Bergt 2022), der vor allem der Frage nachgeht, ob die Bewohner*innen eines Landes ein glückliches Leben in Rahmen der natürlichen Ressourcen führen können. Dabei spielen die Lebenserwartung, das subjektive Wohlergehen und der ökologische Fußabdruck eine Rolle. Der *Human Development Index (HDI),* ursprünglich von dem indischen Ökonomen *Amartya Sen* angeregt und als Wohlstandsindikator von den Vereinten Nationen (UN) jährlich veröffentlicht, kombiniert das Bruttonationaleinkommen pro Kopf mit der Lebenserwartung und der Bildung, gemessen anhand der durchschnittlichen Anzahl an Schuljahren der über 25-Jährigen bzw. erwarteten bei Schulanfänger*innen. Der HDI kann auch um eine ökologische Komponente ergänzt werden, etwa anhand der Kohlendioxidemission pro Kopf der Bevölkerung.

Einer der umfangreichsten Indikatoren ist der *Better Life Index,* der neben Arbeit, Bildung und Einkommen auch Faktoren wie Gesundheit, Lebenszufriedenheit, Mitwirkung an demokratischen Prozessen, Sicherheit, sozialer Zusammenhalt, Umwelt, Wohnen und die Work-Life-Balance umfasst. Im Gegensatz zu den anderen Indizes sind die Bewerter*innen dazu aufgerufen, die einzelnen Faktoren nach ihrer Bedeutung für das eigene Leben zu gewichten. Hier stehen Länder wie Norwegen, Island, Schweiz, Schweden und Finnland an der Spitze. Deutschland belegt gemäß diesem Index Platz 13. Gemessen am reinen Bruttoinlandsprodukt (BIP) liegt Deutschland dagegen hinter den USA, China und Japan auf Platz 4. Schließlich visualisiert ein sogenanntes *„Recoupling Dashboard"* die Wechselbeziehung zwischen sozialer Solidarität, individueller Handlungsfähigkeit, Umwelt und dem materiellen Wohlstand.

Unter dem Strich lässt sich feststellen, dass der Kapitalismus mit seinen wesentlichen Elementen des technischen Fortschritts, des privaten Unternehmertums und Eigentum an Produktionsmitteln, mit seinen Anreizen auf Gewinnerzielung bei freier Preisbildung und Wettbewerb den materiellen Wohlstand in der Vergangenheit gesteigert hat. Das Wachstum stößt sukzessive an eine natürliche Grenze, die uns die natürlichen Ressourcen setzt. Gleichzeitig hat die Ungleichheit massiv zugenommen und durch die Energiekrise und Inflation, werden schrittweise auch diejenigen abgehängt, die *sich heute im soliden Mittelstand befinden. Dies ist nicht* nur eine krisenbedingte Momentaufnahme, sondern zeigt eine systeminhärente Entwicklung des Kapitalismus, die vor allem auf die materielle Definition des Wohlstands gemessen am BIP zurückzuführen ist. Integriert man qualitative Faktoren wie Lebenserwartung,

5 Die soziale Frage und die Rolle des Staates

Bildung, glückliches Leben, ökologischen Fußabdruck, gelebte Solidarität etc. in einen *Wohlstandsindex,* dann werden die Probleme mit dem kapitalistischen System offensichtlich.

Dass der Kapitalismus in unterschiedlichen Ausprägungen von Skandinavien über die angelsächsischen Länder bis hin zu Deutschland nicht zwangsweise zu Wohlstand für alle führt und die Umwelt schont, ist klar geworden. *Dafür aber das gesamte System zu beseitigen ist keine Lösung:* Alternative Modelle wie die Planwirtschaft oder Mischungen daraus sind in der Vergangenheit nicht zu Unrecht gescheitert wie die Beispiele der damaligen DDR und der Sowjetunion eindrücklich zeigen (vgl. etwa Pietsch 2020, S. 82 ff.). Das wiederum bedeutet nicht, dass das heutige System der Sozialen Marktwirtschaft in Deutschland nicht verbesserungswürdig ist. Vor allem, wenn man sich die oben genannten Werte wie glückliches Leben, Bildung, ökologischer Fußabdruck und Solidarität ansieht. Die Themen Ökologie und Bildung haben wir bereits in den vorangegangenen Kapiteln 4 und 5 diskutiert. Vor allem das Thema der *gelebten Solidarität* untereinander, der ursprüngliche Kern der Sozialen Marktwirtschaft – wir erinnern uns an die sozialpolitische Zielsetzung Müller-Armacks (s. o.) – muss wieder ein stärkeres Gewicht in unserem Wirtschaftssystem erhalten. *Das Ende des Kapitalismus ist damit definitiv nicht erreicht.* Allerdings ein massives Umdenken!

Dazu braucht es einen *starken Staat,* der unterstützen kann. Doch welche Rolle müssen wir künftig dem Staat zuteilen? Und das nicht nur in Krisenzeiten. Sicherlich können wir nicht jedes individuelle und unternehmerische Risiko komplett vom Staat abnehmen lassen. Schließlich haben wir alle eine Eigenverantwortung, ebenso die Unternehmer*innen. Rettungsschirme oder Energiepreisbremsen wie zu Zeiten der Corona-Pandemie oder der aktuellen Energiekrise sollten eher die Ausnahme als die Regel sein. Oder doch nicht? Lassen Sie uns dieses Thema im folgenden Abschnitt näher untersuchen.

5.4 Die Rolle des Staates in der Krise

In der Krise sehnt sich die Bevölkerung nach den starken Armen des Staates. Eine aktuelle Umfrage der Meinungsforschungsagentur infratest dimap im Rahmen des ARD Deutschland-Trends vom September 2022 (vgl. Kinkartz 2022) hat ergeben, dass 81 % der befragten Deutschen Direktzahlungen des Staates für Menschen mit kleineren und mittleren Einkommen befürworten. 75 % begrüßen den Strompreis- und Gasdeckel. Fast genauso viele, 74 % sind für die Einführung eines 9 € Nachfolgetickets zur bundesweiten Nutzung des Nah- und Regionalverkehrs. 72 % sind für eine Erhöhung des Wohngeldes für Geringverdiener bzw. der Erweiterung der Bezugsberechtigung und 64 % finden eine Erhöhung der Pendlerpauschale gut. Gut jeder Fünfte, 22 %, fordert sogar, dass *alle Bürger von den staatlichen Leistungen profitieren.*

Bereits während der Corona-Krise haben wir alle erlebt, dass nicht nur milliardenschwere Rettungspakte für Unternehmen und betroffene Bürger*innen geschnürt, sondern auch staatliche Beteiligungen wie etwa bei der Lufthansa oder Finanzierungshilfen geleistet wurden (vgl. Pietsch 2020, S. 98 ff.). So rettete das Kurzarbeitergeld viele Unternehmen vor dem Konkurs oder half, tausende Stellen in den von Corona und den Lockdowns betroffenen Unternehmen zu erhalten. Liquiditätshilfen und Steuerstundungsmodelle halfen vor allem vielen kleinen und mittleren Unternehmen über die wirtschaftliche Talsohle hinweg. Zusätzlich verabschiedete die Bundesregierung einen als *„Doppel-Wumms"* bezeichneten finanziellen

Schutzschirm in Höhe von 200 Mrd. € für private Haushalte und Unternehmen, um die gestiegenen Gas- und Strompreise und die hohe Inflation abzufedern (vgl. Funk 2022). Dazu kommen noch die 100 Mrd. € Sondervermögen für die Bundeswehr, um die Einsatzbereitschaft der Truppe in den kommenden Jahren zu stärken und zu modernisieren. So sinnvoll alle diese Maßnahmen im Einzelnen sind (über deren Finanzierung lässt sich trefflich streiten, vgl. Funk 2022), so *stärken sie doch die Rolle des Staates* in der Marktwirtschaft. Angesichts der immer häufigeren Rufe der Bevölkerung nach aktiven Eingriffen des Staates, vor allem hinsichtlich finanzieller Beihilfen, drängt sich die Frage auf, welche Rolle dem Staat künftig beigemessen werden sollte.

Ursprünglich waren die Staatsaktivitäten auf die Felder begrenzt worden, in denen Privatpersonen oder Unternehmen nicht oder nur schwer tätig sein können (vgl. Pietsch 2020, S. 98 ff.). So wurden sogenannte *„hoheitliche" Aufgaben* wie der Schutz nach innen und außen durch die Polizei oder das Militär in staatliche Hände gegeben. Es ist leicht einzusehen, dass hier alles andere als ein staatliches Monopol verheerende Auswirkungen hätte: Man stelle sich eine private Armee vor, die von einigen Unternehmer*innen oder vermögenden Privatleuten organisiert und bezahlt würde, am besten mehrere miteinander konkurrierende. Der Willkür wäre Tür und Tor geöffnet. Gleiches gilt selbstredend für eine privat getragene und finanzierte Polizei. Sie soll alle Bürger*innen schützen und nicht nur ihre Auftraggeber*innen. Ausnahmen für private Sicherheitsdienste seien hier außen vorgelassen. Staatliche Stellen, Verwaltungsorgane wie Finanzbehörden, Ministerien etc. und Organe wie die Rechtsprechung durch Richter*innen und Staatsanwält*innen, die im Interesse der Bürger*innen des Staates ihre Urteile fällen, können ebenso wenig dem freien Spiel der Märkte überlassen werden. Diese Liste ist sicher nicht erschöpfend, zeigt aber exemplarisch die Notwendigkeit staatlichen Handelns und Eingreifens auf.

Darüber hinaus muss der Staat diejenigen Güter und Leistungen bereitstellen, die allen Bürger*innen zukommen sollen und für die sich kein Markt finden lässt: Die sogenannten *öffentlichen Güter*. Dazu zählen Parks, Museen, kulturelle Einrichtungen aller Art wie Oper, Theater, Schulen, Universitäten etc., die im Sinne des Gemeinwesens allen Bürger*innen kostenlos oder zu einem überschaubaren finanziellen Beitrag zugänglich sein sollten. Zur Finanzierung dieser öffentlichen Güter und der notwendigen Infrastruktur wie Straßen, öffentliche Gebäude etc. erhebt der Staat von seinen Bürger*innen Steuern je nach ihrer Leistungsfähigkeit: Je höher das Einkommen, desto prozentual höher die Steuern lautet die Idee der *progressiven Besteuerung*. Während diese staatlichen Leistungen relativ unstrittig sind, kommen weitere Bereiche hinzu, bei denen sowohl ein privates d. h. marktgesteuertes als auch ein staatliches Engagement möglich wäre (vgl. Pietsch 2020, S. 100 ff.).

So könnte man sich durchaus eine *stärker privat getragene Bildung* vorstellen wie sie beispielsweise in den USA stark verbreitet ist. Dort wird das staatliche Schul- und Universitätssystem durch zahlreiche private Bildungseinrichtungen ergänzt, die sich vor allem durch private Spenden, Stifter oder ehemalige Schüler*innen und Studierende, die sogenannten *Alumni,* finanzieren. In den USA gehören die namhaftesten Universitäten zu den privaten Universitäten wie Harvard, Princeton, Yale etc. Dort kommen vornehmlich die Kinder aus den vermögenden Haushalten zum Zuge und bleiben in diesem elitären System mehrheitlich unter sich (s. vor allem die Bevorzugung der Kinder von ehemaligen Studierenden, vgl. Sandel

2020, S. 258) trotz zahlreicher Stipendien für exzellente Studierende aus den ärmeren Schichten.

Der Trend ist auch in Deutschland verbreitet, wiewohl in geringerem Maße. Privatschulen sind auch hier im Vormarsch. *Gesellschaftspolitisch verheerend,* aus Sicht der Eltern (die es sich leisten können) nachvollziehbar, werden Kinder und Jugendliche aus dem staatlichen System herausgenommen und lernen mit ihresgleichen in privaten Schulen mit bestimmten Fokuspunkten auf Sprache, Kunst, Musik, Sport oder ähnliches. Da hilft es nur bedingt, wenn der Staat bzw. in Deutschland das einzelne Bundesland den verbindlichen inhaltlichen Kanon vorgibt, an den sich alle Schulen zu halten haben. Sicher kann man nicht alle private Schulen und Universitäten über einen Kamm scheren – vgl. etwa die unterschiedlichen inhaltlichen Schwerpunkte der *Cusanus Hochschule für Gesellschaftsgestaltung* mit dem Fokus auf Nachhaltigkeit und alternative Gesellschafts- und Ökonomiemodelle und die *WHU – Otto Beisheim School of Management,* die sich für Unternehmertum und Exzellenz einsetzt, beide in Koblenz verortet – aber die staatliche Hoheit sichert die allgemein verbindlichen Bildungsstandards ab. Zusätzlich sollte der Staat mit seiner Investition in die *Grundlagenforschung an den Universitäten* die Basis für Wissenschaft und Forschung legen, ohne die erfolgreiche Start-up Gründungen in den letzten Jahren nicht möglich gewesen wäre. Die staatliche Investition in die Bildung und Grundlagenforschung bildet die Voraussetzung dafür, dass neue Ideen und damit Unternehmen und erfolgsträchtige Geschäftsmodelle entwickelt werden können. Das hat bereits die am University College in London lehrende Professorin für Innovationsökonomie, *Mariana Mazzucato,* in ihren Büchern über den unternehmerisch agierenden Staat eindrücklich herausgearbeitet (vgl. Mazzucato 2021 und 2014).

Unzweifelhaft erscheint auch die *Rolle des Staates im Bereich Soziales*. Konkret existieren zahlreiche Unterstützungsleistungen für Menschen in Not, seien sie arm oder sozial schwach, krank oder Menschen mit Behinderung. Kinder erhalten ein Kindergeld, künftig wird es eine *Kindergrundsicherung* geben, von der vor allem die sozial benachteiligten Kinder profitieren werden. Es gibt Ausbildungs- und Studienbeihilfen für ärmere Kinder und junge Erwachsene aus ärmeren Schichten. Das neue *Bürgergeld* ersetzt die Hartz-IV-Sozialleistungen und soll neben dem grundsätzlichen Anreiz, selbst aus der wirtschaftlichen Misere herauszukommen, zumindest die Grundbedürfnisse abdecken. Inwiefern ein solches Bürgergeld „leistungslos" zu beziehen sein soll, ohne die arbeitende Bevölkerung schlechter zu stellen, und über wie viel „Schonvermögen" d. h. Eigenkapital jemand verfügen darf und dennoch das Bürgergeld bezieht, war lange Teil einer strittigen Diskussion ebenso wie potenzielle Sanktionen (vgl. Klasen 2022, auch zu den Details des Bürgergelds). Nach getaner lebenslanger Arbeit wartet eine Rente, die zum Teil selbst erarbeitet wurde und zum Teil von der jüngeren Generation erwirtschaftet werden muss. Die zunehmende Schieflage zwischen Einzahlern in die Rentenversicherung und dem Rückzahlbetrag und dem Eintrittsalter in die Rente (ab 67 oder noch später) kann nicht darüber hinwegtäuschen, dass die *Altersabsicherung vom Staat am besten gelöst ist.* Eine private Zusatzversicherung oder kapitalgedeckte Absicherung in Form von Aktienfonds oder gar vermieteten Immobilien ist eher eine Angelegenheit derer, die sich auskennen und das nötige Kleingeld dazu besitzen. Dennoch ist eine solche Zusatzabsicherung für das Alter als zweites Standbein sinnvoll. Aktuell wird auch an eine staatliche Aktienrente geplant, bei der der Staat eine Aktienrücklage (2023 sind 10 Mrd. aus dem Haushalt als Kapitalstock vorgesehen) bildet, die der staatlichen Rentenversicherung zugutekommen soll und die Rente auch der geburtenstarken Baby Boomer abdecken soll (vgl. Kirk/Hornickel 2022).

Der *Wohnbau* kommt ohne Investitionen von Privatpersonen und Unternehmen nicht aus. Vermögende Menschen in Deutschland aber auch in anderen Ländern stecken Teile ihres Kapitals in Immobilien, die sie vermieten und idealerweise auch an deren Wertsteigerung partizipieren. Gleiches gilt für Unternehmen, die ihre Renditeaussichten durch langfristige Investitionen in (Gewerbe) Immobilien zu steigern versuchen. Dies ist ein legitimes Unterfangen, das dafür sorgt, dass viele Wohnungen vor allem in den Metropolen gebaut werden, was dann natürlich wieder Wohnraum für die Bevölkerung schafft. Der staatliche Eingriff in den Wohnungsbau ist allerdings an zwei Stellen vonnöten: *Einerseits*, wenn nicht genügend bezahlbare Wohnungen gebaut werden d. h. Sozialwohnungen, die dann an sozial Bedürftige oder Menschen mit niedrigen Einkommen vergeben werden. *Wohnen ist ein Menschenrecht!* Jeder sollte daher ein Anrecht auf ein Dach über den Kopf haben! Die Bundesregierung plant daher, 400.000 neue Wohnungen pro Jahr zu bauen, davon 100.000 Sozialwohnungen (vgl. Gaul 2022). Bislang sind allerdings noch zu wenig gebaut worden (vgl. Book et al. 2022, S. 10). *Andererseits* muss verhindert werden, dass Wohnkonzerne oder auch Privatleute ihre Gewinne zu Lasten der Mieter*innen maximieren. Es kann also nicht sein, dass Mietpreise jährlich über einen Index hinaus ansteigen oder Mieter*innen aus ihren Wohnungen vertrieben werden, in denen sie schon jahrzehntelang leben. So manche(r) Senior*in ereilte das traurige Schicksal, nach einer Sanierung der Wohnung die dramatisch angestiegenen Mieten nicht mehr leisten zu können und im Alter eine neue Bleibe zu suchen (s. etwa den Fall der Senior*innen in Potsdam, vgl. Berliner Kurier 2021). So legitim das Interesse der Unternehmen oder der Privatleute ist, eine so hohe Miete wie möglich zu erzielen, muss der Staat auch gerade diese benachteiligten Bürger*innen im Kopf haben und die Interessen ausgleichen.

Als letztes Beispiel der staatlichen Aktivität zu Lasten der Marktwirtschaft soll das *Gesundheitssystem* in Deutschland dienen. In Deutschland, so scheint es, existieren zwei Gesundheitssysteme parallel zueinander: zu einem für die Mehrheit der Bevölkerung ein solidarisches gesetzliches Krankenversicherungssystem, dem jeder Arbeitende prinzipiell angehört und mit seinem Beitrag auch seine Familie mit versichern kann. Darüber hinaus existiert eine zweite Säule der Krankenversicherung, die privat getragen wird: Ab einem Einkommen von derzeit 64.350 € im Jahr kann jede(r) Arbeitnehmer*in die private Krankenversicherung wechseln (vgl. Der Privatpatient 2022, Zahlen für 2022). Er oder sie schließt dann einen Vertrag mit einer der zahlreichen marktwirtschaftlich arbeitenden Versicherungsunternehmen ab, die dann für einen bestimmten Beitrag und unter Anrechnung einer sogenannten Selbstbeteiligung die Arzt- und Krankenhausrechnungen übernimmt. Der Arzt rechnet dann direkt mit dem Patienten, der Patientin ab, die die Rechnung dann an die Versicherungsgesellschaft weiterleitet. Im Gegensatz dazu gibt es bei der gesetzlichen Krankenversicherung pro kassenärztliche Leistung einen Gebührenkatalog, der dann direkt abgerechnet wird. Die relativ hohe Einkommensgrenze, ab der die Versicherten selbst entscheiden können, wo sie versichert sein wollen, resultiert daraus, dass den finanziell abgesicherten Personen eher zugemutet wird, für sich selbst zu sorgen. Gleiches gilt übrigens für Beamt*innen, die ebenfalls privat versichert sind und einen staatlichen Zuschuss erhalten. Im Falle der niedrigeren Einkommen übernimmt der Staat die Vorsorgeverantwortung.

5 Die soziale Frage und die Rolle des Staates

So gut die Idee prinzipiell ist, so schlecht sind zum Teil die daraus resultierenden Konsequenzen für den einzelnen Bürger bzw. Bürgerin: Es existiert *de facto* eine *Zwei-Klassenmedizin*. Diejenigen, die es sich finanziell leisten können, suchen sich ihre Ärzte aus, zumeist den besten und erfahrensten (Chefarzt bzw. Chefärztin) pro Krankheitsbereich, bekommen häufig *sofort Termine ohne lange Wartezeiten* und werden nicht selten auch schneller im Wartezimmer durchgeschleust. Trotz aller Bemühungen, diese Unterschiede in der Terminvergabe zu verringern, bleibt die Schlechterstellung der Kassenpatient*innen prinzipiell bestehen. Die Gesundheitsvorsorge in Deutschland sollte keine Frage des Geldbeutels sein! Selbstverständlich kann sich jeder privat zusätzlich versichern. Die *Standardversicherung* sollte allerdings für alle gleich sein: Sei es privat oder gesetzlich getragen. Dem Staat ist es dann unbenommen, die finanziell Schwächeren zu subventionieren d. h. Kassenbeiträge zu übernehmen. Eine einheitliche Versicherung wäre so sowohl staatlich als auch privat möglich.

Der intellektuelle Erfinder der Sozialen Marktwirtschaft, der bereits erwähnte Alfred Müller-Armack, stellte bereits in seinem Grundlagenwerk zur Einführung der Sozialen Marktwirtschaft, „Wirtschaftslenkung und Marktwirtschaft", fest (Müller-Armack 1990, S. 103):

„*...und nicht zuletzt weist auch die Marktwirtschaft trotz ihrer durchgängigen Rationalität gewisse Konstruktionsfehler auf, die eine gelegentliche Reparatur, zum Teil auch eine gewisse konstruktive Abänderung erfordern.*"

Zu den „konstruktiven Abänderungen" zählte er die Gestaltung eines freien Wettbewerbs (vgl. Müller-Armack 1990, S. 103 ff.). Behinderungen des Wettbewerbs durch Kartelle, Monopole etc. seien ebenso zu unterbinden wie

Einzelmaßnahmen ohne über einen wirtschaftspolitischen Gesamtplan zu verfügen. Freie Preise als Knappheitsindikatoren seien sicherzustellen. Sogar staatliche Preisinterventionen seien zu vertreten *„angesichts von Preisschwankungen, denen keine produktionssteuernde Funktion zukommt"* (Müller-Armack 1990, S. 109). Die Bildung des Zinses unterliegt ebenfalls staatlicher Einflussnahme, um die Kreditexpansion zu begrenzen und die Wettbewerbsstruktur aufrechtzuerhalten (vgl. Müller-Armack 1990, S. 112). Als sozialpolitische Instrumente favorisierte Müller-Armack nicht nur den *Mindestlohn* auf Höhe des Gleichgewichtslohns (wo Angebot und Nachfrage am Arbeitsmarkt identisch sind), sondern auch die progressive Besteuerung, Kinderbeihilfen, Mietzuschüsse und Wohnungsbauzuschüsse. Diese Elemente sind heute in Deutschland so umgesetzt. Ob sie ausreichen, Stichwort *Höhe des Mindestlohns,* sei einmal dahingestellt. Federführende Aufgaben des Staates sah Müller-Armack ferner im Wohnungsbau, in der Förderung vor allem kleiner und mittlerer Unternehmen bis hin zu einer Steuerung der Betriebsformen (vgl. Müller-Armack 1990, S. 135) und die aktive Gestaltung des Außenhandels und der Geld-, Kredit- und Konjunkturpolitik. Am Ende seiner Überlegungen stellte Müller-Armack richtigerweise fest (Müller-Armack 1990, S. 157):

„Die Frage der volkswirtschaftlich zweckmäßigen Organisation ist heute zum Lebensproblem von Millionenbevölkerungen in Europa und der übrigen Welt geworden."

Abgesehen davon, dass wir uns die Frage einer *Neuausrichtung der Sozialen Marktwirtschaft* angesichts der ökologischen und ökonomischen Herausforderungen unserer Tage auch stellen sollten (vgl. u. a. Pietsch 2022), müssen wir die Rolle des Staates in der Wirtschaft neu justieren.

5 Die soziale Frage und die Rolle des Staates

Klar scheint geworden zu sein, dass der *Staat in Krisen auch künftig einen höheren Anteil am Wirtschaftsgeschehen haben wird.* Das wird nicht nur in der Anzahl der Rettungsschirme für Unternehmen und Privatleuten deutlich, sondern anhand der gezielten Finanztransfers an die Menschen mit unteren und mittleren Einkommen und Vermögen. Der Staat, das sind wir alle! Wir müssen auch künftig unseren solidarischen Beitrag dazu leisten, dass die Arbeitsplätze erhalten bleiben und die Bürger*innen in unserem Land ein menschenwürdiges Leben führen können: Nicht hungern, frieren, ein Dach über dem Kopf, eine ausreichende Gesundheitsvorsorge und eine gute Bildung.

Gerade in einem rohstoffarmen Land wie Deutschland ist die Bildung vor allem der jungen Menschen in Deutschland die Lebensversicherung für eine erfolgreiche Zukunft. Nicht alles muss der Staat alleine machen, *es hilft auch die Zivilgesellschaft,* also wir alle mit unseren Ehrenämtern, ökologischen Vorbildern für die Jugend. Im Mittelpunkt steht das Bild des eigenverantwortlich handelnden Menschen, der dann vom Staat unterstützt wird, wenn er nicht weiterweiß oder unverschuldet in eine ausweglose Situation gerät. Krisen wie die in der des Ukrainekrieges mit dem Energiemangel oder im Rahmen einer Pandemie gehören zu diesen Beispielen der unverschuldeten Situation. Hier muss und hier wird der Staat, also wir alle, künftig helfen müssen. Das sind wir unseren Mitmenschen gegenüber schuldig! Daher wird der Staat *in der Wirtschaft künftig eine bedeutendere Rolle spielen müssen.*

6

Künftige Entwicklungen der Globalisierung und Digitalisierung

> Um die Audioversion dieses Kapitels zu hören, klicken Sie auf den Link oder scannen Sie ihn mit der Springer Nature More Media App: sn.pub/3hzbvr

6.1 Gewinner und Verlierer der Globalisierung

Die Globalisierung ist kein neues Phänomen. Bereits in der Antike gab es einen länderübergreifenden Handel, der sich über die damals bekannte Welt erstreckte. Das Handelsvolk der Phönizier brachte mit seinen Schiffen heimische Waren an die entlegensten Orte und tauschte sie dort gegen andere Waren. Auch die Griechen und Römer trieben rege Handel und setzten Münzen als Tausch- und Wertbewahrungsmittel ein. Im Mittelalter gelangte die Augsburger Unternehmerdynastie der Fugger zu Ansehen und unermesslichen Reichtum durch den nahezu globalen

Handel und einem weit verzweigten Netz an Niederlassungen und Stützpunkten in aller Welt. Den Grund und die Vorteile des grenzüberschreitenden Handels hat der britische Ökonom mit portugiesischen Wurzeln, David Ricardo, in seiner *Theorie der komparativen Kostenvorteile* überzeugend dargelegt: Ein Land erzielt den maximalen Güterertrag, wenn es sich bei der Produktion auf das Gut konzentriert, bei dem die Arbeitskosten am geringsten sind und tauscht die übrigen Güter mit anderen Ländern. Diese *Spezialisierungsgewinne* gelten auch dann, wenn ein Land in der Produktion aller Güter höhere Arbeitskosten als ein anderes Land hat. Konzentriert sich dieses Land dann auf das Gut, in dem ihre Arbeitskosten relativ zu den anderen Gütern am günstigsten sind, lohnt sich der Tausch immer noch.

Diese etwas theoretische Definition lässt sich aber anhand eines einfachen Beispiels veranschaulichen (vgl. Pietsch 2022a, S. 91). Nehmen wir die USA und Deutschland als Beispiel. Unterstellen wir für dieses Beispiel, dass Deutschland sowohl bei der Herstellung von Autos als auch von Tablet-Computern geringere Lohn- und Materialkosten als die USA hätte. Nehmen wir weiter an, bei den Lohnkosten der Automobilproduktion läge Deutschland deutlich z. B. 30 % unter denen der USA, während die Lohnkosten bei den Tablets nur zehn Prozent geringer seien als in den USA. Eigentlich könnte Deutschland dann beide Güter günstiger herstellen. Dennoch würde sich der Handel für beide Länder lohnen. Deutschland könnte sich nämlich voll auf die Produktion von Autos konzentrieren und würde aufgrund der geringeren Kosten eine höhere Gewinnmarge erzielen als die USA. Da die Lohnkosten in der Automobilproduktion 30 % unter denen der USA liegen, wird dort (*ceteris paribus* d. h. alle anderen Faktoren konstant) in Deutschland relativ mehr Geld verdient. Durch die Konzentration auf das Produkt, das relativ mehr Gewinn erzielt, steigt der nationale Gewinn bzw. der Wohlstand. Mit dem zusätzlichen Geld können dann die Tablets aus den USA importiert und bezahlt werden. Im Gegenzug können sich die Amerikaner auf das Produkt konzentrieren, in dem sie relativ gesehen geringere Arbeitskostennachteile haben und profitieren von den relativ günstigeren importierten Autos, die sie mit den Handelsgewinnen der Tablets finanzieren können. Dass dieser Zusammenhang nicht trivial ist hat man an der Diskussion des damaligen US-Präsidenten Trump erkannt, der u. a. die überproportional hohen Importe deutscher Premiumfahrzeuge in die USA kritisiert, denen keine vergleichbaren Exporte gegenüberstehen. Die USA würden entsprechende Verluste einfahren. Dass aber beide Länder vom gemeinsamen Handel profitieren wurde schlicht übersehen.

„Schuld" an der Globalisierung hat auch das kapitalistische System, das nicht nur auf Wachstum, sondern auch auf Gewinnmaximierung angelegt ist. Wenn wir uns wieder des Start-up-Beispiels aus Abschn. 4.4 bedienen, werden wir relativ schnell feststellen, warum eine internationale und globale Ausbreitung der Unternehmensaktivitäten durchaus Sinn macht: Wachsen kann ein Unternehmen aus eigener Kraft vor allem durch neue Produkte oder Produktvarianten, wobei Produkte auch Serviceleistungen umfassen, den Einstieg in neue Branchen oder aber, indem ich *neue Zielgruppen und Kundensegmente* für meine Produkte erschließe. So kann es Sinn machen, bereits Kinder und Jugendliche mit einem Einstiegsheft „Dein Spiegel" an die Zeitschrift „Der Spiegel" heranzuführen. Bobby Cars oder Modellautos dienen als Einstieg in die Automarken oder Kindermode bereiten die Kids auf die Markenwelt der Erwachsenen vor. Die größte Hebelwirkung erzielt man vor allem durch eine internationale Expansion: Die Produkte können idealerweise in allen Ländern der

Welt angeboten werden analog Mc Donalds, Modelabels, Automarken, Tablets, Filme etc. Natürlich müssen die Produkte dem jeweiligen nationalen, zum Teil regionalen Geschmack, der Sprache und den (kulturellen) Marktgepflogenheiten angepasst werden – man denke etwa an die Kaltlandausstattung der Autos mit verstärkter Heizung und serienmäßiger Sitzheizung etc. Ferner bezieht ein Unternehmen die Teile des Produktes von den Lieferanten, die diese spezialisiert und kostengünstig herstellen: Halbleiter aus Taiwan, Batteriezellen aus China etc.

Die Globalisierung hat der Welt in den letzten Jahrzehnten einen unglaublichen Wohlstand beschert. Allerdings *nicht für alle Länder gleichmäßig*. Eine Bertelsmann-Studie (vgl. Petersen et al. 2020) hat ergeben, dass zwar alle Länder im Zeitraum von 1990 bis 2018 von der voranschreitenden Globalisierung profitiert haben, jedoch in unterschiedlichem Maß. So erzielte Japan den größten *Einkommensgewinn pro Jahr und Einwohner* mit 1790 € gefolgt von Irland (1610 €), der Schweiz (1590 €). Deutschland rangiert auf Platz 7 der Globalisierungsgewinner mit gut 1100 €. Am wenigsten haben vor allem die großen Schwellenländer wie Indien von der Globalisierung profitiert mit 24 € Einkommensgewinn pro Jahr und Einwohner und Nigeria (30 €) sowie China und Indonesien (unter 100 €). Natürlich muss man sich das unterschiedliche Ausgangsniveau der Einkommen pro Land ansehen. Dennoch profitierten die untersuchten Länder unterschiedlich von der Globalisierung.

Die Vorteile der Globalisierung liegen ebenso wie die Nachteile auf der Hand (vgl. Pietsch 2020, S. 295 ff.): Das Warenangebot wird vielfältiger, da jedes Land die entsprechenden Produkte, auf die sie spezialisiert sind bzw. die dort wachsen, anbieten kann: Erdbeeren und Orangen aus Spanien, Kiwi aus Australien, Mobiltelefone aus den USA, China, Halbleiter aus Taiwan oder Lithium aus dem

Kongo. Der globale Wettbewerb sorgt dafür, dass Unternehmen in der Suche nach den kostengünstigsten Materialien und Produktionsverfahren aber auch Lohnkosten auf entsprechende Niedriglohnländer ausweichen. Aus Sicht des/der Konsument*in wird eine vergleichsweise große Auswahl an Produkten einer Kategorie mit dem besten Preis/Leistungsverhältnis angeboten. Die Unternehmen können am Weltmarkt verkaufen, expandieren, fahren Gewinne ein und können entsprechend in Tochtergesellschaften und Produktionsstätten investieren. Damit werden *global Arbeitsplätze geschaffen.*

Die Vorteile der Globalisierung können sich aber schnell in Nachteile verwandeln. So haben wir alle schmerzlich miterleben müssen, dass die Pandemie mit den *kurzfristigen Lockdowns* und Grenzschließungen den internationalen Warenverkehr buchstäblich über Nacht zum Erliegen gebracht hat. Der russische Überfall auf die Ukraine und der damit begonnene Krieg hat den entsprechenden Ländern nicht nur unsägliches Leid beschert, sondern auch die Wirtschaft abgebremst. Zusätzlich wurden zu Recht *Wirtschaftssanktionen gegen Russland* beschlossen, die einen globalen Handel mit Russland nahezu untersagen. Bestehende Lieferketten mussten umgeleitet bzw. neu aufgesetzt werden. Drohende Handelskriege zwischen den USA und China aber auch die sehr angespannte Lage zwischen China und Taiwan zeigen sehr deutlich, *wie fragil die Globalisierung* vor allen in Zeiten der Krise ist. Der Brexit d. h. der Austritt Großbritanniens aus der Europäischen Union und damit aus den gemeinschaftlichen Wirtschaftsaktivitäten, hat ebenfalls gezeigt, dass *der weltweite Handel alles andere als selbstverständlich* ist. Zudem müssen die Auswirkungen des globalen Handels auf die Umwelt mitberücksichtigt werden.

So schön es sein mag, dass wir Lebensmittel oder Textilien und sonstige Produkte des täglichen Lebens aus aller Welt beziehen, so *schädlich sind die Transporte bezogen auf die globale CO_2-Emission.* Wieviel Schadstoffemissionen ließen sich einsparen, wenn Obst, Gemüse oder auch andere Waren nicht teilweise mehrfach die Welt umrundeten bevor sie bei uns auf den Teller gelangten bzw. zu uns nach Hause? Hört man sich im Lager der Globalisierungskritiker um, dann kommt man noch zu ganz anderen, radikalen Schwachpunkten der Globalisierung, denen *ich mich explizit nicht anschließe* (vgl. Pietsch 2020, S. 298 f.): So profitierten vor allem die internationalen Großkonzerne von der Globalisierung zu Lasten der kleinen und mittelständischen Unternehmen. Die „Billiglohnländer" würden unter extrem prekären Herstellbedingungen Waren für die Hochlohnländer produzieren. Der Gewinn würde mehrheitlich bei den reichen Industrieländern anfallen. Die ökologische Zeche zahlten diese Länder sowieso, da die energie- und emissionsstärksten Industrieländer die Umwelt verbrauchen, mit der die Schwellenländer dann leben müssen. Die Gewinne schöpften dann die Markenunternehmen wie Amazon, Google und Facebook ab, die aufgrund ihres Markennamens eine quasi Monopolstellung aufgebaut haben.

Zu den Profiteuren der Globalisierung gehörten entsprechend auch die Akteure am globalen Finanzmarkt, die Gewinne vor allem durch Spekulationen erzielen (u. a. Leerverkäufe oder Wetten auf ansteigende Preise am Lebensmittelmarkt) und international an den Finanzmärkten jonglieren. Anstelle von Investitionen in die Realökonomie bestehend aus den vielen kleinen und mittelständischen Unternehmen werde *globales Glückspiel* an den Aktienmärkten getrieben. Verlierer seien vor allem die 90 % der Normalverdiener, die im Zuge des globalen Lohndumpings d. h. im Wettbewerb um die niedrigsten Löhne in den Ländern, auf Lohnzuwächse weitestgehend verzichten müssten. Zudem würden die zusätzlichen Kapazitäten vor allem auf den Rücken der vielen Leih- und Zeitarbeiter bzw. Praktikanten ausgetragen. Selbst wenn man sich dieser extrem negativen Sichtweise auf die Globalisierung nicht anschließen möchte, müssen einzelne Schattenseiten sicherlich überdacht werden.

In der Summe können wir sicher zusammenfassen, dass die *Globalisierung* unter dem Strich zu einem *Zuwachs an Wohlstand* geführt hat, wenn man den Wohlstand rein materiell als Bruttoinlandsprodukt oder Einkommensgewinne pro Person definiert. Dabei wurden sicherlich viele Millionen Menschen vor allem aus dem Globalen Süden wie z. B. vielen Ländern Afrikas aus der absoluten Armut geholt. Auch viele Schwellenländer profitierten von dem weltweiten Handel, auch wenn die reichen Industrieländer hier überproportional stark gewonnen haben. *Für die Umwelt war die Globalisierung allerdings eine Katastrophe:* Der Transport von Waren aus aller Welt in alle Teile der Erde, nicht gezählt die teilweise mehrfache Umrundung des Globus von Bauteilen bis zur Endmontage, hat die CO_2-Bilanz dramatisch verschlechtert. Natürlich ist es sehr schwer, die Einkommensvorteile und Arbeitsplatzgewinne der Globalisierung *mit der ökologischen Bilanz abzugleichen*. Aber es liegt auf der Hand, dass inklusive der negativen ökologischen Bilanz die Globalisierung so nicht weiter gehen kann. Wenn sie überhaupt so weitergehen kann. Zweifel sind angesichts der noch nicht vollständig überwundenen Pandemie und der ökonomischen und ökologischen Krise angebracht. Werfen wir also einen Blick in die Zukunft der Globalisierung.

6.2 Die Zukunft der Globalisierung

Globalisierung ist mehr als nur der freie Verkehr von Waren und Dienstleistungen, Kapital und Menschen weltweit, sondern hat auch eine *weltweite Angleichung der Lebensstile* mit sich gebracht (vgl. Pietsch 2017, S. 65 f.). So finden sich überall auf der Welt die Fast Food Restaurants wie Mc Donalds, Burger King, Pizza Hut etc. Influencer wie *Kim Kardashian* oder Schauspieler*innen vor allem aus den USA sind zum Teil weltweit bekannt. Bücher werden in unzählige Sprachen übersetzt und sind zum Teil globale Bestseller wie die von *Michelle und Barack Obama*. Fernsehformate und Shows à la Big Brother oder Casting Shows gibt es mittlerweile in fast jedem Land der Erde. Luxusmarken wie Gucci, Moncler oder Dior haben längst ihren Siegeszug um den Globus angetreten und stehen für Luxus und üppigen Wohlstand der Reichen oder derjenigen, die sich von der Masse abheben wollen. Während viele Menschen auch in Deutschland täglich gegen die Inflation und die steigenden Lebenshaltungskosten kämpfen um zu überleben, laufen buchstäblich die Läger der Champagner-Hersteller leer (vgl. Der Spiegel/Nachfrageboom bei Champagner 2022). Die sozialen Netzwerke wie Facebook, Instagram, TikTok oder Messengerdienste wie WhatsApp oder Twitter mit ihrer Weltsprache englisch liefern die *globalen Kommunikationsplattformen,* die Nachrichten in Windeseile um die Welt jagen bzw. posten.

In der Geschichte der Globalisierung gab es im Wesentlichen *vier Phasen* (vgl. Fratzscher 2020, S. 156 ff.). Sie begann vor allem mit der industriellen Revolution, als die wesentlichen technischen Erfindungen wie die Dampfmaschine etc. erfunden und in größerem Maßstab eingesetzt wurden. Später kamen noch bedeutende Innovationen in der Produktions-, Kommunikations- und Verkehrstechnik hinzu. Eine Spitze erreichte die Globalisierung *in der ersten Phase* Ende des 19. und Anfang des 20. Jahrhunderts, als sich innerhalb weniger Jahrzehnte der Welthandel verdreifachte, das Kapital ungehindert grenzüberschreitend fließen konnte und viele Menschen vor allem aus Europa in die USA auswanderten (vgl. Fratzscher 2020, S. 157). Danach folgte eine *zweite Phase* der De-Globalisierung, da durch den Ersten bis hin zum Zweiten Weltkrieg der internationale Handel jäh unterbrochen wurde. Wie wir alle aus dem Geschichtsunterricht wissen, war zudem die Zeit zwischen den Weltkriegen geprägt von Nationalismus, Abschottung des heimischen Marktes und kriegsnaher Produktion und Wirtschaft. Jedes Land versuchte vor allem selbst wirtschaftlich über die Runden zu kommen, unterstützt von einer nationalistischen bzw. in Deutschland der nationalsozialistischen Ideologie. Dem folgte dann eine *dritte Phase* der Globalisierung mit seinem Startpunkt im Juli 1944 in *Bretton Woods,* einem kleinen Ort 900 km nordöstlich von Washington, an dem die Siegermächte des Zweiten Weltkriegs eine weltwirtschaftliche Ordnung für die Nachkriegszeit festgelegten. Zwar wurde der freie Handel von Gütern und Dienstleistungen erlaubt, was allerdings nicht für das Kapital oder die freizügige Migration der Menschen über Ländergrenzen hinweg galt. Gleichzeitig wurden dort international bedeutsame Institutionen wie die *Weltbank* und der *Internationale Währungsfonds* gegründet, die noch heute eine ausgewogene und faire Globalisierung sicherstellen sollen (vgl. Fratzscher 2020, S. 158).

Die *vierte Phase* der Globalisierung begann zu Beginn der 1990er Jahre nach dem Zusammenbruch der Sowjetunion. In dieser vierten Phase, auch „*Hyper-Globalisierung*" genannt, wurde der weltweite Kapitalverkehr freigegeben. Große Unternehmen und Konzerne wurden schrittweise auf der ganzen Welt tätig, auf der Suche nach immer neuen Absatzmärkten für ihre Produkte und Dienstleistungen. In der Konsequenz haben deutsche Unternehmen ihre Exporte in den letzten dreißig Jahren mehr als verdoppelt. Mit der wirtschaftlichen Verflechtung der Länder konnte die absolute Armut der Weltbevölkerung nahezu halbiert werden, von 30 % auf 15 %. Die Lebenserwartung stieg deutlich und sowohl das Gesundheits-, Bildungs- als auch das Sozialsystem in vielen Länder der Welt wurde erheblich ausgebaut (vgl. Fratzscher 2020, S. 159).

Seitdem ist viel passiert. Wir haben gerade eine weltweite Pandemie weitestgehend überstanden bzw. sind in der Auslaufphase. Hoffen wir, dass wir vor der nächsten globalen Pandemie verschont bleiben. Gleichzeitig befindet sich die Ukraine mit Russland in einem von Russland aufgezwungenen Krieg, der nicht nur unendliches Leid über die Bevölkerung bringt, sondern auch die Energieversorgung vor allem in Deutschland gefährdet. Während manche Experten bereits von einer *„erschöpften" Globalisierung* ausgehen (vgl. Hüther et al. 2018), sehen viele Beobachter eine Veränderung und Verlangsamung der Globalisierung, *„Slowbalisierung"* genannt (von slow=langsam, vgl. Steinhilber 2021). Steinhilber, Leiter des Referats Globale Politik und Entwicklung der Friedrich-Ebert-Stiftung, sieht vor allem *fünf unterschiedliche Trends* für die Zukunft der Globalisierung (vgl. Steinhilber 2021 und Pietsch 2022, S. 284 ff.):

1. Die Unternehmen haben während der Pandemie gesehen, dass Grenzschließungen von heute auf morgen passieren können und sie von wichtigen Lieferketten abschneiden können. Die traditionell global angelegten Lieferketten können im Falle von militärischen und pandemischen Krisen oder Konflikten nicht aufrecht-

erhalten werden. Folglich bietet es sich an, die globale Lieferkette verstärkt durch eine parallele, mehr aus lokalen und regionalen Lieferanten bestehende zu ersetzen (*„local for local"*). Es wird nicht immer möglich sein beispielsweise im Fall von Halbleitern, die überwiegend aus Taiwan kommen. Dennoch macht es sicher Sinn, *alternative Lieferketten aufzubauen und somit stärker zu diversifizieren.*

2. Wir haben in Abschn. 5.4 bereits gesehen, dass sich die Rolle des Staates in Rahmen der Pandemie aber auch in der Energiekrise geändert hat. *Der Staat muss zunehmend der Wirtschaft unter die Arme greifen* und darf sich nicht nur auf seine Funktion als Setzer von Rahmenbedingungen zurückziehen. Vor den Krisenzeiten reichte es aus, die Wirtschaftsform auszuwählen, mit seinen progressiven Steuern und dem Sozialhaushalt die soziale Balance zu halten versuchen, Wettbewerbspolitik und einzelne andere politische Felder zu betreiben wie etwa die Außenpolitik, Verteidigungspolitik etc. Heute sind *proaktive Eingriffe des Staates zugunsten aller Marktteilnehmer* nicht nur wünschenswert, sondern werden auch von einer Mehrheit der Bürger*innen dieses Landes zwingend erwartet. Wie bereits in Abschn. 5.4 erwähnt, sichert der Staat über einen milliardenschweren Rettungsschirm vor allem die kleinen und mittelständischen Unternehmen ab, führt eine Gas- und Strompreisbremse ein und muss zielgerichtet vor allem die Empfänger mittlerer und unterer Einkommen unterstützen. Diese Rolle wird der Staat sicher auch nach der Krisenzeit behalten, zumal es aufgrund zahlreicher globaler Krisensituationen (vgl. Kap. 2) mit hoher Wahrscheinlichkeit zu weiteren (ökonomischen) Herausforderungen kommen wird.

3. Die Erfahrungen der Pandemie haben gezeigt, dass ähnlich wie bei der Energiekrise die *ökonomischen Heraus-*

forderungen vor allem national zu lösen sind. Jedes Land in der Welt verfolgte eine unterschiedliche Strategie der Grenzschließung bzw. des Lockdowns. Manche Länder wie in Skandinavien oder auch in den Niederlanden ließen anfänglich ihren Bürger*innen relativ lange große Freiheiten, während andere Länder wie etwa China rigorose Lockdowns veranlassten und ganze Städte unter Quarantäne stellten. Maskenbeschaffung, Versorgung und Verteilung des Impfstoffs, Zahl und Lage der Impfstationen, *alles dies wurde mehrheitlich national geregelt.* Ähnlich die Energieversorgung: Während Länder wie Deutschland von der Gasversorgung aus Russland in stärkerem Maße abhängig waren, kompensierten Länder wie Frankreich die Mangellage verstärkt über die Nutzung der Atomkraft, die auch zum Teil an Deutschland exportiert wurde. Wieder andere Länder wie etwa die USA sind energietechnisch eher autark und sind auf andere Länder weniger angewiesen. Trotz aller Bemühungen um internationale Standards des Handels hat sich in Krisenzeiten herausgestellt, dass jedes Land selbst Vorsorge treffen muss, was die Globalisierung nicht unbedingt befördert hat.

4. Die *geopolitische Lage* und die politischen Ziele der einzelnen Staaten werden ebenfalls künftig stärker zum Tragen kommen. So könnte sich der Konflikt zwischen China und Taiwan sicher nicht nur zu einem politischen, sondern auch zu einem ökonomischen Konflikt ausweiten. Die USA und China kämpfen um ihren Platz in der globalen Ökonomie und sind sich u. a. in der Haltung zur Taiwan-Frage uneinig: Während China Taiwan als Teil ihres Territoriums ansieht und die Gefahr besteht, den Konflikt mit Taiwan militärisch zu lösen, will die USA die demokratischen Kräfte in Taiwan bestärken und deren Unabhängigkeit forcieren. Sollte es zu einem militärischen Konflikt kommen oder

die chinesische Regierung den nationalen Markt für den globalen Handel abschotten, dann *werden vielen multinationale Unternehmen Umsätze und Erträge abrupt wegbrechen.* Die Abhängigkeit etwa der Automobilindustrie aber auch anderer Unternehmen der Maschinenbaubranche vom chinesischen Markt ist enorm hoch. In vielen Unternehmen ist China bereits zum wichtigsten Auslandsmarkt avanciert.
5. Die *Zeiten des großen globalen Wirtschaftswachstums sind vorerst vorbei.* Selbst China, lange Zeit der große globale Wachstumsmotor, scheint auf mittlere Sicht nur noch in einstelligen Raten zu wachsen, wenn überhaupt. Neben den vielen harten Corona-Lockdowns, die in ganzen Landstrichen ökonomische Aktivitäten unmöglich machen, merkt man in China die Auswirkungen der jahrelangen Ein-Kind-Politik mit einer überalterten, mittlerweile schrumpfenden Bevölkerung und eine wachsende Staatsverschuldung.

Angesichts dieser Entwicklungen ist es kein Wunder, dass immer stärker von einer *De-Globalisierung* gesprochen wird. Vor allem die Zunahme protektionistischer Tendenzen, getrieben durch nationale politische Interessen und die Pandemieerfahrung lässt einen weiteren Rückgang der Globalisierung befürchten. Dennoch darf man die Bedeutung der Globalisierung vor allem für deutsche Unternehmen auch in Zukunft nicht unterschätzen (vgl. im Folgenden Textor 2022). So erzielten die 100 größten deutschen Unternehmen etwa 60 % ihrer Umsätze im Ausland, je nach Branche wie im Maschinenbau sogar bis zu 80 %. Umgekehrt halten aber auch ausländische Investoren 53 % der Aktien der Dax-Konzerne in 2021. Dies ist im Zuge einer globalen Verflechtung ein gutes Zeichen, wirft zum Teil aber auch *Grundsatzfragen auf wie das Beispiel des Hamburger Hafens gezeigt hat.*

Dort wollte die zum chinesischen Staat gehörende Reederei Cosco im Herbst 2022 für 65 Mio. € 35 % einer Tochtergesellschaft der Hamburger Hafen und Logistik AG (HHLA) erwerben (vgl. Löhr 2022). Durch solche Investitionen in die nationale Infrastruktur wird die Befürchtung bestärkt, wonach sich der ausländische, vor allem *chinesische Einfluss* auf den Hafenbetrieb und allgemein die Handelsschifffahrt in Deutschland erheblich erhöht. Verschiedene Ministerien der Bundesregierung inklusive des zuständigen Wirtschaftsministeriums waren dagegen. Der Erwerb wurde schließlich auf eine Beteiligung von 24,9 % reduziert, um eventuelle Mitspracherechte Chinas verhindern zu können (vgl. Der Spiegel 2022, Hamburger Hafen). Selbst die USA hatte sich in den Streit über den Einstieg der chinesischen Reederei am Hamburger Hafen mit eingeschaltet. Im sich abzeichnenden Handelskonflikt zwischen den USA und China werden solche symbolischen, aber dennoch auch strategischen Investitionen Chinas argwöhnisch beobachtet. Die Globalisierung wird sich künftig häufiger mit diesen *geopolitischen Fragen* auseinandersetzen müssen.

Trotz der De-Globalisierungstendenzen wird es zwar auch für ausgewählte Branchen zu weiterem Wachstum kommen (vgl. Textor 2022). Die Biotechnologie und die Agrarchemiebranche werden aufgrund der zunehmenden Weltbevölkerung und der Sorge um ausreichende Nahrung ansteigende Umsätze verbuchen können. Sogar die Automobilbranche wird nach Schätzungen weiterwachsen: So wird sich der globale PKW-Bestand gemäß einer Studie des Shell-Konzerns von aktuell gut 700 Mio. Fahrzeugen auf 1,4 Mrd. bis 2030 verdoppeln und bis 2050 sogar auf mehr als zwei Milliarden verdreifachen (vgl. Textor 2022). Dennoch werden sich die geopolitischen Bestrebungen der mächtigen Handelsstaaten wie China und die USA künftig noch viel stärker im Rahmen der Globalisierung bemerkbar machen.

So mahnt der Vorstandsvorsitzende der Wilo-Gruppe, ein multinationaler Technologiekonzern und Premiumanbieter von Pumpensystemen, Oliver Hermes, in einem Gastbeitrag der *Wirtschaftswoche*, vor dem zunehmenden Abkoppeln *("De-Coupling")* multinationaler Kooperationen (vgl. Hermes 2022). Es könne nicht alles national oder regional beschafft oder produziert werden. Die Entkoppelung globaler Handelsströme könne nicht ohne enorme Effizienz- und Wohlstandsverluste geschehen (vgl. Hermes 2022). Um dem entgegenzuwirken sei eine Alternative, zunehmend zu einem *„local for local"* überzugehen. Das heißt konkret, dass sich ein Unternehmen die Rohstoffe und Vorprodukte vor Ort beschafft, die für die Produktion im jeweiligen Land notwendig sind (vgl. Hermes 2022). So werden Rohstoffe und Vorprodukte für eine Produktionsstätte in den USA eher aus den USA beschafft, für China in China etc. Eine Entkoppelung der Wirtschaft von anderen Ländern bringe nicht nur die *De-Globalisierung* voran, sondern schaffe auch ein zunehmendes militärisches Konfliktpotenzial (vgl. Hermes 2022).

Es gibt also weiterhin *keine ökonomische Alternative zur Globalisierung*. Doch sie wird sich künftig ändern, *langsamer und weniger international* werden. Die internationalen Verflechtungen werden zunehmend durch ein lokales und regionales (Lieferanten-)Netzwerk ergänzt werden müssen. Wir müssen künftig vor allem darauf achten, dass die heutigen Verlierer der Globalisierung, vor allem im Globalen Süden, künftig stärker von ihr profitieren. Damit am Ende nicht nur diejenigen Länder und Unternehmer davon profitieren, die sowieso bereits auf der Sonnenseite des Lebens stehen.

6.3 Konsequenzen der Digitalisierung

Wir Babyboomer, also diejenigen, die in Deutschland zwischen den Jahren 1955 und 1964 geboren wurden, sind alles andere als digital aufgewachsen. Verabredungen mit Freunden liefen über die Schule oder über das Analogtelefon zu Hause. Das Fernsehen verfügte über drei bis vier Programme und sendete nicht den ganzen Tag. Die Musik kam von Schallplattenspielern und Vinyl-Platten oder aus Kassettenrekordern. *Ilja Richter* präsentierte die neuesten Hits in seiner Sendung „Disco" und hatte lange Zeit nahezu eine Monopolstellung. Videospiele gab es zwar schon, sie steckten aber noch in den Kinderschuhen und waren keine Straßenfeger. Das Leben spielte sich *draußen auf der Straße* ab. Man spielte Fußball oder Räuber und Gendarm oder andere analoge Spiele. Das Leben war nicht besser oder schlechter als heute, nur anders. Seitdem hat sich viel getan. Das Leben ist deutlich digitaler geworden.

Kaum ein Kind oder Jugendlicher kommt heute ohne „*Smartphone*" aus, ein Handtelefon, das über eine Reihe von intelligenten Zusatzfunktionen verfügt und neben dem Telefonieren noch über viele weitere Möglichkeiten der Kommunikation verfügt. So kann man neben dem mittlerweile schon zum Standard entwickelten elektronischen Mailen vor allem die sozialen Netzwerke und Kurznachrichtendienste wie Instagram, Facebook, TikTok oder auch Twitter nutzen, um möglichst zeitnah und in kurzen Formulierungen persönliche Kommentare in der Welt abzusetzen. Durch den Einsatz der englischen Sprache als global verwendbarem Kommunikationsmittel erreicht man in Millisekunden Leser*innen auf der ganzen Welt. Wichtig ist in dieser *Aufmerksamkeitsökonomie,* dass man pointiert formuliert, zum Teil auf Kosten sämtlicher mitteleuropäischer Höflichkeitsformen, und vor allem so viele

Follower wie möglich an sich bindet. Die Kommunikation über die digitalen Medien ändert sich mit der Form: So kritisieren Harald Welzer und Richard David Precht zurecht, dass der zentrale Zweck der Kommunikation via Twitter die *Personalisierung* darstellt, vor allem in der Form der Herabwürdigung oder, im positiven Fall, in der Form des *Hypens* der jeweiligen Person (vgl. Precht/Welzer 2022, S. 221). Das Schlimme daran sei, so die beiden Autoren, dass die deutschen Leitmedien eine solche wenig faktenbasierte und zum Teil kontextwissensfreie Kommunikation insgesamt übernähme. Dadurch *glichen sich die Meinungen immer mehr an,* vor allem vor dem Hintergrund eines Belohnungssystems, das sich in Klickzahlen, Reichweite und dem Zuspruch der Kolleg*innen bemesse (vgl. Precht/Welzer 2022, S. 241).

Selbst der Grandseigneur der Sozialphilosophie, Jürgen Habermas, meldet sich zu den digitalen Medien zu Wort. In seinem neuesten Buch zum *neuen Strukturwandel der Öffentlichkeit* beschreibt er die Veränderungen der Kommunikation, die sich durch die digitalen Medien ergeben (Habermas 2022, S. 44 und 45):

> *„…Sie verändern auf radikale Weise das bisher in der Öffentlichkeit vorherrschende Kommunikationsmuster. Denn sie ermächtigen alle potentiellen Nutzer prinzipiell zu selbständigen und gleichberechtigten Autoren. Die „neuen" unterscheiden sich von den traditionellen Medien dadurch, dass sich digitale Unternehmen diese Technologie zunutze machen, um den potentiellen Nutzern die unbegrenzten digitalen Vernetzungsmöglichkeiten wie leere Schrifttafeln für eigene kommunikative Inhalte anzubieten … () … Der egalitäre und unregulierte Charakter der Beziehungen zwischen den Beteiligten und die gleichmäßige Autorisierung der Nutzer zu eigenen spontanen Beiträgen bilden das Kommunikationsmuster, das die neuen Medien ursprünglich auszeichnen sollte.*

Dieses große emanzipatorische Versprechen wird heute zumindest partiell von den wüsten Geräuschen in fragmentierten, in sich selbst kreisenden Echoräumen übertönt."

Im Klartext kann jeder Mensch, so er Zugang zu den sozialen Netzwerken hat, an der Kommunikation teilnehmen und hat eine eigene Stimme. Niemand zensiert die Beiträge weder nach Themen- noch nach Wortwahl. Es zeichnet sich vor allem die Tendenz ab, sich den Foren und Kommunikationsgruppen anzuschließen, die der gleichen Meinung folgen und *verfestigen sie damit zu einer Ideologie.* Rechte und Querdenker finden dort ebenso ein Forum wie Linksradikale, die auf dem anderen politischen Spektrum unterwegs sind und sich gegenseitig in ihrer Weltsicht bestätigen. Zusätzlich haben sich in den sozialen Medien Meinungsführer gebildet, die zum Teil weltweit ihre Anhänger*innen, sprich: Follower, begeistert mitnehmen und in ihrer Sicht auf die Dinge beeinflussen. Dabei kann der Weg zur Berühmtheit verschiedene Wege gehen: Entweder die *Influencer,* wie die Meinungsführer*innen in den sozialen Medien genannt werden, sind bereits in der analogen Welt Stars wie etwa die Fußballer Ronaldo und Messi oder sie werden es erst im Netz. Ronaldo und Messi teilen mit ihren Millionen von Followern aus aller Welt ihr luxuriöses Leben, ihre Tagesabläufe, ihre Hobbies, Urlaube und Lieblingsgerichte etc. Andere wiederum werden als „*Petfluencer"* berühmt, da sie ihr Leben mit den Haustieren so clever vermarkten, dass sie eine große Fangemeinde aufbauen können. Wieder andere meistern bekannte Videospiele so virtuos, dass sie mit ihren Instagram-Posts oder *YouTube-Kanälen* hunderttausende von ihrem Hobby begeistern können.

Fernsehen findet *on demand* statt d. h. dann, wenn man gerade die Zeit dafür findet. Die Tagesschau, die zu Zeiten der Babyboomer ganze Generationen auf das Sofa bannte, findet nun zu jeder Tages- und Nachtzeit statt. Der ARD- oder ZDF-Mediathek etc. sei Dank. Filme werden über Amazon oder Netflix zum Teil exklusiv *gestreamt* d. h. im Internet angesehen. Die Kinos sind nur noch zu gemeinschaftlichen Events geworden, die man durch einen gemütlichen Abend zu Hause auch ersetzen kann. Podcasts werden häufig in Ergänzung aber auch statt des Radios verfolgt. Man hat dabei das Gefühl, dass die Protagonisten der Podcasts direkt bei einem zu Hause auf dem Sofa sitzen und *zu einem persönlich sprechen.* Es schafft eine vertraute Atmosphäre, die zum Zuhören aber auch zum Mitdiskutieren einlädt. Bücher werden allerdings nur zu einem geringen Anteil elektronisch über ein elektronisches Lesegerät oder eine App gelesen, ein Programm für ein Smartphone, das verschiedene Prozesse und Funktionen elektronisch darstellen lässt. Vielfach können Bücher auch als Audioversion oder als vorgelesene Variante z. B. auf der Autofahrt gehört werden. Musik kommt von Streamingdiensten wie Spotify aus dem Internet, das mithilfe der Künstlichen Intelligenz anhand der Lieblingssongs immer neue, geeignete Lieder vorschlägt und so zu einem schier unerschöpflichen Reservoir an Musik führt.

Während der Pandemie wurde uns die Bedeutung der Digitalisierung noch deutlich klarer bewusst: Im *Homeoffice* und im *Homeschooling* lernten wir die online-Kommunikation über technische Formate wie Skype, Zoom oder Teams schätzen und gewöhnten uns daran, unsere Kolleg*innen und Klassenkamerad*innen nur noch virtuell auf dem Bildschirm anstelle live und persönlich zu sehen. Der Unterricht fand am Bildschirm statt, ebenso wie berufliche und private Meetings online durchgeführt wurden. Es funktionierte größtenteils, wiewohl sich an den Schulen aber auch in ausgewählten Unternehmen vor allem zu Beginn noch viele an den Prozess gewöhnen und sich alles noch einspielen musste. Die im digitalen Umfeld immer häufiger benötigte Software wird nun in *agilen Teams*, bestehend aus wenigen Softwarespezialist*innen, unter der fachlichen Führung eines *Product Owners* entwickelt, die den (Software)Elefanten in Scheiben schneiden und schrittweise liveschalten. Die methodische Unterstützung liefert ein *Scrum Master*, der die Hindernisse beseitigt und das (Feature)Team durch alle Höhen und Tiefen des Entwicklungsprozesses steuert.

Die Digitalisierung während der Pandemie hat aber auch gezeigt, dass die *sozialen Unterschiede im digitalen Zeitalter eher größer als kleiner werden:* So war Homeschooling prinzipiell für alle möglich. Doch unterschieden sich die Familien nach der digitalen Ausstattung und Hardware wie Computer oder Laptop und entsprechendem Internetanschluss oder WLAN, das alles Geld kostet und gerade Familien mit niedrigen Einkommen vor große Herausforderungen stellte. Da die Lehrer*innen nicht in allen Fällen Wert darauflegten, dass die Schüler*innen in ihren Hausaufgaben online begleitet wurden, mussten die Mütter und Väter unterstützen. Aber nicht alle Eltern sind in der Lage und haben die Fähigkeiten oder die Zeit, ihren Nachwuchs als *Hilfslehrer*innen* zu Hause fachmännisch anzuleiten. Abgesehen davon, dass in den ärmeren Familien die Platzverhältnisse häufig kaum ausreichen, eine ruhige und spannungsfreie Lernatmosphäre sicherzustellen. Das Homeoffice war auch nur den Berufsgruppen vorbehalten, die über einen Bürojob verfügen und entsprechend von zu Hause aus arbeiten konnten. Pfleger*innen und Ärzt*innen im Krankenhaus war das genauso wenig möglich wie den vielen Handwerker*innen oder Arbeiter*innen in den Produktionshallen. Hier waren die Büro- und Geistesarbeiter*innen klar im Vorteil. Diese Berufsgruppen sind häufig auch *in den oberen Gehaltsgruppen* zu finden.

Die Digitalisierung ist platt gesagt nicht nur der konsequente Einsatz des Digitalen in Form des Internets und der Codierung sämtlicher bislang analoger Geschäftsprozesse. Ob ich heute einen Flug oder eine Reise elektronisch buche oder mich online am Einwohnermeldeamt registriere oder sonstige Erledigungen online tätige: Dies alles beschreibt bestenfalls die *Hardware der Digitalisierung*. Die Prozesse laufen dann künftig schneller und online ab. Das Resultat bleibt aber digital wie analog das Gleiche: Ich habe am Ende des Prozesses eine Reise gebucht oder einen Einkauf getätigt etc. Den großen Unterschied wird künftig die maschinelle Intelligenz spielen. Der Einsatz der *Künstlichen Intelligenz (KI)* setzt vor allem auf historischen Daten auf und versucht mithilfe intelligenter Algorithmen Muster in den Daten zu erkennen, um diese in die Zukunft fortzuschreiben. So beschreibt der international renommierte KI-Forscher Kai-Fu Lee vier Wellen der Künstlichen Intelligenz (vgl. Lee 2018, S. 104 ff.):

1. *Welle: Internet-KI*
   Diese erste Welle existiert bereits seit über 20 Jahren und beschreibt die intelligente Vorschlagsfunktion der KI auf Basis des individuellen Suchverhaltens. Wir kennen dieses alle durch unsere Amazon-Suchen: Wer jemals ein Buch über Amazon bestellt hat, der weiß, dass ihm ein ähnliches Buch oder mehrere Bücher als nächstes zum Kauf angeboten werden. Bestelle ich z. B. ein Buch des antiken Philosophen Aristoteles, dann werden mir andere Werke von ihm angezeigt oder die seines Lehrers Platon oder weitere Werke antiker Philosophen. Je nach meiner Netflix-Suche werden mir weitere Filme ähnlichen Genres und Bewertung angezeigt oder YouTube Filme vorgeschlagen.

2. *Welle: Business-KI*
Hier wird die Künstliche Intelligenz für unternehmerische Prozesse eingesetzt, wie etwa die Prüfungen zur Kreditwürdigkeit von Bankkund*innen, oder Versicherungen können anhand von Fitnessdaten der Kund*innen die Gesundheitssituation für die Krankenversicherungsbeiträge ermitteln. Fahrzeugnutzungsverhalten können über KI analysiert werden und bei der Verlängerung oder dem erstmaligen Abschluss einer Kfz-Versicherung genutzt werden (vorausgesetzt, der Kunde/die Kundin hat vorher sein/ihr Einverständnis zur Übermittlung der Daten gegeben). Dermatolog*innen können mithilfe der hinterlegten Datenbanken und der Künstlichen Intelligenz Melanome (schwarzer Hautkrebs) mit höherer Trefferwahrscheinlichkeit ermitteln und Buchhalter*innen und Jurist*innen können Standardbuchungen oder rechtliche Analysen KI-gestützt vornehmen lassen.
3. *Welle: Wahrnehmungs-KI*
In dieser Phase der Entwicklung der Künstlichen Intelligenz ist es bereits möglich, wahrgenommene Bilder und Geräusche wahrzunehmen und entsprechend zu interpretieren. Bereits heute ist eine solche Spracherkennungssoftware im Einsatz, was man z. B. bei *Alexa* von Amazon oder *Siri* bei den iPhones erkennen kann. Dort kann alleine über die Stimme eine Eingabe bzw. eine Bestellung erfolgen. Nach dem gleichen Prinzip funktioniert die Gesichtserkennung, die es nicht nur erlaubt, Smartphone-Bildschirme darüber freizuschalten, sondern auch Zugänge zu Gebäuden zu gewähren. Ähnlich funktioniert die Personenerkennung als Gefahrenmeldung im Auto und dient bereits als Grundlage für ein späteres *autonomes Fahren*. Wenn man einen Schritt weiterdenkt, könnte man sich auch Sprachassistenten beim Einkauf vorstellen, etwa einen *sprechenden Ein-*

kaufswagen, der uns auf Basis unserer Produktvorlieben bzw. Preisvergleichen im Einkauf berät. In der Schule eingesetzt, könnte die Gesichtserkennungssoftware dem Lehrpersonal auch mitteilen, welcher Schüler, welche Schülerin anhand der individuellen Mimik mit dem Stoff eher über- oder unterfordert ist. Ob eine solche Anwendung der KI, wiewohl technisch möglich, auch tatsächlich sinnvoll ist oder die Grenzen des ethisch gewollten oder erlaubten überschreitet, steht allerdings auf einem anderen Blatt Papier.

4. *Welle: autonome KI*
In der vierten und letzten Welle der Künstlichen Intelligenz wird die Maschine in die vollkommene Autonomie entlassen. Analog der menschlichen Intelligenz wird die KI dann in der Lage sein, alle Außeneindrücke der Umwelt wie Geräusche, Wahrnehmungen, aus hinterlegten historischen Daten z. B. des Einkaufsverhaltens autonom auszuwerten und selbstständig Schlüsse zu ziehen. So wird es künftig für ein autonom fahrendes Fahrzeug essentiell sein, Fußgänger*innen oder auch Tiere auf der Fahrbahn rechtzeitig zu erkennen und auszuweichen bzw. abzubremsen. Sämtliche Verkehrssituationen werden so in ihrer Komplexität in Sekundenbruchteilen analysiert und mit der jeweils angemessenen Reaktion versehen werden müssen. Dafür wird eine schier unglaubliche Anzahl an unterschiedlichen Informationen gleichzeitig verarbeitet werden müssen. Der Mensch begibt sich damit zumindest zum Teil in die Abgängigkeit von Maschinen und Algorithmen.

Die Anwendungen für die KI sind nahezu grenzenlos und haben gerade erst begonnen, ihre Einsatzfähigkeit in vielen Bereichen des täglichen Lebens, auch der beruflichen Praxis zu erproben. Vor kurzem erst wurde die nächste Stufe der Künstlichen Intelligenz gezündet (vgl. Lobo

2022): Die künstliche Intelligenz bekommt einen Namen, sie heißt *ChatGPT* (https://chat.openai.com/chat) und schreibt eigenständig (journalistische) Texte, beantwortet Fragen aus allen Wissensgebieten und ist allen kostenlos zugänglich, sofern man sich vorher registriert hat (basierend auf der sogenannten Open AI-Technologie, vgl. Lobo 2022). Obwohl die aktuelle Generation von *ChatGPT* zum Teil noch falsche Antworten gibt (so z. B., dass Donald Trump nicht mehr wiedergewählt werden kann, da er bereits die zweite Amtszeit hinter sich hat, was erkennbar falsch ist, vgl. Lobo 2022), werden spätestens die neuesten Versionen GPT4 ff. für alle Menschen greifbar und relevant werden (vgl. Lobo 2022).

Darüber hinaus wird es künftig mithilfe von KI möglich sein, Waldbrände selbsttätig mit Drohnen aus der Luft zu löschen, Erdbeeren anhand der Rotfärbung in ihrem Reifegrad zu erkennen und dann entsprechend zu ernten. Auch in den kreativen Bereichen des menschlichen Lebens gibt es zahlreiche Einsatzgebiete. Da die KI-Technologie auf der Analyse und Bewertung von Millionen von Einzeldaten beruht, könnten neue Gedichte auf Basis unzähliger historischer Ansammlungen geschrieben, Musikstücke komponiert oder Bilder gemalt werden. Kleinere Texte journalistischer Art zu verfassen wird genauso möglich sein (konkret ausgeführt am Beispiel eines Textes *ChatGPT* mit Sascha Lobo, vgl. Lobo 2022) wie die Analyse von Texten aller Art, um z. B. Gerichtsurteile oder medizinische Diagnosen aufzubereiten. Die Einsatzpotenziale der KI sind nahezu unüberschaubar.

Auch Unternehmen werden sich künftig verstärkt mit den Einsatzbereichen der KI beschäftigen. Gemäß einer Studie von Bitkom e. V. (vgl. Bitkom 2021) zur KI von 2021 setzt die Mehrheit der befragten Unternehmen bereits auf die KI-Technologie: 69 % halten KI für die wichtigste Zukunftstechnologie und konkret planen bereits

24 % der Unternehmen größere Investitionen in die KI. 26 % der Unternehmen halten die KI-Welle allerdings für übertrieben und den Nutzen für überschätzt. Als Gründe für die derzeitige geringe oder (noch) Nicht-Nutzung nannten die Unternehmen vor allem das *fehlende Fachpersonal*, Zeit und Geld für Investitionen in diese neue Technologie. KI kann allerdings vor allem dort eingesetzt werden, wo Mitarbeiter*innen von Routineaufgaben befreit werden und sich qualitativ anspruchsvolleren Themen widmen können. Als gutes Beispiel dient hier der Rekrutierungsprozess von Unternehmen. So kann die KI bereits aufgrund der eingespeisten Mitarbeiter*innen-Profile und Daten aus der Menge der Bewerber*innen diejenigen herausfiltern, die mit ihrem Profil in der Vergangenheit erfolgreich rekrutiert wurden und so den Kreis der potenziellen Gesprächspartner*innen für die Einzelinterviews mit der Personal- und Fachabteilung auf wenige chancenreiche begrenzen.

Die kanadischen KI-Forscher Agrawal, Gans und Goldfarb haben allerdings zurecht darauf hingewiesen, dass beim Einsatz der KI in Unternehmen noch deutlich Luft nach oben ist (vgl. Agrawal et al. 2022). So mahnen sie u. a. einen *systemischen Einsatz der KI* anstelle eines nur punktuellen, aufgabenbezogenen (vgl. Agrawal et al. 2022, S. 95). Zwar werden bereits einzelne Aufgaben etwa im Gesundheitswesen von der KI übernommen u. a. Diagnose, ausgewählte Operationen, Patient*innenüberwachung und persönliche Therapievorschläge. Das volle Potenzial der KI lässt sich aber, so die drei KI-Experten, nur ausschöpfen, wenn man einen *systemischen Ansatz* („the system mindset") wählt und alle Elemente miteinander verbindet. Demzufolge können die kompletten Prozesse wie Training des Pflegepersonals, Hinweise zur Durchführung der Pflege bis hin zu Fragen der Vergütung KI-gesteuert vorbereitet und dadurch ergänzt werden. Die *Pflege an sich ist Menschensache* und sollte es natürlich auch bleiben! Dennoch kann die KI-Technologie künftig noch mehr übernehmen als bisher. *Wir sind erst am Anfang der Entwicklung.*

Wo Licht ist, ist aber auch Schatten. Vor allem drei Fragen drängen sich rund um den Einsatz der Künstlichen Intelligenz auf (vgl. auch Pietsch 2022, S. 217):

1. Analog des Aufkommens von Produktionsrobotern bzw. im 19. Jahrhundert von Maschinen im Arbeitsalltag stellt sich die berechtigte Frage, was der immer umfassendere Einsatz der KI für die Menschen und ihre Arbeit bedeutet. Konkret gefragt: Wenn zahlreiche Routinetätigkeiten nun künftig effizienter mit Hilfe der KI erledigt werden können, *was bedeutet das für die Jobs* der heute dort noch tätigen Arbeitnehmer*innen?
2. Vielfach wird die Künstliche Intelligenz mit der menschlichen verglichen (vgl. u. a. Wengeler 2019). Sicher hat jede Form der Intelligenz ihre Stärken, sodass sie idealerweise miteinander kombiniert werden. So besticht die menschliche Intelligenz vor allem durch die Kreativität und die Flexibilität gepaart mit der (Lebens- und Berufs-)Erfahrung der handelnden Personen, während die KI datengestützt systematisch und effizient arbeitet. Gerade bei unerforschten, neuen Gebieten überwiegt die Stärke der Kreativität und der Erfahrung, während bei Routinetätigkeiten und einer vorliegenden ausreichenden Datenmenge die KI ihre Vorteile hat (vgl. Wengeler 2019). Können wir aber von der *Künstlichen Intelligenz analog der menschlichen selbstständige moralische Entscheidungen* abverlangen?
3. Die KI benötigt für ihre Funktionsfähigkeit eine riesige Menge an unterschiedlichen Daten, die nach bestimmten Mustern ausgewertet, strukturiert und zur Entschei-

dung herangezogen werden. Nehmen wir eine durch KI erstellt medizinische Diagnose als Beispiel. Ist es wirklich unkritisch zu sehen, dass Algorithmen *Millionen von Patient*innendaten verarbeiten,* auch wenn es zum Wohl aller ist und damit aufgrund einer zuverlässigeren Diagnose eine zielgerichtetere medizinische Behandlung ermöglicht wird? Was passiert mit allen diesen Daten mit denen die Maschinen „gefüttert" werden? Lassen Sie uns im folgenden Kapitel abschließend auf diese und weitere Fragen rund um die Digitalisierung eingehen.

6.4 Maßnahmen zur Optimierung der Digitalisierung und Globalisierung

Wenn wir uns über die Konsequenzen der KI auf die Arbeitsplätze vor allem in Deutschland Gedanken machen, dann müssen wir sicher *unterschiedliche Kategorien von Jobs* unterscheiden. So differenziert der US-amerikanische KI-Experte Kai-Fu Lee vier Arten von Jobs, auf die KI mit unterschiedlichen Grad und auf verschiedene Weise einwirkt (vgl. Lee 2018, S. 155 ff.): Einerseits muss man die Arbeiten, *die eine physische Präsenz erfordern* von denen unterscheiden, bei denen das *nicht der Fall* ist. Dies ist uns spätestens zum Zeitpunkt der Pandemie schmerzlich bewusst geworden. Man kann die Abgrenzung sehr leicht danach vornehmen, ob der Job im Homeoffice online möglich gewesen ist oder nicht. Wir erinnern uns alle an den heldenhaften Einsatz der Pfleger*innen, die durch keine Technik dieser Welt zu ersetzen gewesen wären (unabhängig von der menschlichen Wärme und dem Trost, die sie gespendet haben!). Gleiches gilt für die Arbeiter*innen in der Produktion oder Logistik, deren persönliche Anwesenheit zu ihrem Jobprofil gehört. Man stelle sich mal eine Produktion ohne die vielen tatkräftigen Menschen am Band vor! Roboter können auch heute die Arbeit nicht alleine verrichten.

Als zweites wesentliches Unterscheidungskriterium bei den Jobkategorien trennt Lee die Arbeiten, die *routinisiert und wiederholt ablaufen,* sogenannte repetitive Tätigkeiten, von denen, die eine *kreative Intelligenz erfordern* und häufig auf Einzelfallentscheidungen basieren. Gerade repetitive Tätigkeiten, die nicht unbedingt eine physische Präsenz erfordern, sieht Lee vom Wegfall massiv bedroht. So könnten Jobs in der Fehlerdiagnose, die Arbeit von Radiolog*innen, Steuerberater*innen und Versicherungssachbearbeiter*innen auch mehrheitlich von der KI erledigt oder zumindest maßgeblich unterstützt werden. Ähnliches gilt für Schaltermitarbeitende in einer Bank, Erntehelfer*innen oder Qualitätskontrolleur*innen am Band. Natürlich ist es nicht so, dass alle Berufe, die sich mit der Texterstellung beschäftigen, etwa Journalist*innen, Rechtsanwält*innen, Steuerberater*innen etc. komplett wegfallen werden. Dennoch wird die KI dazu führen, dass viele Routinetätigkeiten und einfache Texte in Zukunft auch von der KI geschrieben werden könnten. So könnten sich z. B. Journalist*innen darauf konzentrieren, komplexere Sachverhalte inhaltlich aufzubereiten und zu kommentieren oder Steuerberater*innen sich auf die neuen Rechtsregeln konzentrieren, während die KI-Software sich mit den Routinetätigkeiten wie Lohn- und Einkommenssteuer beschäftigt. Die Frage ist allerdings, ob dies auch gesellschaftlich gewollt ist. Möglich wäre es sicherlich heute schon.

Dagegen dürfte unstritig sein, dass gerade Berufsgruppen, die nicht nur ein umfangreiches Vorwissen und Erfahrung benötigen, sondern auch *häufig Einzelfallentscheidungen* treffen müssen oder den sozialen Kontakt unabdingbar machen, nicht vom Jobabbau betroffen sind. So werden Vorstände und Geschäftsführer*innen auch künftig aufgrund ihrer breiten Erfahrung und der hohen Zahl an (strategischen) Einzelfallentscheidungen ebenso wenig vom Arbeitsplatzverlust betroffen sein wie Pfleger*innen oder Produktionsmitarbeiter*innen. Dennoch dürfte es unstrittig sein, dass viele geistige Routinejobs, die keine physische Präsenz erfordern (s. o.) ob kurz oder lang wegfallen werden. *Fast alle Jobs werden sich zudem durch den sukzessiven Einsatz der KI verändern* und werden vor allem hohe Anforderungen an die Kenntnis und den Umgang mit dieser neuen Technologie stellen.

Noch gibt es Diskussionen darüber, wie viele Stellen künftig durch die KI-Technologie wegfallen werden. Manche Studien wie die aus Oxford oder einzelne Unternehmensberatungen prognostizieren alleine für Deutschland einen *Wegfall von fast der Hälfte der heutigen Jobs in Deutschland* (vgl. Pietsch 2022, S. 220). Andere wiederum sind der Meinung, dass fast alle oder alle Jobs, die durch die KI wegfallen durch neue Jobs ersetzt werden. So geht eine Studie des Instituts der Arbeitsmarkt- und Berufsforschung von 2021 davon aus, dass durch die zunehmende Anwendung von KI und Roboterisierung etwa 490.000 Jobs in Deutschland verloren gehen. Gleichzeitig würden aber 430.000 neue Jobs geschaffen werden (vgl. Florijn 2021). Doch Job ist nicht gleich Job. Es fallen vor allem einfache Jobs weg, die wiederholt ablaufen und keine besondere Ausbildung voraussetzen. Neu dazu kommen allerdings Jobs rund um die Programmierung der Künstlichen Intelligenz, was wiederum eine entsprechende Ausbildung oder gar ein Informatikstudium voraussetzt. Die wegfallenden Stellen *können also nicht 1:1* gegen die neu gewonnenen gegengerechnet werden. So oder so wird die KI den deutschen aber auch den globalen Arbeitsmarkt durcheinanderwirbeln.

Was passiert aber mit den Menschen, wenn Millionen von Jobs entfallen und diese Negativszenarien zutreffen? Der Philosoph Richard David Precht empfiehlt für diese Fälle das *Bedingungslose Grundeinkommen (BGE)* in Höhe von 1200 bis 1500 € monatlich (vgl. Precht 2018, S. 129 ff. und Precht 2022, S. 327 ff.). Finanziert werden soll das Ganze dann über eine *Finanztransaktionssteuer* d. h. eine Steuer auf den Kapitalverkehr. Bereits eine marginale Transaktionssteuer in Höhe von 0,05 % würde analog eines Modells in der Schweiz bereits ausreichen, dieses BGE zu finanzieren. In der Diskussion über die Sinnhaftigkeit des BGE stehen sich allerdings Befürworter und Gegner streitig gegenüber (vgl. etwa Butterwegge/Opielka 2015):

Einerseits sorge das BGE dafür, dass sich die Menschen in ihrer Existenz abgesichert wissen und nur ihre Kreativität und Selbstverwirklichung freien Raum lassen könnten. Andererseits hebele es den Sozial- und Wohlfahrtsstaat aus, da mit dem Gießkannenprinzip alle Bürger*innen die gleiche Summe ausgezahlt bekommen, die wirklich Bedürftigen genauso wie die Multimillionäre. Ferner würde eine Leistung vom Staat gewährt ohne Gegenleistung der Bürger*innen einzufordern, was gerade bei der hart arbeitenden Bevölkerung nicht gut ankommt. Den Mangel könnte man allerdings beheben, indem man *Ausnahmen vom BGE* zulässt, je nach Einkommen und Vermögen oder viele Reiche ihren Anteil spenden. Wie dem auch sei, die Digitalisierung und die flächendeckende Einführung von KI in Deutschland und der Welt wird sicherlich dafür sorgen, dass solche Fragen verstärkt zu diskutieren sein werden.

Dier zweite Frage ist die nach den *moralischen Entscheidungen der KI*. Darf eine Maschine für den Maschinen Entscheidungen treffen. Berühmt in diesem Zusammenhang sind vor allem die Szenarien des autonom fahrenden Autos, das einen Unfall nicht mehr vermeiden kann und nur noch die Auswahl hat, *ob es zwei ältere Menschen oder fünf Jugendliche überfährt.* Wer soll dann überfahren werden, wenn bremsen und ausweichen in der Mitte nicht mehr möglich ist? Da jedes Menschenleben gleich viel wert ist, kann eine solche Entscheidung niemals Maschinen und ihren Algorithmen überlassen bleiben. Ähnliches gilt für die (Vor-)Auswahl von Mitarbeiter*innen anhand der Unterlagen mithilfe der KI. Dort ist ebenfalls sicherzustellen, dass die Maschine nicht auf Basis historischer Daten Bewerber*innen diskriminiert, etwa nach Geschlecht, Religion oder nationaler Zugehörigkeit. *Wir Menschen müssen immer noch die Kontrollinstanz der Maschine sein* und bleiben. Gleiches gilt für medizinische Diagnosen oder maschinell gefertigte Texte, die zwingend einer menschlichen Kontrolle unterliegen müssen. Der Mensch ist und bleibt das Maß aller Dinge. Es ist bestenfalls ein Zusammenwirken von Mensch und Maschine sinnvoll.

Schließlich ist auch der dritten Frage nach dem verantwortlichen Umgang mit sensiblen Daten nachzugehen. Die Harvard-Ökonomin Shoshana Zuboff hat in ihrem 2018 erschienen Buch zurecht vor der Gefahr eines *„Überwachungskapitalismus"* (vgl. Zuboff 2018) gewarnt: So hinterlassen wir überall im Netz, in den sozialen Medien und bei YouTube, Spotify oder Netflix, Amazon etc. unsere Datenspuren. Wer unseren Suchbewegungen bei Google mit unseren Käufen bei Amazon oder unserem Streaming von Serien bei Netflix, unseren gehörten Songs bei Spotify nachspürt und diese über einen längeren Zeitraum analysiert, kann sich sehr schnell ein *eindringliches Bild von unseren Lebensgewohnheiten und Vorlieben machen.* Entsprechend zielgenau können wir mit Werbemaßnahmen angesprochen werden oder gar unsere Daten zu Marketingzwecken verkauft werden. Wir müssen also auf allgemeine und länderübergreifende Regeln vertrauen können, die Antworten auf die Fragen geben: Welche Daten werden von wem zu welcher Gelegenheit wie lange gespeichert und vor allem, was passiert mit unseren Daten? Im Zeitalter der Digitalisierung sind dies sicher die drängenden Fragen, die wir lösen müssen. Ansonsten sind wir den Datensammlern oder auch böswilligen Hackern schonungslos ausgeliefert. Bei allen Vorzügen, die die digitale Ära der Menschheit bietet, müssen vor allem diese Herausforderungen dringend angegangen bzw. vertieft werden.

Wie ist neben der Digitalisierung die aktuelle Situation der Globalisierung und was können wir ferner tun, um deren negativen Folgen abzumildern? Konkret: Was müssen wir beachten, um dafür zu sorgen, dass die *Wohlstandsgewinne der Globalisierung bei möglichst allen Menschen ankomm*en? Ein Blick auf die aktuelle Lage des Hungers in der Welt lässt erkennen, wie viel Potenzial noch in einer gerechteren Globalisierung steckt. Gemäß den aktuellen Zahlen der Welthungerhilfe (vgl. Welthungerhilfe 2022) hungern immer noch 828 Mio. Menschen auf der Welt. *Alle dreizehn Sekunden stirbt ein Kind unter 5 Jahren an Hunger* und etwa jeder zehnte Mensch auf der Welt leidet an chronischem Hunger d. h. ist dauerhaft unterernährt. Gründe dafür gibt es viele, am offensichtlichsten ist der Mangel an Geld, um sich Lebensmittel und sauberes Trinkwasser zu besorgen und die ungenügende Gesundheitsversorgung. Vor allem südlich der Sahara und in Südasien leiden die Menschen in sehr hohem Maße an Hunger.

Die Ursachen der Hungerkatastrophe auf der Welt haben sich durch den Klimawandel noch einmal dramatisch verschärft (vgl. Welthungerhilfe 2022): So haben *Dürren und Überschwemmungen* Ernten großflächig und nachhaltig zerstört. Neben den fehlenden finanziellen Ressourcen tragen vor allem *Kriege und Konflikte* zu dem

Leid der Bevölkerung bei. Trotz weltweitem Handel entkommt die untere Milliarde der ärmsten Bevölkerung nicht der Hungerkrise. Entwicklungsländer exportieren vor allem Rohstoffe, können aber von den großen Gewinnen der Endprodukte nicht genug profitieren. *Die reichen Industrieländer, also wir alle, verbrauchen überproportional viele natürliche Ressourcen* wie Wasser, Boden und emittieren entsprechend viel CO_2 u. a. So verbraucht ein Mensch im Südsudan durchschnittlich 0,1 t CO_2 pro Jahr, in der Demokratischen Republik Kongo sogar nur 0,03 t, während es in Deutschland 7,7 t pro Person sind d. h. *mehr als 250mal so viel* wie in der Demokratischen Republik Kongo (vgl. Tagesspiegel 2022). Nicht umsonst haben sich die Länder, die im ägyptischen Scharm al Scheich an der Weltklimakonferenz 2022 teilgenommen haben, auf einen *Klimaausgleichsfonds* geeinigt. Diejenigen Länder, die am meisten unter der Schadstoffbelastung leiden aber nur geringfügig dazu beitragen, sollen von denjenigen Ländern entschädigt werden, die mehrheitlich zur Umweltbelastung beigetragen haben. Dazu gehören die reichen Industrieländer, u. a. die USA und Deutschland (vgl. Die Zeit, Weltklimakonferenz 2022). Die konkrete Höhe der Zahlungen ist noch nicht bekannt.

Gegen die *globale Armut helfen nur konkrete Projekte vor Ort,* wie sie u. a. die *Welthungerhilfe* initiiert und umsetzt (vgl. Welthungerhilfe Projekte 2022). So existieren Initiativen zur Förderung der Gleichberechtigung von Frauen in Uganda, Soforthilfen bei Überschwemmungen in Pakistan und Bangladesch. Wichtig ist auch, die lokale und regionale Wirtschaft zu unterstützen wie etwa im Norden Burkina Fasos, wo die Geflügelzucht mit professioneller Expertise auf neue Beine gestellt wird. Vielfach hilft es auch, *Ausbildungen zu verbessern* wie etwa in Kenia die Unterstützung zum Aufbau von Agrarwirtschaftsschulen oder zur verbesserten Vermarktung von Milcherzeugnissen.

Zahlreiche Strom- und Solarenergieinitiativen werden die Situation in den armen Ländern ebenso verbessern wie der Einsatz von Start-ups in Kenia, die zur Optimierung der Bildung, des Einkommens und der landwirtschaftlichen Erträge beitragen (vgl. Welthungerhilfe Projekte 2022). Vieles mehr ist denkbar.

In der Summe muss die *Globalisierung sozialer und nachhaltiger* werden. Wir müssen zumindest darüber diskutieren, inwieweit wir weiter auf ein System des ständigen Wachstums der Wirtschaft bei endlichen Ressourcen setzen. Eine Ökonomie, die auf Wettbewerb und Egoismus setzt anstelle eines Modells, das trotz aller Konkurrenzzwänge stärker auf eine Kooperation, Solidarität mit den Armen und Schwachen und Nachhaltigkeit setzt (vgl. auch Gebauer 2022). Ein globaler Handel wird in einer zunehmend unbewohnbaren Welt künftig immer aussichtsloser werden. Wir werden also in Zukunft die Globalisierung, so sie noch in der Intensität weiterlaufen wird (s. Abschn. 6.2), *neu denken müssen:* Die Auswirkungen unseres wirtschaftlichen Handelns auf der Welt werden wir genauso berücksichtigen müssen wie die Konsequenzen für die ärmeren Länder, des sogenannten Globalen Südens. Nur eine Globalisierung, die Wohlstand für alle in der Welt schafft – oder zumindest den Hunger besiegt – und die aufhört, die Umwelt zugrunde zu richten, sollte fortdauern können. Ansonsten schaffen wir nicht nur den globalen Handel ab, sondern auch uns selbst!

Welches Fazit ziehen wir nun am Ende unserer Überlegungen zum globalen Wohlstand und was können wir tun, um gerade diese Krisenzeiten gut zu überstehen? Gehen wir diesen Überlegungen nun im abschließenden Kapitel nach.

7

Wohlstand in Krisenzeiten

> Um die Audioversion dieses Kapitels zu hören, klicken Sie auf den Link oder scannen Sie ihn mit der Springer Nature More Media App: sn.pub/yxnq7i

„Über die unterschiedlichen Konjunkturlagen hinweg erhält der menschliche Fleiß, das Schaffen aller am Wirtschaftsprozess Beteiligten sowie der Drang und der Zwang zu einer ständigen Verbesserung unseres Produktionsapparates seinen ökonomischen Sinn und sozialen Inhalt durch die Eröffnung einer immer *besseren* und freieren *Lebensführung* für das *gesamte* Volk. Wir bauen keine ägyptische Pyramide zum Selbstzweck; nein, jede neue Maschine, jedes anlaufende Kraftwerk, jeder zusätzliche Arbeitsplatz und jedwede andere Mittel der Leistungssteigerung dienen in letzter Konsequenz der Bereicherung des menschlichen Seins aller im Bereich der sozialen Marktwirtschaft lebenden und schaffenden Menschen. Ich werde dabei nie müde werden, dafür zu sorgen, dass die Frucht des wirtschaftlichen Fortschritts immer breiteren und am Ende möglichst *allen* Schichten des Volkes zugutekommt." (Erhard 1957, S. 221).

Diese programmatischen Zeilen schrieb der damalige Wirtschaftsminister der noch jungen Bundesrepublik Deutschland und „Vater des deutschen Wirtschaftswunders", Ludwig Erhard, in seinem bahnbrechenden und auch heute noch äußerst lesenswerten Buch *„Wohlstand für alle"* (vgl. Erhard 1957). Erhard hat damit hellsichtig die Grundprinzipien moderner Ökonomie zusammengefasst, die letztlich für einen allgemeinen Wohlstand sorgen sollen: Der menschliche Fleiß, das Zusammenwirken aller am Wertschöpfungsprozess der Wirtschaft Beteiligten und vor allem die ständige Verbesserung aller Prozesse, vor allem derjenigen der Produktion. Vor allem der *freie und ungehinderte Wettbewerb* sorgt dafür, dass alle am Marktprozess Beteiligten sich bemühen, immer besser zu werden, sei es für effizientere Prozesse zu sorgen oder eine höhere Qualität zu produzieren. Dieses alles ist nur möglich durch den *technischen Fortschritt,* durch die *Kreativität der Menschen* und die Erfahrung aller am Prozess Mitwirkenden. Dieses ständige Bemühen soll letztendlich dafür sorgen, dass alle einen für sie geeigneten Platz in der Arbeitswelt finden und niemand hinten herunterfällt. So werden Produkte und Dienstleistungen geschaffen, durch deren Kauf das Leben leichter wird und alle einen gerechten Lohn dafür erhalten und der Wohlstand wächst. Zumindest sollte jeder Mensch ein auskömmliches Leben und die Grundbedürfnisse abgedeckt haben. Konkret sollte jeder zumindest über ausreichend Nahrung und sauberes Wasser, Kleidung und ein Dach über den Kopf besitzen. Auch dies ist für viele Millionen Erdenbürger heute nicht der Fall.

Doch im Laufe dieses Buches haben wir festgestellt, dass dies leider in den wenigsten Gegenden dieser Welt so heute gegeben ist und zudem dieser *Wohlstand weiter bedroht wird.* So haben wir gesehen, dass die Globalisierung vor allem den Globalen Süden wirtschaftlich abgehängt hat. Die Länder in großen Teilen von Afrika aber auch Südamerika leiden an der Armut, hungern zum Teil und werden durch die Unwetterkatastrophen heimgesucht, die sie *mehrheitlich nicht verursacht* haben. Die Profiteure der Globalisierung, vor allem die reichen Industrieländer, stehen ebenfalls vor großen Herausforderungen: Ihre Einkommen und Vermögen konzentrieren sich immer mehr auf die *oberen zehn Prozent,* oder noch viel extremer: auf *das eine Prozent der Reichsten* der Bevölkerung, die den Löwenanteil des Wohlstands auf sich vereinen, während die untere Hälfte kaum Vermögen hat und meistens sogar mit den Schulden kämpft. Angehörige der Unterschicht und der unteren Mittelschicht können heute auch in noch so reichen Ländern kaum wirtschaftlich überleben. Vom Sparen für das Alter ganz abgesehen.

Die *Mittelschicht* wird heute vor allem von der *Kombination verschiedener Krisen* getroffen: Nach einer zeitweiligen Erholung aus der ökonomischen Rezession in der Corona-Pandemie sehen sie sich der höchsten Inflation gegenüber, die es in diesem 21. Jahrhundert je gegeben hat: Die Lebenshaltungskosten steigen dramatisch, die Energiepreise steigen durch die Decke. Baukosten werden auch außerhalb der Metropolen immer unerschwinglicher. Wer heute noch nicht gebaut hat und kein Eigentum hat, der wird es sich zumindest in den nächsten Jahren kaum mehr leisten können. Es sei denn er gehörte zu den reichsten zehn Prozent. Zudem sind durch die hohen Energiepreise viele Jobs gefährdet, sei es in den zahlreichen energieintensiv betriebenen kleinen und mittleren Unternehmen wie etwa den Bäckereien. Sei es durch die Digitalisierung, die künftig viele Millionen Jobs alleine in Deutschland kosten könnte.

Darüber hinaus wird *die Welt politisch immer volatiler* d. h. es drohen internationale Krisen und Konflikte wie u. a. die zwischen China und Taiwan. Sollte dieser Konflikt sich zu einem *Wirtschaftskrieg zwischen den Systemen* ausweiten, also die westlichen Demokratien und Marktwirtschaften gegen China, dann wird es alle beteiligten Unternehmen treffen. Gerade die deutschen exportorientierten Unternehmen sind *sehr stark vom chinesischen Markt abhängig*. Ein Stottern des chinesischen Marktes oder gar eine systematisch angeordnete Abschottung Chinas würde automatisch große Teile der westlichen Marktwirtschaften bedrohen und den Wohlstand deutlich reduzieren. Der größte „*Wohlstandsvernichter"* ist allerdings die drohende Klimakatastrophe: Wenn wir sie nicht rechtzeitig aufhalten, wird sie weiter Ernten vernichten, Flutkatastrophen auslösen und die Erde schrittweise unbewohnbar machen.

Gleichzeitig scheinen die Krisen einer kleinen Oberschicht in den Ländern, vor allem den Industrieländern, nichts auszumachen. Im Gegenteil, sie profitieren eher davon. Die Anzahl der Millionäre und Milliardäre steigt kontinuierlich und die wichtigsten Champagnerproduzenten laufen auf Grund, weil alle ihre Vorräte bereits abgeräumt wurden (s. Kap. 6). Es soll hier nicht der untaugliche Versuch gestartet werden, *eine Neiddebatte loszutreten oder einen neuen Klassenkampf herbeizureden.* Letztlich geht es mir, und sollte es uns allen, um einen Wohlstand gehen, der gemäß der Devise Erhards „*allen Schichten des Volkes zugutekommt."* (s. o.) Dies ist aber in Deutschland und in vielen anderen Industrieländern heute immer weniger der Fall. Betrachtet man nur diejenigen, die von den ökonomischen Krisen nicht betroffen sind, dann bleibt nur noch eine dünne Oberschicht vor allem in den reichen Industrieländern übrig. Auch die wird aber *gegen die ökologische Katastrophe genauso machtlos sein wie alle Menschen* auf diesem Planeten. Es liegen große und komplexe Herausforderungen vor uns, die nicht mit einfachen und übersichtlichen Rezepten zu bewältigen sind. Was also, so ist abschließend die Frage, können wir dazu tun, den *Wohlstand wieder auf eine breitere Basis* zu stellen?

Zunächst ist Wohlstand für jeden Einzelnen von uns relativ: Manche sind froh, regelmäßig zu essen und trinken zu haben und neben der Kleidung auch ein Dach über dem Kopf und vielleicht noch ein wenig Geld übrig zu haben, um sich und den Kindern eine Freude zu machen. Das kann ein Eis oder eine Pizza beim Italiener um die Ecke sein, ein neues Kleidungsstück oder ein lang ersehntes Spielzeug. Andere wiederum träumen von einer eigenen Immobilie mit einem Garten, in denen die Kinder herumtoben können. Wieder andere träumen von einem exklusiven Auto oder einer aufregenden Weltreise. Die sogenannten *Frugalisten* (vgl. u. a. Wagner 2019), die es sich zum Ziel gemacht haben, möglichst bescheiden zu leben und viel Geld zu sparen, um ab *spätestens Mitte Vierzig nicht mehr arbeiten* zu müssen, haben andere Vorstellungen von ihrem persönlichen Wohlstand. Diese Träume setzen natürlich einen unterschiedlichen Wohlstand voraus. Die Ansprüche der Menschen im Sinne eines Wohlstands sind natürlich individuell verschieden. Wir können uns aber sicher darauf einigen, dass wir nur dann von einem gewissen Wohlstand sprechen können, wenn zumindest *die Grundbedürfnisse des Lebens abgedeckt sind* und noch Geld für die schönen Dinge des Lebens wie Reisen oder Hobbies allgemein übrigbleibt.

Vielfach wird der *„ungezähmte Kapitalismus"* (vgl. etwa Fielhauer-Resei/Resei 2014) für die Misere verantwortlich gemacht, dass zu viele Menschen auf der Verliererseite stehen, die Ungleichheit zunimmt und nur wenige von dem System profitieren. Dabei gibt es nicht eine Form des Kapitalismus, sondern mehrere Spielarten, an denen man sich in der Lösungssuche orientieren kann (s. Abschn. 5.3 und vgl. u. a. Pietsch 2020, S. 74 ff.). Ein Beispiel für eine soziale ausgewogenere Variante des Kapitalismus ist das *skandinavische Modell*. Die Skandinavier generell tendieren eher dazu, ihren Reichtum nicht nach außen zu zeigen und sich dadurch von der Masse abzuheben. Dem deutschen Begriff *„Sozialneid"* in etwa entsprechend, bringt das schwedische *„Jante"* das kulturelle Credo der Schweden ganz gut auf den Punkt: Jeder versucht, den Sozialneid gar nicht erst aufkommen zu lassen und sich eher dem Ideal der sozialen Gleichheit anzunähern. Die Arbeitszeiten sind familiengerecht relativ kurz, auch für Manager*innen, die Geschlechter sind vergleichsweise gleichberechtigt; die Kindererziehung ist im Abgleich zwischen Familie und Beruf immer Gemeinschaftssache.

Ein umfassendes Netz an Kindertagesstätten, den sogenannten *„Dagis"*, sorgt dafür, dass beide Elternteile auch beruhigt arbeiten gehen können. Das Gesundheitssystem basiert auf einer staatlichen Krankenkasse, die zwar durch eine private Zusatzversorgung ergänzt werden kann, aber im Wesentlichen allen die gleiche medizinische Behandlung angedeihen lässt. Diese staatlichen Leistungen werden entsprechend über überproportional hohe Steuern bezahlt. Mit Ausnahme von Norwegen liegt die Staatsquote in allen skandinavischen Ländern entsprechend nahe oder über der 50-%-Marke (vgl. Pietsch 2020, S. 75). Dies bedeutet, dass die skandinavischen Länder den *Wohlfahrtsstaat* mit seinen überproportional hohen Sozialleistungen, einer aktiven Forschungsförderung und einer hochwertigen, staatlich subventionierten Bildungspolitik *über die hohen Steuern finanzieren*. Die Länder Skandinaviens schneiden regelmäßig in den internationalen Bildungsstudien (PISA etc.) auf den vordersten Rängen ab. Die Einkommen der skandinavischen Bevölkerung sind nicht so weit gespreizt wie in anderen, etwa angloächsischen Ländern. Hinzukommen die hohen Steuern, die die bereits geringeren Einkommensunterschiede noch weiter nivellieren. Dies ist sicher ein Modell, das man sich näher ansehen sollte.

Eine weitere interessante Alternative bzw. Spielart könnte die sogenannte *„Gemeinwohlökonomie"* sein (Vgl. Felber 2018 und 2010 und Pietsch 2021, S. 348 ff.). Grundgedanke dieses ökonomischen Konzeptes ist es, *anstelle der Gewinn- und Nutzenmaximierung des Einzelnen mehr auf das Gemeinwohl* aller Bürger*innen einer Gemeinschaft zu setzen. Konkurrenz und Egoismus sollen der Idee nach ersetzt werden durch Kooperation und Solidarität. Was sich zunächst sehr abstrakt und esoterisch anhört, wird viel konkreter und anschaulicher, wenn man sich einzelne Elemente dazu genauer ansieht. So wird die rein materielle Zielgröße des Bruttoinlandsprodukts (BIP) zur Messung des Wohlstands durch das *Gemeinwohl-Produkt* ersetzt. Dieses setzt sich aus Faktoren wie Bedürfnisbefriedigung, Lebensqualität und Gemeinwohl zusammen. Ein nach diesen Prinzipien arbeitendes Unternehmen erstellt anstelle einer finanziellen Bilanz eine *Gemeinwohl-Bilanz.*

Diese wird dadurch beeinflusst, inwieweit die Prozesse aber auch die angebotenen Produkte ethisch, sozial und vor allem ökologisch verantwortlich hergestellt und vertrieben werden. Unternehmen mit einer entsprechend positiven Gemeinwohl-Bilanz, so die Idee, sollen Steuervorteile erhalten können. Andere Elemente wie die Einkommens- und Wachstumsbegrenzung gepaart mit strenger Arbeitszeitreglementierung sind nur schwer in der Praxis umzusetzen aber zumindest bedenkenswert. Es existieren heute zahlreiche Unternehmen, die nach dem Prinzip der Gemeinwohlökonomie arbeiten und entsprechend eine Gemeinwohl-Bilanz aufstellen, etwa die *Sparda-Bank* (vgl. Pietsch 2021, S. 391 ff.). Sämtliche Prozesse der Bank werden konsequent auf ökologische und ethische Optimierungen durchgesehen (so werden Lieferanten etwa schriftlich verpflichtet, bestimmte Umwelt- und Sozialstandards einzuhalten, für weitere konkrete Beispiele vgl. Pietsch 2021, S. 392/393).

In bestimmten Bereichen kann es Sinn machen, auch mit einem genossenschaftlichen Modell zu arbeiten. So existieren z. B. gerade im ländlichen Raum einige *Genossenschaften,* die gemeinsam neue Dörfer entstehen lassen, in denen alle Mitglieder gemeinsam für ihr Wohl sorgen (vgl. im Folgenden Köhler 2022). So haben Bewohner*innen der Genossenschaft *VitalLeben* knapp hundert Kilometer südwestlich von Berlin im brandenburgischen Bad Belzig ein eigenes Dorf errichtet, das sie gemeinschaftlich bewirtschaften. Gegen eine relativ geringe Nutzungsgebühr werden verschiedene Häusertypen gemietet, die dann von den Bewohner*innen exklusiv genutzt werden. Ansonsten wird vieles gemeinschaftlich geteilt: Von dem gemeinsamen Arbeitsbereich und der Küche über offene Werkstätten, Sporträume aber auch Kindertagesstätten etc. Anstelle eines (anonymen) Investors legen alle Genossenschaftsmitglieder zusammen und sind dann aber auch *gemeinschaftlich verantwortlich dafür, was in ihrem Dorf passiert.* In Deutschland gibt es bereits mehr als 7000 Genossenschaften, in denen sich mehrere Personen zusammengeschlossen haben, um sich gegenseitig wirtschaftlich oder sozial zu unterstützen und ein gemeinsames Projekt vorantreiben.

Selbstverständlich ist dies kein Modell, das für alle Bürger*innen in Deutschland oder auch für andere Länder übertragbar ist. Viele schreckt das gemeinsame Eigentum oder die basisdemokratischen Entscheidungen ab, erinnern sie doch (fälschlicherweise) viele Menschen an eine Kommune. Doch ist dieses Modell einer praktizierten Solidarität mit den abgeschwächten Eigentumsregelungen (außer dem eigenen Haus bzw. der Wohnung ist in diesem Modell alles Eigentum in gemeinschaftlicher Hand) ein mögliches Modell, in einer erschwinglichen Immobilie zu leben. Die allermeisten Menschen werden aber weiterhin nach dem Modell von Ludwig Erhard ihren Wohlstand erarbeiten wollen: *Mit Fleiß, Ausdauer, guter Bildung und harter Arbeit*. Den größten Anreiz, sich einen gewissen Wohlstand zu erarbeiten, bietet auch heute noch das marktwirtschaftliche Modell mit seiner Gewinnorientierung, dem Privateigentum vor allem in den Unternehmen und den freien Preisen und dem ungehinderten Wettbewerb. *„Das erfolgversprechendste Mittel zur Erreichung und Sicherung jeden Wohlstands ist der Wettbewerb"* (Erhard 1957, S. 7) wusste schon Ludwig Erhard. Doch: die Marktwirtschaft an sich, der Kapitalismus alleine ist nicht in der Lage, den Wohlstand für alle Bürger*innen eines Landes zu schaffen. Dazu braucht es *weitere Eingriffe des Staates* als dies bislang der Fall ist.

So war es sicherlich richtig, während der Corona-Pandemie und auch aufgrund der Auswirkungen des Ukrainekrieges für die deutsche Wirtschaft einen staatlichen Rettungsschirm aufzuspannen und sie entsprechend mit Milliarden zu unterstützen. Ähnliches gilt für den Energiefonds und die Gas- und Strompreisbremse. Es wird künftig aber nötig sein, an weiteren Stellschrauben zu drehen: Folgt man dem Lebenszyklus der Menschen, dann werden wir sicher an eine *Kindergrundrente* und eine Förderung von Kindern vor allem aus sozial schwachen Familien denken müssen etwa mithilfe von *Bildungsstipendien*. Es darf in Zukunft keinen Unterschied mehr machen, aus welchem Haushalt ein Kind kommt, wie die Eltern gebildet sind und wie groß deren Geldbeutel ist. *Einzig die Fähigkeiten des Kindes* gilt es zu identifizieren und gezielt zu fördern. Der Mindestlohn, der zu Beginn umstritten war aber sich mittlerweile bewährt hat, muss angesichts der Inflation sicher in regelmäßigen Abständen, zumindest *einmal im Jahr überprüft* werden müssen. Ferner sollten wir uns ernsthaft und ohne Vorurteile mit den Argumenten für und gegen ein Bedingungsloses Grundeinkommen (BGE) auseinandersetzen und eine *Expertenkommission* zu konkreten Empfehlungen kommen lassen. Schließlich müssen wir neben den generellen Lebenshaltungskosten auch die Mieten im Blick behalten, damit diese auch im Alter noch bezahlbar bleiben. Der schnellstmögliche *Ausbau von Sozialwohnungen* ist sicher ein Schritt von vielen, während sich der Mietendeckel zumindest in der pilotierten Variante nicht als zielführend herausgestellt hat. Wir müssen vor allem darauf achten, dass die *Altersarmut nicht weiter voranschreitet* und auch hier eine Grundrente hinsichtlich der inflationären Entwicklung in ihrer Höhe regelmäßig überprüfen müssen.

Vieles davon muss der Staat, also wir alle, solidarisch tragen. Aber nicht alles, was den Wohlstand auf eine breitere Basis stellt, muss zwingend vom Staat hergestellt werden. Bereits heute leistet die *Zivilgesellschaft,* die Gesellschaft der mündigen und einsatzbereiten Bürger*innen vieles, was die Leistungen des Staates wertvoll ergänzt. So sind z. B. die *Tafeln,* die Arme und Kranke in Deutschland mit den dringend benötigten Lebensmitteln versorgt, als gemeinnütziger Verein organisiert. Viele ältere Menschen lesen Kindern vor oder kümmern sich um die Benachteiligten dieser Gesellschaft. Auch Unternehmerdynastien wie etwa die Augsburger Kaufmannsfamilie der Fugger boten (und in der Nachfolge die Fugger-Stiftung, vgl. Vogler 2021) bzw. bieten kostenlose Sozialwohnungen bzw. zu einem symbolischen Mietpreis an. Die Fugger, einer der reichsten Kaufmannsfamilien Europas im späten Mittelalter, überließen seit 1521 etwa 150 bedürftigen Augsburger*innen 67 Häuser mit 142 Wohnungen zu einem symbolischen Jahresmietpreis. Heute zahlen die

Bewohner*innen an die Fugger-Stiftung 88 Cent Jahresmiete plus Betriebskosten. Dafür wird im Gegenzug erwartet, dass *drei tägliche Gebete* gesprochen werden (vgl. Vogler 2021). Es gibt viele Möglichkeiten, sich für die Gemeinschaft ehrenamtlich zu engagieren. Nicht alles muss staatlich organisiert und verordnet werden.

Doch eines muss auch klar sein, und an der Stelle hat Ludwig Erhard recht, der *Wohlstand, den der Staat verteilen kann, muss zunächst erarbeitet werden.* Eine Alternative zur marktwirtschaftlichen Ordnung, etwa hin zu einer planwirtschaftlichen Strukturierung der Wirtschaft, wird es nicht geben, wenn wir unseren Wohlstand behalten wollen. Was wir aber überdenken können ist, inwieweit wir dem skandinavischen Modell folgen wollen (oder uns zumindest annähern), das *höhere Steuern vor allem für die starken Schultern* vorsehen. Im Gegenzug stellen wir eine staatliche Infrastruktur bereit, die es z. B. Eltern mit kleinen Kindern ermöglicht, weiterzuarbeiten, wenn sie dies möchten. Es wird sicher nicht dazu kommen, dass wir eine staatliche Rundumversorgung sicherstellen. Das ist sicher auch nicht im Sinne der meisten Menschen, die hier leben. Es sollte zumindest die individuelle Wahlfreiheit existieren zu entscheiden, welches Gewicht künftig Arbeit und Freizeit und Familien spielen sollen. Ich habe bereits einige Aspekte dessen an anderer Stelle diskutiert, wie unsere Wirtschaft ethisch überdacht werden kann und möchte hier lediglich darauf verweisen (vgl. Pietsch 2022).

Wohlstand ist aber nicht nur rein materiell zu sehen. Es reicht heute nicht mehr, den Wohlstand nur am Bruttoinlandsprodukt pro Kopf zu bemessen d. h. an dem, was wir pro Kopf der Bevölkerung an Wertschöpfung und in der Konsequenz finanziellen Mitteln hervorbringen und zur Verfügung haben. Darüber hinaus wäre es heute viel zu kurz gesprungen, wenn wir Wohlstand nur am technischen Fortschritt, der höheren menschlichen Produktivität oder unternehmerischen Innovationen beurteilen wollten. Wir müssen unseren Wohlstand insgesamt überdenken (vgl. u. a. Pfuderer 2022): Neben den *materiellen* Wohlstandfaktoren wie Geld, Besitz und Vermögen müssen wir uns stärker mit den *sozialen und ökologischen Dimensionen des Wohlstands* auseinandersetzen. So hat die Glücksforschung herausgefunden, dass ab einem bestimmten Einkommen (je nach Studie bereits ab 75.000 Dollar im Jahr, vgl. Kahneman/Deaton 2010) die Menschen nicht mehr glücklicher werden. Das Land Bhutan misst in seinem *Happiness Index* vor allem Faktoren wie Nachhaltigkeit, Gesundheit und Lebensqualität (vgl. Pfuderer 2022). Dazu zählt nicht nur genügend Geld, sondern auch Zeit zu haben für die Familie, für sich und Freunde.

Gerade die junge Generation, die sogenannte *Generation Z*, ist nicht mehr (nur) auf der Suche nach dem „höher, weiter, schneller" in der finanziellen und Unternehmenshierarchie, sondern ist vor allem auf der Suche nach dem *Sinn ihrer Arbeit*. Man duzt sich, man hilft sich gegenseitig und Solidarität hat einen viel höheren Stellenwert bekommen als das egoistische Konkurrenzprinzip in letzter Konsequenz. Es mag noch viele geben, die diesen (legitimen) Traum haben, ganz nach oben in die gesellschaftliche und wirtschaftliche Pyramide zu gelangen. Doch ein Selbstzweck ist das nicht mehr. Die *Work Life Balance*, das mittlerweile schon fast abgedroschene Stichwort ist dieser Generation wichtiger denn je (vgl. etwa Schmid 2022). Sie nimmt berufliche Auszeiten (Sabbaticals), um gemeinschaftlich für die Kinder da zu sein und sie vor allem aufwachsen zu sehen. Freunde und Familie und die Zeit für sie werden mindestens genauso wichtig im Leben wie ein *sinnerfülltes Arbeitsleben*.

Arbeitgeber, die keinen Sinn mehr in ihrer Tätigkeit vermitteln können, werden den *„war for talents"*, den Kampf um die besten Nachwuchstalente verlieren. Wenn sie mal erfolgreich rekrutiert wurden, besteht ständig die Angst, sie sofort wieder zu verlieren. *„Quiet quitting"* ist das neue Stichwort: Der Nachwuchs im ständigen, latenten Kündigungsmodus (vgl. Schmid 2022). In den nächsten Jahren geht die bevölkerungsreichste Generation der *Baby Boomer,* in Deutschland die Jahrgänge 1955–1964, sukzessive in Rente (vgl. Wirtschaftswoche/Statistisches Bundesamt 2022). Es werden gleichzeitig nicht mehr so viele junge Menschen nachkommen. Das bedeutet konkret, dass es trotz hoher Nettozuwanderung bis Mitte der 2030er Jahre zu einer *Verringerung um 1,6 Mio. Personen auf dem Arbeitsmarkt* kommen wird (vgl. Wirtschaftswoche/Statistisches Bundesamt 2022). Diese demografische Entwicklung, die schon *seit Jahrzehnten bekannt war,* wird nicht nur den jetzt schon zu beklagenden *Fachkräftemangel* verstärken, sondern auch manche Stelle im Unternehmen unbesetzt lassen. Diese Generation pfeift auf Hierarchien und Einzelbüros, geschweige denn auf die Kleidungsetikette des Anzugs mit Krawatte oder des Business-Kostüms. *Fachliche und soziale Kompetenz ersetzt die „Schulterklappen" in den Büros.*

42 % der 18 bis 24-Jährigen sind damit einverstanden, auf Geld zu verzichten, wenn sie dafür an etwas sinnvolles arbeiten dürfen (vgl. Pfuderer 2022). Wenn wir uns den Wohlstand der Zukunft betrachten, dann müssen wir vor allem verstehen lernen, wie diese kommende Generation tickt. Da hilft es nicht, die Protestbewegungen zur Vermeidung der Klimakatastrophe zu verteufeln (auch wenn die strafrechtlich relevanten Aktionen der *„Letzten Generation"* natürlich zurecht abgelehnt und bestraft werden), sondern lieber *gemeinsam mit ihnen zu überlegen, wie wir den Klimawandel und seine Folgen aufhalten können.* Denn das gehört auch zum Wohlstand einer Nation, nicht nur die Arbeitsteilung oder der internationale Handel wie der

schottische Moralphilosoph und erste Ökonom *Adam Smith* es formulierte.

Wir wollen in einer intakten Umwelt leben, die uns ernährt und uns Menschen und alle Lebewesen gesund bleiben lässt. Ich habe im Kap. 4 bereits darauf hingewiesen, was aus meiner Sicht vor allem nötig wäre, um unseren Planeten unbeschadet an die nächste Generation weitergeben zu können. Daher an dieser Stelle nur noch so viel: Es ist an uns, *es ist unsere Generation,* die jetzt an den Schaltzentralen in Staat, den Unternehmen und in den relevanten Organisationen steht, und die *jetzt* handeln muss. Wenn wir warten, bis die heutige Generation unserer Kinder die Weichen in Richtung Nachhaltigkeit stellen kann, ist es bereits zu spät. Mehr als ihren Protest auf die weltweiten Straßen tragen, können sie nicht tun. *Unterstützen wir sie wo wir können,* vor allem, indem wir überlegen, wie wir *schneller als geplant klimaneutral* werden können. Jedes Jahr, das wir früher klimaneutral werden, hilft uns, näher an das 1,5 Grad-Ziel zu kommen. Es ist noch nicht zu spät.

Darüber hinaus hat der Soziologe Hartmut Rosa den *Wert der Zeit* für die moderne Wohlstandsgesellschaft überzeugend dargestellt (vgl. Rosa 2005 und im Gespräch 2021). Die moderne Arbeitsgesellschaft schaffe eine *Beschleunigung* und einen Druck, der zu Lasten der Lebensqualität gehe. *Entschleunigung ist das Gebot der Stunde.* Wir alle kennen das aus unserem täglichen Arbeitsleben: Wir packen immer mehr Arbeit in immer kürzeren Zeiträumen auf uns drauf. Wir versinken förmlich unter den vielen Abgabeterminen, der Zeitdruck frisst uns auf und die *Mailflut* lässt uns manchmal verzweifeln. Jeder von uns geht unterschiedlich mit diesem Thema um. Doch wird die *Resilienz,* die individuelle Widerstandsfähigkeit immer wieder aufs Neue auf die Probe gestellt. Auch in der Freizeit können wir nicht mehr richtig abschalten. Hartmut Rosa bringt es auf den Punkt (Rosa 2021):

„Die Zeit ist da, aber die Muße fehlt. Diese Rastlosigkeit, die wir spüren, die kommt eben nicht nur von außen, wie wir dachten. Sie kommt auch von innen, was man genau daran sieht, dass wir anstelle eine Wagner-Oper zu hören oder Thomas Mann zu lesen, doch durch die sozialen Medien surfen oder Netflix anwerfen. Wir tun also Dinge, die kurz getaktete hohe Stimulationsdichte bei niedrigem Resonanzwert liefern."

Der Weg zum *Burnout* ist für viele vorgezeichnet, wenn sie nicht gegensteuern. Aber auch ohne körperliche und seelische Einschränkungen wird künftig auch der Faktor Zeit zu haben für sich und andere ein Wert an sich werden, der zum Wohlstand der Gesellschaft beiträgt.

Welches Fazit nehmen wir also aus unseren Überlegungen für den Wohlstand in Krisen mit? *Unser Wohlstand ist noch nicht am Ende, aber wir müssen aufpassen, dass wir nicht in eine Dauerschleife des Zeitmangels aber auch der sozialen und Umweltprobleme kommen, aus der es kein Entrinnen mehr gibt:*

Wir leben in einem der reichsten Länder der Welt und müssen doch erkennen, dass nur noch *die wenigsten von uns zumindest materiell sorgenfrei leben* können. Fast die Hälfte der Bevölkerung hat kein oder kaum Erspartes und vielmehr Schulden und droht, durch die Inflation alles zu verlieren. Die gestiegenen Lebenshaltungskosten werden auch durch gestiegene Mindestlöhne oder die Gas- und Strompreisbremse und den Rettungsschirm, wenn überhaupt, nur zeitweilig kompensiert werden können. Das wird für diesen Teil der Bevölkerung nicht ausreichen. Die überlaufenen Tafeln sind ein beredtes Zeugnis dafür. Zudem laufen die Mieten davon, da weder genügend Sozialwohnungen vorhanden sind noch genügend Wohnungen insgesamt. Schuld daran sind u. a. die gestiegenen

Baukosten und die gestiegenen Hypothekenzinsen, die es derzeit nahezu unmöglich machen, unter beherrschbaren Bedingungen eine Immobilie zu erwerben. Die potenziellen Käufer*innen werden *nolens volens* Mieter bleiben müssen, was wiederum Druck auf die Mietpreise ausüben wird. Ein gefährlicher Kreislauf.

Auch die *wirtschaftliche Mitte ist gefährdet,* da die gestiegenen Lebenshaltungskosten und vor allem die Energiepreise auch hier den Wohlstand gefährden. Zudem geraten viele vor allem der kleinen und mittleren Unternehmen, die energieintensiv produzieren, durch die dramatisch gestiegenen Energiepreise ins Schlingern. Firmenpleiten resultieren in Jobverlusten, die wiederum Einkommen und Vermögen der Mittelschicht bedrohen. Diejenigen Jobs, die dann wegfallen, sind nicht automatisch diejenigen, die im Zuge des Fachkräftemangels gesucht werden. Viele Jobs in handwerklichen aber auch Pflegeberufen werden künftig schwer zu besetzen sein. Der *Fachkräftemangel* wird an Dramatik gewinnen. Lösungen werden dringend benötigt. Die Rekrutierung aus dem Ausland reißt wiederum in diesen Ländern Lücken, die nicht automatisch wieder geschlossen werden. Gewinner, so scheint es, wird *alleine die Oberschicht und die obere Mittelschicht in den reichen Industrieländern* sein, die gute Jobs haben und idealerweise international gut ausgebildet sind. Wenn nur zehn Prozent der Bevölkerung in den reichsten Ländern der Erde von dem Wohlstand profitieren, ist das zu wenig.

Die Digitalisierung wird ebenfalls Jobs kosten, so unumgänglich der verstärkte Einsatz digitaler Techniken wie die Künstliche Intelligenz auch sein mag. Die Globalisierung, Wachstumsmotor der Vergangenheit, wird sich abschwächen. Es wird künftig auch darum gehen, den Verlierern der Globalisierung im Globalen Süden stärker unter die Arme zu greifen, sei es durch finanzielle Hilfen durch die reichen Industrieländer, sei es durch zahlreiche

Hilfsprojekte vor Ort wie es etwa die Welthungerhilfe vormacht. *Starke Schultern müssen mehr tragen als die schwachen,* das gilt auch international. Staatliche Hilfe muss zwingend durch *zivilgesellschaftliche oder ehrenamtliche* unterstützt werden. An dieser Stelle sind wir alle gefordert.

Darum müssen nun alle Instrumente und Möglichkeiten auf den Tisch gelegt und voraussetzungslos diskutiert werden: Sei es das *Bedingungslose Grundeinkommen,* seien es *Kinder- oder Altersgrundrenten* oder auch eine kostenlose staatliche Infrastruktur an Kindertagesstätten analog dem skandinavischen Modell. Allen Abgesängen des Kapitalismus zum Trotz wird die Finanzierung des umfangreicheren Sozialstaats nur gelingen, *wenn das marktwirtschaftliche Prinzip beibehalten bleibt:* Freie und private Unternehmen, die im Rahmen des freien Wettbewerbs um die beste Lösung für ihre Kund*innen mit den besten Produkten ringen. Unser Wohlstand kann nur beibehalten werden, wenn wir dieses Wirtschaftsmodell beibehalten, künftig aber noch *weiter sozial abfedern als bisher.* Machen wir uns nichts vor: Wir werden die Mittel für den starken Sozialstaat nur zusammenbekommen, wenn die Unternehmer*innen mit ihren Innovationen aber auch die Arbeitnehmer*innen weiterhin entlang des technischen Fortschritts arbeiten.

Lassen wir an dieser Stelle noch einmal Ludwig Erhard zu Wort kommen, der die Zielsetzung der (sozialen) Marktwirtschaft noch einmal besonders hervorhebt (Erhard 1957, S. 134):

„Ich bin zutiefst überzeugt, daß wir die schweren Probleme, vor denen wir stehen, nur lösen können, wenn es uns gelingt, *mit der Marktwirtschaft* nicht etwa nur einzelne Schichten zu begünstigen, sondern *der Masse* unseres Volkes durch höchste Anstrengung und immer mehr gesteigerte Leistung *einen würdigen Lebensstandard* zu *sichern* und diesen fortlaufend zu bessern."

Was den bisherigen Wohlstand allerdings von dem künftigen Wohlstand unterscheiden wird, sind vor allem *drei Dinge:*

Zum einen werden wir unser Wirtschaftswachstum, ohne das es keinen Wohlstand geben kann, immer *mit den endlichen Ressourcen unserer Erde* abgleichen müssen. Im Zweifel müssen wir auf alternative Ressourcen, Stichwort *grüner Wasserstoff,* ausweichen und auf das eine oder andere Prozent Wachstum zugunsten der Umwelt verzichten müssen. *Zum anderen* werden wir die erarbeiteten Erträge im Sinne der angesprochenen staatlichen Leistungen *nicht mit dem Gießkannenprinzip,* sondern viel stärker als bisher *gezielt auf die sozial schwächeren Bürger*innen* in unserem Land verteilen müssen. Erträge, wohlgemerkt, die vorher von allen erarbeitet werden müssen. Schließlich müssen wir die Umwelt in unsere Berechnung des Wohlstands mit einbeziehen: *Auf einer Erde, die unbewohnbar ist, kann es keinen Wohlstand geben!* Der Schutz der Umwelt, das Abwenden der Klimakatastrophe wird das generationsübergreifende Thema der Zukunft werden! Lassen Sie uns alle daher jetzt und gemeinsam handeln, bevor es zu spät ist und der Wohlstand *natürlicherweise an ein Ende kommt.*

Literatur

A22 Netzwerk (2022). *Erklärung des A22 Netzwerks zur Krise*, in: A22 Netwerk online. https://a22network.org/de/ Zugegriffen am 04.11.2022.

Agrawal, A.; Gans, J.; Goldfarb, A. (2022). *Power and prediction. The disruptive Economics of Artificial Intelligence.* Boston: Harvard Business Review Press.

Ardalpha (2022). *Extremwetter durch Klimawandel. Mehr Hitzewellen, Dürren, Starkregen und Orkane*, in: ardalpha online vom 26.08.2022. https://www.ardalpha.de/wissen/umwelt/klima/wetter-meteorologie-extremwetter-klimawandel-100.html Zugegriffen am 09.10.2022.

Ayoub, N. (2021). *Eine Million bedrohte Arten: 6 Dinge, die du gegen das Massensterben tun kannst*, in: Utopia online vom 03.03.2021. https://utopia.de/weltbiodiversitaetsrat-un-arten-bedroht-138302/ Zugegriffen am 02.11.2022.

Bader, S. (2018). *Munich International School. Hinter den Mauern von Starnbergs diskretester Schule,* in: Süddeutsche Zeitung online vom 23.09.2018. https://www.sueddeutsche.de/muenchen/starnberg/munich-international-school-hinter-den-

mauern-von-starnbergs-diskretester-schule-1.4140203 Zugegriffen am 16.11.2022.
Bergt, S. (2022). *Das Bruttoinlandsproblem,* in: Wochentaz vom 19.-25.November 2022, S. 18.
Berliner Kurier (2021). *Geht es um Gewinnmaximierung? Herzlos-Hammer in Potsdam: Betreiber schmeißt 111 Senioren aus betreuter Wohnanlage,* in: Berliner Kurier online vom 04.11.2021. https://www.berliner-kurier.de/wohnen/wahnsinn-in-potsdam-betreiber-schmeisst-111-senioren-aus-betreuter-wohnanlage-li.192880 Zugegriffen am 23.11.2022.
Bitkom (2021). *Künstliche Intelligenz kommt in Unternehmen allmählich voran,* in: bitkom online vom 21.04.2021. https://www.bitkom.org/Presse/Presseinformation/Kuenstliche-Intelligenz-kommt-in-Unternehmen-allmaehlich-voran Zugegriffen am 07.12.2022.
Book, S.; Großekathöfer, M.; Haug, K.; Jauernig, H.; Kistler, F.; Müller-Arnold, B.; Thimm, K. (2022). *Trautes Heim, Elend allein,* in: Der Spiegel Nr.47 vom 19.11.2022, S. 8–15.
BpB (2018). *Europa. Flüchtlinge und Asylbewerber – Aufnahmestaaten,* in: Bundeszentrale für politische Bildung (BpB) online vom 18.10.2018. https://www.bpb.de/kurz-knapp/zahlen-und-fakten/europa/135828/fluechtlinge-und-asylbewerber-aufnahmestaaten/ Zugegriffen am 21.12.2022.
Bude, H.; Staab, P. (Hrsg.) (2016). *Kapitalismus und Ungleichheit. Die neuen Verwerfungen.* Frankfurt a. M.: Campus.
Bulling, S. (2021). 12 Krisen, von denen Sie kaum in den Nachrichten hören, in: Unicef online v. 30.12.2021 https://www.unicef.de/informieren/aktuelles/blog/-/12-vergessene-krisen-2022/275372 Zugegriffen am 27.10.2022.
Bundesministerium für wirtschaftliche Zusammenarbeit und Entwicklung (BMZ) (2022): *Sicherheitslage. Konflikte in vielen Landesteilen,* in: https://www.bmz.de/de/laender/nigeria/sicherheitslage-15670 Zugegriffen am 03.10.2022.
Burger, J. (2020). *Schulpolitik. Das Abitur im Wandel. Rückblick und Bestandsaufnahme,* in: Gewerkschaft Erziehung und Wissenschaft Bremen online. https://www.gew-hb.de/

aktuelles/detailseite/das-abitur-im-wandel Zugegriffen am 11.01.2023.
Buske, N. (2022). *Staatsverschuldung & Schuldenuhr. So hoch ist die Staatsverschuldung in Deutschland 2022,* in: Handelsblatt online vom 07.10.2022. https://www.handelsblatt.com/politik/deutschland/staatsverschuldung-und-schuldenuhr-so-hoch-ist-die-staatsverschuldung-in-deutschland-2022/26273814.html Zugegriffen am 16.12.2022.
Butterwegge, C.; Butterwegge, C. (2021). *Kinder der Ungleichheit. Wie sich die Gesellschaft ihrer Zukunft beraubt.* Frankfurt a. M., New York: Campus.
Butterwegge, C.; Opielka, M. (2015). Das bedingungslose Grundeinkommen zerstört den Wohlfahrtsstaat/Was für ein Grundeinkommen spricht, in: Bundeszentrale für politische Bildung online vom 21.12.2015. https://www.bpb.de/themen/medien-journalismus/netzdebatte/217778/das-bedingungslose-grundeinkommen-zerstoert-den-wohlfahrtsstaat/ Zugegriffen am 07.12.2022.
Collini, F. (2021). *Impfstoffspenden an ärmere Länder. „Das ist der falsche Weg",* in: Spiegel online vom 11.06.2021. https://www.spiegel.de/ausland/g7-laender-wollen-eine-milliarde-impfdosen-an-aermere-laender-spenden-der-schritt-kommt-extrem-spaet-a-50a3b9b9-c208-4c68-bf69-e81b503851f4 Zugegriffen am 13.01.2023.
Der Privatpatient (2022). *Versicherungspflichtgrenze bleibt in 2022 unverändert,* in: Der Privatpatient online vom November 2021. https://www.derprivatpatient.de/infothek/nachrichten/versicherungspflichtgrenze-bleibt-2022-unveraendert Zugegriffen am 23.11.2022.
Der Spiegel, Energiekrise (2022). *Hilferuf in der Energiekrise. Kommunen drängen auf Rettungsschirm für Stadtwerke,* in: Spiegel online vom 21.09.2022. https://www.spiegel.de/wirtschaft/energiekrise-kommunen-draengen-auf-rettungsschirm-fuer-stadtwerke-a-75b56181-30e5-40b4-837c-121cebedc9c1 Zugegriffen am 27.10.2022.
Der Spiegel, Hamburger Hafen (2022). *Chinesische Beteiligung am Hamburger Hafen. USA begrüßen Beschränkung von*

Cosco-Deal, in: Spiegel online vom 03.11.2022. https://www.spiegel.de/wirtschaft/hamburger-hafen-usa-begruessen-beschraenkung-von-cosco-deal-a-d58fe8f2-d41b-4c39-933a-14067f3e90bf Zugegriffen am 02.12.2022.

Der Spiegel/EZB (2022). *Maßnahme gegen Inflation. EZB erhöht Leitzins um 0,5 Prozentpunkte,* in: Spiegel online vom 15.12.2022. https://www.spiegel.de/wirtschaft/ezb-erhoeht-leitzins-um-0-5-prozentpunkte-a-30b563f8-2fe8-401f-b3df-03df6e91c894 Zugegriffen am 16.12.2022.

Der Spiegel/Immobilienpreise (2022). *Immobilienpreise. München ist jetzt teurer als London,* in: Spiegel online vom 26.08.2022. https://www.spiegel.de/wirtschaft/service/immobilienpreise-muenchen-ist-jetzt-teurer-als-london-a-be299590-0969-4edc-9ab9-ec8c28a24045 Zugegriffen am 21.12.2022.

Der Spiegel/Nachfrageboom bei Champagner (2022). *Moët-Lager laufen leer,* in: Spiegel online vom 15.11.2022. https://www.spiegel.de/wirtschaft/unternehmen/moet-hennesy-lager-bei-champagner-hersteller-meldet-leer-laufende-lager-a-1aa3c909-14ed-43d4-a015-c8ea5074d49c Zugegriffen am 23.12.2022.

Destatis (2022). *Inflationsrate im November bei +10,0 %,* in: Statistisches Bundesamt online vom 13. Dezember 2022 (Pressemeldung Nr. 529). https://www.destatis.de/DE/Presse/Pressemitteilungen/2022/12/PD22_529_611.html Zugegriffen am 21.12.2022.

Deter, A. (2022). *Milchbauern in Sorge. Guter Preis für die Milch aber die Kosten explodieren*, in: top agrar online vom 16.09.2022. https://www.topagrar.com/rind/news/guter-preis-fuer-die-milch-aber-die-kosten-explodieren-13192575.html Zugegriffen am 02.11.2022.

Deutsches Klimakonsortium (DKK) et al. (2022). *Was wir heute übers Klima wissen. Basisfakten zum Klimawandel, die in der Wissenschaft unumstritten sin*d, in: Deutsches Klimakonsortium online, Stand September 2022. https://www.deutsches-klima-konsortium.de/fileadmin/user_upload/pdfs/Publikationen_DKK/2022_basisfakten-klimawandel-web.pdf Zugegriffen am 09.10.2022.

Die Bundesregierung (2022a), Rettungspakete. *Drittes Entlastungspaket. „Deutschland steht in einer schwierigen Zeit zusammen"*, in: Die Bundesregierung online vom 07.09.2022. https://www.bundesregierung.de/breg-de/suche/drittes-entlastungspaket-2082584 Zugegriffen am 21.12.2022.

Die Bundesregierung (2022b), Sanktionen: *So wirken die beschlossenen Sanktionen gegen Russland*, in: Die Bundesregierung online, https://www.bundesregierung.de/breg-de/themen/krieg-in-der-ukraine/eu-sanktionen-2007964 Zugegriffen am 19.09.2022.

Die Bundesregierung (2022c). *Kernkraftwerke können befristet weiterbetrieben werden. Versorgungssicherheit heißt die Parole*, in: Die Bundesregierung online vom 09.12.2022. https://www.bundesregierung.de/breg-de/suche/weiterbetrieb-kernkraftwerke-2135796 Zugegriffen am 16.12.2022.

Die Letzte Generation (2022). *Wer wir sind*, in: Die Letzte Generation online. https://letztegeneration.de/wer-wir-sind/ Zugegriffen am 04.11.2022.

Die Zeit (2022a). *Energiekrise. Kohlekraftwerke aus Reserve dürfen weiteres Jahr am Netz bleiben*, in: Die Zeit online vom 28.09.2022. https://www.zeit.de/wirtschaft/2022-09/kohlekraftwerke-verlaengerung-bundesregierung-gas-energiekrise?utm_referrer=https%3A%2F%2Fwww.google.com%2F Zugegriffen am 14.10.2022.

Die Zeit (2022b): *Krieg in Europa*. Themenseite Die Zeit online. https://www.zeit.de/thema/krieg-in-ukraine Zugegriffen am 19.09.2022.

Die Zeit (2022c): *Robert Habeck: „Wir werden einen breiten rettungsschirm aufspannen"*, in: Die Zeit online vom 08.09.2022. https://www.zeit.de/politik/deutschland/2022-09/robert-habeck-energiekrise-unternehmen-hilfen-kritik-diw Zugegriffen am 23.09.2022.

Die Zeit, Weltklimakonferenz (2022): *Streit um Ausgleichszahlungen für Klimaschäden offenbar beigelegt*, in: Die Zeit online vom 19.11.2022. https://www.zeit.de/wissen/umwelt/2022-11/cop27-weltklimakonferenz-aegypten-einigungentschaedigungsfond?utm_referrer=https%3A%2F%2Fwww.google.com%2F Zugegriffen am 09.12.2022.

Die Zeit. Proteste (2022). *Proteste. Aktionen von Klimademonstranten bei Regierungsparteien*, in: Die Zeit online vom 02.11.2022. https://www.zeit.de/news/2022-11/02/aktionen-von-klimademonstranten-bei-regierungsparteien?utm_referrer=https%3A%2F%2Fwww.google.com%2F Zugegriffen am 04.11.2022.

Dixson-Declève, S.; Gaffney, O.; Ghosh, J.; Randers, J.; Rockström, J.; Stoknes, P.E. (2022). *Earth for All. Ein Suvivalguide für unseren Planeten. Der neue Bericht an den Club of Rome, 50 Jahre nach „Die Grenzen des Wachstums".* München: oekom.

Energiezukunft (2022). *Energiewende. Erneuerbare schneller ausbauen*, in: Energiezukunft online vom 26.07.2022. https://www.energiezukunft.eu/wirtschaft/erneuerbare-schneller-ausbauen/ Zugegriffen am 10.11.2022.

Erhard, L. (1957). *Wohlstand für alle.* Neuausgabe von 2020 auf Basis der 8. Auflage 1964. Berlin: Ullstein.

Extinction Rebellion Deutschland (2022). *Wir machen Druck für echte Veränderung*, in: Extinction Rebellion Deutschland online. https://extinctionrebellion.de/wer-wir-sind/ Zugegriffen am 04.11.2022.

FDP (2022). *Übergewinn wäre das Ende der Sozialen Marktw*irtschaft, in: FDP online vom 05.08.2022. https://www.fdp.de/uebergewinnsteuer-waere-das-ende-der-sozialen-marktwirtschaft Zugegriffen am 28.10.2022.

Felber, C. (2010). *Die Gemeinwohl-Ökonomie: Das Wirtschaftsmodell der Zukunft.* (9. Auflage). Wien: Deuticke.

Felber, C. (2018). *Gemeinwohl-Ökonomie. Eine demokratische Alternative wächst.* https://christian-felber.at/wp-content/uploads/2018/12/gemeinwohl.pdf *Zugegriffen am 11.12.2022.*

Fielhauer-Resei, S.; Resei, C. (2014). *Der ungezähmte Kapitalismus,* in: Arbeit&Wirtschaft 05/14 online vom 15.06.2014. http://archiv.arbeit-wirtschaft.at/servlet/ContentServer?pagename=X03/Page/Index&n=X03_1.a_2014_5.a&cid=1399998669755 Zugegriffen am 16.12.2022.

Flatley, A. (2022). *Die stille Katastrophe: Das Artensterben ist für die Menschheit so gefährlich wie die Klimakrise*, in: Utopia online. https://utopia.de/ratgeber/artensterben-fuer-die-menschheit-so-gefaehrlich-ist-wie-klimawandel/ Zugegriffen am 02.11.2022.

Florijn, C. (2021). *Wie künstliche Intelligenz unsere Jobs gefährdet. Kassieren wir bald alle die Kündigung?* in: Karriere online vom 17.12.2021. https://www.karriere.de/mein-naechster-job/zukunft-der-arbeit-wie-kuenstliche-intelligenz-unsere-jobs-gefaehrdet/ Zugegriffen am 07.12.2022.

Focus/Oxfam (2022). *Oxfam-Bericht über soziale Ungleichheit. 99 Prozent durch Corona ärmer, doch „für Milliardäre glicht Pandemie einem Goldrausch"*, in: Focus online vom 17.01.2022. https://www.focus.de/gesundheit/oxford-bericht-ueber-soziale-ungleichheit-99-prozent-wurden-durch-die-pandemie-aermer_id_39898260.html Zugegriffen am 16.12.2022.

Fratzscher, M. (2020). *Die neue Aufklärung. Wirtschaft und Gesellschaft nach der Corona-Krise.* Berlin/München: Berlin Verlag.

Fridays for Future Deutschland (2022). *Unsere Forderungen an die Politik*, in: Fridays for Future online. https://fridaysforfuture.de/forderungen/ Zugegriffen am 04.11.2022.

Friess, D. (2022). *Biodiversität. Was wir gegen das Artensterben tun können*, in: tagesschau online vom 01.10.2022. https://www.tagesschau.de/wissen/klima/artenvielfalt-biodiversitaet-artensterben-klimawandel-101.html Zugegriffen am 02.11.2022.

Funk, A. (2022). *200 Milliarden auf Vorrat. Das nächste Schuldenpaket der Ampel*, in: Tagesspiegel online vom 21.10.2022. https://www.tagesspiegel.de/politik/200-milliarden-euro-auf-vorrat-das-nachste-schuldenpaket-der-ampel-8783074.html Zugegriffen am 23.11.2022.

Gabriel, M. (2022). *Der Mensch als Tier. Warum wir trotzdem nicht in die Natur passen.* Berlin: Ullstein.

Gaul, S. (2022). Sozialer Wohnungsbau. Alle 19 Minuten eine Sozialwohnung weniger, in: Die Zeit online vom

05.09.2022. https://www.zeit.de/wirtschaft/2022-09/sozialer-wohnungsbau-sozialwohnnungen-foederung-bundesregierung Zugegriffen am 23.11.2022.

Gebauer, T. (2022). *„Wir müssen eine andere Form von Globalisierung erfinden"*, in: Die Zeit online vom 24.09.2022. Ein Interview mit Christiane Grefe. https://www.zeit.de/kultur/2022-09/thomas-gebauer-globale-politik-nachhaltigkeit/komplettansicht Zugegriffen am 09.12.2022.

Gentinetta, K.; Paech, N. (2022). *Wachstum?* Herausgegeben von Lea Mara Eßer. Frankfurt a. M.: Westend.

Gerlach, A. (2022). *Höhere Pflegelöhne. Wer zahlt für die neue Gerechtigkeit?*, in: Deutschlandfunk Kultur online vom 13.09.2022. https://www.deutschlandfunkkultur.de/pflegekosten-patienten-neue-loehne-100.html Zugegriffen am 09.12.2022.

Göpel, M. (2022a). *Wir können auch anders. Aufbruch in die Welt von morgen.* Berlin: Ullstein.

Göpel, M. (2022b). *Wir können auch anders: Aufbruch in die Welt von morgen.* Unter Mitarbeit von Marcus Jauer. Berlin: Ullstein.

Greenpeace, Energiewende (2022). *Energiewende – Jetzt! 100 Prozent Erneuerbare Energie ist machbar*, in: Greenpeace online. https://www.greenpeace.de/klimaschutz/energiewende Zugegriffen am 10.11.2022.

Greenpeace, Tierhaltung (2022). *Tierhaltung: mehr Tierleid als Tierwohl*, in: Greenpeace online. https://www.greenpeace.de/biodiversitaet/landwirtschaft/tierhaltung Zugegriffen am 02.11.2022.

Habermas, J. (2022). *Ein neuer Strukturwandel der Öffentlichkeit und die deliberative Politik.* Berlin: Suhrkamp.

Hackenbroch, V.; Pitzke, M. (2022). *Comeback der Kinderlähmung*, in: Der Spiegel Nr. 37 vom 10.09.2022, S. 108–109.

Hagen, K.; Mingels, G.; Wess, S. (2022). *Berliner Radunfall und Kritik am Klimaprotest. Nichts ist erwiesen, aber viele haben ihr Urteil schon gefällt*, in: Spiegel online vom 03.11.2022. https://www.spiegel.de/panorama/berliner-radfahrerin-nach-

unfall-hirntot-druck-auf-klima-aktivisten-steigt-a-1e33ffee-ecd4-47f0-8683-e5c8c696ff79 Zugegriffen am 04.11.2022.
Handelsblatt (2022). *Insolvenz. IWH: Ein Viertel mehr Firmenpleiten als im Vorjahr – und die Tendenz steigt*, in: Handelsblatt online vom 06.09.2022. https://www.handelsblatt.com/politik/international/insolvenz-iwh-ein-viertel-mehr-firmenpleiten-als-im-vorjahr-und-die-tendenz-steigt/28662252.html Zugegriffen am 20.09.2022.
Handelsblatt (2022, Coronavirus). *Coronavirus. 37 Millionen Infektionen täglich in China – Angst vor neuen Virus-Varianten steigt*, in: Handelsblatt online vom 23.12.2022. https://www.handelsblatt.com/politik/international/coronavirus-37-millionen-infektionen-taeglich-in-china-angst-vor-neuen-virus-varianten-steigt/28888166.html Zugegriffen am 11.01.2023.
Heide, D.; Hofer, J.; Klöckner, J. (2022). *Außenwirtschaft. Warum der Taiwan-Konflikt so gefährlich für die deutsche Wirtschaft ist*, in: Handelsblatt online vom 07.08.2022. https://www.handelsblatt.com/politik/deutschland/aussenwirtschaft-warum-der-taiwan-konflikt-so-gefaehrlich-fuer-die-deutsche-wirtschaft-ist-/28575562.html Zugegriffen am 25.09.2022.
Heinisch, F.; Ammar, S.H.; Gut, J.; Nehls, J.; Lübbert, H.; Hammecke, L.; Hecht, N.; Al-Kayal, D. (2019). *Ihr habt keinen Plan. Darum machen wir einen. 10 Bedingungen für die Rettung unserer Zukunft*. München: Blessing.
Hermes, O. (2022). *Geopolitik. Memo ans Management: Die Zeiten einer globalisierten Wirtschaft sind vorbei*, in: Wirtschaftswoche online vom 20.08.2022. Gastbeitrag. https://amp2.wiwo.de/politik/deutschland/geopolitik-memo-ans-management-die-zeiten-einer-globalisierten-wirtschaft-sind-vorbei/28606522.html Zugegriffen am 02.12.2022.
Herrmann, U. (2022). *Das Ende des Kapitalismus. Warum Wachstum und Klimaschutz nicht vereinbar sind – und wie wir in Zukunft leben werden*. Köln: Kiepenheuer & Witsch.
Himmelrath, A. (2018a). *Bildungserfolg. Auf die Eltern kommt es an*, in: Spiegel online vom 09.05.2018. https://www.spiegel.de/lebenundlernen/uni/bildung-in-deutschland-arbeiter-

kinder-studieren-seltener-als-akademikerkinder-a-1206959.html Zugegriffen am 11.12.2020.

Himmelrath, A. (2018b). *Bildungserfolg. Auf die Eltern kommt es an,* in: Spiegel online vom 09.05.2018. https://www.spiegel.de/lebenundlernen/uni/bildung-in-deutschland-arbeiterkinder-studieren-seltener-als-akademikerkinder-a-1206959.html Zugegriffen am 16.11.2022.

Hulverscheidt, C. (2022). *Konjunktur. Die Arbeit beginnt erst,* in: SZ online vom 25.08.2022. https://www.sueddeutsche.de/meinung/deutschland-konjunktur-wladimir-putin-inflation-1.5645249 Zugegriffen am 13.01.2023.

Hüther, M.; Diermeier, M.; Goecke, H. (2018). *Die erschöpfte Globalisierung. Zwischen transatlantischer Orientierung und chinesischem Weg.* 2. aktualisierte Auflage. Wiesbaden: Springer.

Ifo Konjunkturprognose (2022). *Ifo Konjunkturprognose Herbst 2022: Inflation würgt privaten Konsum ab – deutsche Konjunktur vor hartem Winter.* https://www.ifo.de/fakten/2022-09-12/ifo-konjunkturprognose-herbst-2022-inflation-wuergt-privaten-konsum-ab-deutsche *Zugegriffen am 20.09.2022.*

Institute for Economics and Peace (IEP)(2022). *Global Peace Index 2022. Measuring Peace in a complex world.* https://www.visionofhumanity.org/wp-content/uploads/2022/06/GPI-2022-web.pdf Zugegriffen am 03.10.2022.

International Rescue Committee (2021): *Watchlist 2022. Die zehn schlimmsten humanitären Krisen 2022,* in: International Rescue Committee online vom 15.12.2021. https://de.rescue.org/artikel/die-zehn-schlimmsten-humanitaeren-krisen-2022 Zugegriffen am 03.10.2022.

Janson, M. (2022). *So heizt Deutschland. Mehrheit der Wohnungen werden mit Gas und Öl beheizt,* in: statista online vom 20.10.2022. https://de.statista.com/infografik/27327/anteil-der-energietraeger-beim-heizen-des-wohnungsbestandes-in-deutschland/ Zugegriffen am 21.12.2022.

Jung, A. (2020). *McKinsey Schreckensszenario zum Klimawandel. „Hunderte Millionen Menschenleben. Billionen von Dollar",* in: Spiegel Online vom 16.01.2020. https://www.spiegel.

de/wirtschaft/service/mckinsey-studie-zum-klimawandel-ergebnisse-sind-verheerend-a-0ccc0af4-6706-4a38-a4ef-38bdf570d9a6 Zugegriffen am 09.10.2022.

Kahneman, D.; Deaton, A. (2010). *High income improves evaluation of life but not emotional well-being,* in: PNAS (Proceedings of the National Academy of Sciences of the United States of America) Vol. 107, No. 38. https://doi.org/10.1073/pnas.1011492107 Zugegriffen am 23.12.2022.

Kaube, J.; Kieserling, A. (2022). *Die gespaltene Gesellschaft.* Berlin: Rowohlt.

Kinkartz, S. (2022). *Meinungsforschung. Deutschlandtrend: Deutsche wollen mehr Hilfe vom Staat,* in: DW online vom 01.09.2022. https://www.dw.com/de/deutschlandtrend-deutsche-wollen-mehr-hilfe-vom-staat/a-62997615 Zugegriffen am 23.11.2022.

Kirk, N.; Hornickel. K. (2022). *Staatliche Aktienrente: Das ist geplant,* in: Frankfurter Rundschau online vom 09.11.2022. https://www.fr.de/wirtschaft/rente-aktienrente-2023-staatlich-ltt-kapital-fpd-kritik-christian-lindner-91477437.html.

Klasen, O. (2022). *Bürgergeld. Worüber gestritten wird und wie ein Kompromiss aussehen könnte,* in: Süddeutsche Zeitung online vom 14.11.2022. https://www.sueddeutsche.de/politik/buergergeld-hartz-iv-heil-bundesrat-1.5695450 Zugegriffen am 23.11.2022.

Köhler, C. (2022). *Genossen, schafft!,* in: Cooperation is King. Das große Comeback der Genossenschaften. Ein Magazin von Geo. Anzeigensonderveröffentlichung für die Volksbanken Raiffeisenbanken, S. 16–21.

KPMG (2022). *Wirtschaftliche Auswirkungen des Russland-Ukraine-Krieges. Studie zu Betroffenheit und Reaktion deutscher Unternehmen.* https://assets.kpmg/content/dam/kpmg/de/pdf/Themen/2022/05/KPMG_Studie_Wirtschaftliche%20Auswirkungen%20des%20Russland-Ukraine-Kriegs.pdf Zugegriffen am 20.09.2022.

Kretschmer, F. (2022). *Folge der drastischen Corona-Maßnahmen. Wie die chinesische Wirtschaft unter „Null Covid" ächzt,* in: Redaktionsnetzwerk Deutschland online vom 16.10.2022. https://www.rnd.de/wirtschaft/china-vor-dem-parteitag-aechzt-die-wirtschaft-unter-null-covid-4YOMBDT-QBBC27O2KVSIJXQMQ6I.html Zugegriffen am 04.11.2022.

Kritikos, A.S. (2022). *Folgen der Inflation treffen untere Mittelschicht besonders: staatliche Hilfspakete wirken nur begrenzt*, in: DIW online. https://www.diw.de/de/diw_01.c.845417.de/publikationen/wochenberichte/2022_28_1/folgen_der_inflation_treffen_untere_mittelschicht_besonders__staatliche_hilfspakete_wirken_nur_begrenzt.html#section1 Zugegriffen am 13.11.2022.

Krumenacker, T. (2022a). *Grünes Wachstum. Passen Wirtschaftswachstum und Klimaschutz zusammen?* In: Spektrum online vom 26.07.2022. https://www.spektrum.de/news/grueneswachstum-passen-wirtschaftswachstum-und-umweltschutz-zusammen/2043169 Zugegriffen am 11.09.2022.

Krumenacker, T. (2022b). *Weltnaturkonferenz. Die Welt hat ein neues Naturschutzabkommen,* in: Süddeutsche Zeitung online vom 19.12.2022. https://www.sueddeutsche.de/wissen/montreal-weltnaturkonferenz-einigung-1.5718370 Zugegriffen am 22.12.2022.

Lee, F. (2022). *Rolle von Taiwans Chipindustrie. Systemrelevant für die Welt*, in: taz online vom 02.08.2022. https://taz.de/Rolle-von-Taiwans-Chipindustrie/!5867937/ Zugegriffen am 27.10.2022.

Lee, K.-F. (2018). *AI Super-Powers. China, Silicon Valley and the New World Order.* Boston, New York: Houghton Mifflin Harcourt.

Lemberg, N. (2022). *Gas-Umlage gekippt: Warum es ab Oktober doch nicht so teuer wird,* in: Galileo tv online 29.09.2022. https://www.galileo.tv/life/gas-umlage-wer-zahlt-ab-oktober-wie-teuer-pro-haushalt/ Zugegriffen am 09.12.2022.

Letzte Generation (2022). *Die letzte Generation fordert sofortige, erste Sicherheitsmassnahmen!,* in: Letzte Generation online. https://letztegeneration.de/forderungen/ Zugegriffen am 27.10.2022.

Lobo, S. (2022). Software ChatGPT. *Das Ende der irrelevanten künstlichen Intelligenz,* in: Spiegel online vom 07.12.2022.

https://www.spiegel.de/netzwelt/web/chatgpt-markiert-das-ende-der-irrelevanten-kuenstlichen-intelligenz-kolumne-a-b2afeb69-083d-4e69-8920-da5cad549d5f Zugegriffen am 23.12.2022.

Löhr. J. (2022). *Mögliche COSCO-Beteiligung. Hamburger Hafen in Chinas Händen*, in: Frankfurter Allgemeine Zeitung online vom 24.10.2022. https://www.faz.net/aktuell/wirtschaft/cosco-beteiligung-im-krisenfall-fuer-hamburgs-hafen-problematisch-18410969.html Zugegriffen am 02.12.2022.

Manager Magazin (2022): *Ab 2023. Frankreich deckelt Preissteigerungen für Strom und Gas*, in: Manager Magazin online vom 14.09.2022. https://www.manager-magazin.de/politik/europa/energiekrise-frankreich-deckelt-preissteigerungen-fuer-strom-und-gas-a-d3f0049c-cc45-4a33-9bdf-583d6995741f Zugegriffen am 23.09.2022.

Manager Magazin/Aktienverkauf (2022). *Restliche Aktien verkauft. Bund steigt mit Gewinn bei Lufthansa aus,* in: Manager Magazin online vom 14.09.2022. https://www.manager-magazin.de/unternehmen/lufthansa-bund-steigt-aus-und-macht-insgesamt-milliardengewinn-a-a466a32f-a0c1-40ad-bdae-b3cdaba0010f Zugegriffen am 21.12.2022.

Maurer, M. (2015). *Bildungsdiskriminierung ist überall,* in: Die Zeit online vom 21.04.2015. https://www.zeit.de/karriere/2015-04/bildungssystem-fehlende-aufstiegschancen-gastbeitrag?utm_referrer=https%3A%2F%2Fwww.google.com%2F Zugegriffen am 16.11.2022.

Mazzucato, M. (2014). *Das Kapital des Staates. Eine andere Geschichte von Innovation und Wachstum.* München: Kunstmann.

Mazzucato, M. (2021). *Mission. Auf dem Weg zu einer neuen Wirtschaft.* Frankfurt a. M., New York: Campus.

MDR (2022). *Statistik. Neue WHO Studie in Nature: Fast 15 Millionen Tote durch Corona*, in: MDR online vom 14.12.2022. https://www.mdr.de/wissen/who-uebersterblichkeit-corona-pandemie-fuenfzehn-million-tote-weltweit-100.html Zugegriffen am 13.01.2023.

Melcher (2022). *Konflikt mit China. So wirtschaftsstark ist Taiwan*, in: WirtschaftsWoche online vom 06.08.2022. https://www.wiwo.de/politik/ausland/konflikt-mit-china-so-wirtschaftsstark-ist-taiwan/28570944.html Zugegriffen am 25.09.2022.

Meyer, C. (2021). *Superreich und hoch verschuldet: Warum die USA unter Spannung stehen – und was das für Joe Biden bedeutet*, in: Business Insider online vom 20.01.2021. https://www.businessinsider.de/wirtschaft/superreich-und-hoch-verschuldet-warum-die-usa-unter-spannung-stehen-und-was-das-fuer-joe-biden-bedeutet/ Zugegriffen am 22.12.2022.

Meyns, M. (2022). *Breite Zustimmung für Greta Thunberg bei Maischberger*, in: Frankfurter Rundschau online vom 13.10.2022. https://www.fr.de/kultur/tv-kino/greta-thunberg-sandra-maischberger-ard-greta-differenziert-genau-tv-talk-91847447.html Zugegriffen am 14.10.2022.

Müller-Armack, A. (1990). *Wirtschaftslenkung und Marktwirtschaft*. (Sonderausgabe). Neuauflage von 1946. München: Kastell.

Naumer, H.-J. (2022). *Grünes Wachstum: Mit „Green Growth" gegen den Klimawandel und für die Nachhaltigkeitsziele (essentials)*. Wiesbaden: Springer Gabler.

NDR (2022). *Affenpocken in Deutschland. Wie gefährlich ist das Virus?* https://www.ndr.de/ratgeber/gesundheit/Affenpocken-in-Deutschland-Wie-gefaehrlich-ist-das-Virus,affenpocken100.html Zugriff am 05.09.2022.

Neufeld, D. (2022). *#ICHBINARMUTSBETROFFEN*, in: Der Spiegel Nr.37 vom 10.09.2022, S. 56–60.

Nuspliger, N. (2023). *Rishi Sunak: Der technokratische Premierminister hat die Briten aus der aktuellen Krise geführt – doch nun steht er im politischen Gegenwind*, in: NZZ online vom 13.01.2023. https://www.nzz.ch/international/rishi-sunak-die-kritik-am-britischen-premierminister-waechst-ld.1720562 Zugegriffen am 13.01.2023.

NZZ (2022a). *Die neuesten Entwicklungen. Taiwan-Konflikt: Biden sichert Taiwan Unterstützung zu – China reagiert verärgert*, in: NZZ online vom 19.09.2022. https://www.nzz.ch/

international/taiwan-und-china-was-sind-die-hintergruende-des-konflikts-ld.1649153 Zugegriffen am 25.09.2022.
NZZ (2022b). *Die neuesten Entwicklungen. Kämpfe in Äthiopien: Luftangriffe treffen Hauptstadt Tigrays – Anzahl Tote steigt weiter auf zehn*, in: NZZ online vom 14.09.2022. https://www.nzz.ch/international/gewalteskalation-in-aethiopien-die-neusten-entwicklungen-ld.1586148 Zugegriffen am 03.10.2022.
Oxfam (2022). *Weltwirtschaftsforum Davos. Oxfam-Bericht: Pandemie-Folgen und steigende Preise befeuern Ungleichheit*, in: Oxfam online. https://www.oxfam.de/presse/pressemitteilungen/2022-05-23-oxfam-bericht-pandemie-folgen-steigende-preise-befeuern Zugegriffen am 13.11.2022.
Oxfam, gewaltige Ungleichheit (2022). *Gewaltige Ungleichheit*, in: Oxfam online. https://www.oxfam.de/system/files/documents/oxfam_factsheet_gewaltige_ungleichheit.pdf Zugegriffen am 13.11.2022.
Oxfam, häufige Fragen (2022). *Die häufigsten Fragen zum Ungleichheitsbericht von Oxfam,* in: Oxfam online. https://www.oxfam.de/unsere-arbeit/themen/soziale-ungleichheit#Ungleichheit1
Pauli, M. (2022). Artenvielfalt. *Das größte Massensterben seit 66 Millionen Jahren*, in: Deutschlandfunk Kultur online vom 24.03.2022. https://www.deutschlandfunkkultur.de/biodiversitaet-artensterben-folgen-100.html Zugegriffen am 02.11.2022.
Petersen, T.; Rausch, T.; Sachs, A.; Weiß, J. (2020). *Globalisierungsreport 2020: Wer profitiert am meisten von der Globalisierung?*, in: Bertelsmann Stiftung online, PolicyBrief #2020/05. https://www.bertelsmann-stiftung.de/fileadmin/files/user_upload/Globalisierungsreport2020_PolicyBrief__2020_DE_final.pdf Zugegriffen am 27.11.2022.
Pfuderer, N. (2022). *Die Wohlstandswende,* in: Zukunftsinstitut online. https://www.zukunftsinstitut.de/artikel/die-wohlstandswende/ Zugegriffen am 13.12.2022.
Pietsch, D. (2017). *Grenzen des ökonomischen Denkens. Wo bleibt der Mensch in der Ökonomie?* Lohmar/Köln: Eul.

Pietsch, D. (2020). *Prinzipien moderner Ökonomie. Ökologisch, ethisch, digital.* Wiesbaden: Springer.

Pietsch, D. (2021). *Die Ökonomie und das Nichts. Warum Wirtschaft ohne Moral wertlos ist.* Wiesbaden: Springer.

Pietsch, D. (2022a). *Unsere Wirtschaft ethisch überdenken. Eine Aufforderung.* Wiesbaden: Springer.

Pietsch, D. (2022b). Eine Reise durch die Ökonomie. Über Wohlstand, Digitalisierung und Gerechtigkeit. 2. Ergänzte Auflage. Wiesbaden: Springer.

Piketty, T. (2014). *Das Kapital im 21. Jahrhundert.* München: C.H. Beck.

Piketty, T. (2020). *Kapital und Ideologie.* München: C.H. Beck.

Precht, R.D. (2018). *Jäger, Hirten, Kritiker. Eine Utopie für die digitale Gesellschaft.* München: Goldmann.

Precht, R.D. (2019). *Digitalisierung macht Millionen Jobs überflüssig,* in: Süddeutsche Zeitung online vom 03.04.2019. https://www.sueddeutsche.de/wirtschaft/industrie-hannover-precht-digitalisierung-macht-millionen-jobs-ueberfluessig-dpa.urn-newsml-dpa-com-20090101-190403-99-667091 Zugegriffen am 28.10.2022.

Precht, R.D. (2022). *Freiheit für alle. Das Ende der Arbeit wie wir sie kannten.* München: Goldmann.

Precht, R.D.; Welzer, H. (2022). *Die vierte Gewalt. Wie Mehrheitsmeinung gemacht wird, auch wenn sie keine ist.* Frankfurt a. M.: S. Fischer.

Regniet, T. (2022). Gasumlage: *Was man zur neuen Gasumlage wissen muss,* in: Wirtschaftswoche online vom 19.09.2022. https://www.wiwo.de/politik/deutschland/gasumlage-was-man-zur-neuen-gasumlage-wissen-muss/28565762.html Zugegriffen am 23.09.2022.

Ressourcenwende (2020). *Zusammenfassung der Studie „Ist grünes Wachstum möglich?",* in: ressourcenwende online vom 18.02.2020. https://www.ressourcenwende.net/blog/zusammenfassung-der-studie-ist-gruenes-wachstum-moeglich/ Zugegriffen am 09.11.2022.

Rietz, H. (2021): *Nach Corona ist vor der nächsten Pandemie,* in: NZZ online. https://www.nzz.ch/meinung/nach-coronaist-vor-der-naechsten-pandemie-ld.1628005 Zugriff am 05.09.2022.

Rosa, H. (2005). *Beschleunigung. Die Veränderung der Zeitstrukturen der Moderne.* Frankfurt a. M.: Suhrkamp.

Rosa, H. (2021). *Soziologe Hartmut Rosa im Gespräch. „Die Umwege fehlen jetzt",* in: Die taz online vom 24.04.2021. https://taz.de/Soziologe-Hartmut-Rosa-im-Gespraech/!5763329/ Zugegriffen am 13.12.2022.

Sabin, T. (2022). *Explodierende Energiekosten. In der deutschen Wirtschaft gehen die Lichter aus,* in: Focus online vom 14.09.2022. https://www.focus.de/finanzen/energiekosten-der-deutschen-wirtschaft-gehen-die-lichter-aus_id_142379464.html Zugegriffen am 27.10.2022.

Sackmann, C. (2022). *Toilettenpapier, Möbel, Bier. Auch unsere täglichen Versorger stecken in der Krise,* in: Focus online vom 13.09.2022. https://www.focus.de/finanzen/news/unternehmen/insolvenzen-befuerchtet-toilettenpapier-moebel-bier-warum-alltaegliche-branchen-in-der-krise-stecken_id_145365219.html Zugegriffen am 20.09.2022.

Sandel, M.J. (2020). *Vom Ende des Gemeinwohls. Wie die Leistungsgesellschaft unsere Demokratien zerreißt.* Frankfurt a. M.: S. Fischer.

Schmid, B. (2022). *Wie bringt man diese Jungen zum Arbeiten? Arbeitgeber verzweifeln an der Generation Z,* in: Neue Zürcher Zeitung online vom 13.09.2022. https://www.nzz.ch/feuilleton/quiet-quitting-die-generation-z-macht-arbeitgeber-ratlos-ld.1701823 Zugegriffen am 16.12.2022.

Schmitt, M.; Hauschild, T. (Oxfam Deutschland) (2023). *Umsteuern für soziale Gerechtigkeit!,* in: Oxfam Deutschland online vom 16.01.2023. https://www.oxfam.de/system/files/documents/oxfam_factsheet_davos-2023_umsteuern.pdf Zugegriffen am 18.01.2023.

Schumacher, E. (2022). *Armut in Deutschland. Tafeln müssen Menschen abweisen,* in: DW online vom 20.10.2022. https://www.dw.com/de/tafeln-müssen-menschen-abweisen/a-63486524 Zugegriffen am 27.10.2022.

Silbermann, N. (2021): *"Es wird weitere, vielleicht noch gefährlichere Pandemien geben"*, in: Helmholtz Zentrum für Infektionsforschung (HZI) online. https://www.helmholtz-hzi.de/de/aktuelles/thema/es-wird-weitere-vielleicht-noch-gefaehrlichere-pandemien-geben/ Zugriff am 05.09.2022.

Spiegel, Klimaziele 2030 (2022). *"Mit einem Weiter-so werden wir sie nicht erreichen". Deutschland könnte Klimaziele bis 2030 deutlich verfehlen,* in: Spiegel online vom 04.11.2022. https://www.spiegel.de/wissenschaft/klimakrise-deutschland-koennte-klimaziele-bis-2030-deutlich-verfehlen-a-3529718a-5c8d-47a7-b4cb-8010547a52c6 Zugegriffen am 04.11.2022.

Statista, Kreuzfahrten weltweit (2022). *Kreuzfahrten weltweit,* in: Statista online, letzte Aktualisierung Juli 2022. https://de.statista.com/outlook/mmo/reisen-tourismus/kreuzfahrten/weltweit#umsatz Zugegriffen am 04.11.2022.

Statista/Ukraine-Krieg (2022). *Ukraine-Krieg: Opfer in der ukrainischen Zivilbevölkerung laut Zählungen der UN,* in: Statista online Stand 11.12.2022. https://de.statista.com/statistik/daten/studie/1297855/umfrage/anzahl-der-zivilen-opfer-durch-ukraine-krieg/ Zugegriffen am 16.12.2022.

Steinhilber, J. (2021). *Wie sich die Globalisierung nach Corona ändern muss. Zeit für einen grundlegenden Wandel,* in: Neue Gesellschaft. Frankfurter Hefte Ausgabe 04/2021 online. https://www.frankfurter-hefte.de/artikel/zeit-fuer-einen-grundlegenden-wandel-3173/ Zugegriffen am 30.11.2022.

Tafel (2022). *Armut in Deutschland auf dramatischem Höchststand: Zahl der Tafel-Kundinnen und Kunden um Hälfte erhöht,* in: Tafel online vom 14.07.2022. https://www.tafel.de/presse/pressemitteilungen/pressemitteilungen-2022/armut-in-deutschland-auf-dramatischem-hoechststand-zahl-der-tafel-kundinnen-und-kunden-um-haelfte-erhoeht Zugegriffen am 09.12.2022.

Tag der Bildung (2021). *Forsa. Meinungen zum deutschen Bildungssystem.* Tag der Bildung online. https://www.tag-der-bildung.de/wp-content/uploads/2021/12/211019_TdB_Forsa-Ergebnisse.pdf Zugegriffen am 16.11.2022.

Tagesschau (2022). *Nord Stream 1: Wie Gazprom den Lieferstopp begründet*, in: Tagesschau online vom 06.09.2022. https://www.tagesschau.de/wirtschaft/unternehmen/gazprom-nord-stream-turbine-101.html Zugegriffen am 16.12.2022.

Tagesspiegel (2022). *Fragen der Verantwortung: Wer das Klima am meisten schädigt – und wer die Folgen trägt*, in: Tagesspiegel interaktiv. https://interaktiv.tagesspiegel.de/lab/klimawandel-afrika-welt-wer-das-klima-schaedigt-und-wer-die-folgen-traegt/ Zugegriffen am 09.12.2022.

Textor, M.R. (2022). *Zukunftstrends: Wirtschaft*, in: https://www.zukunftsentwicklungen.de/wirtschaft.html Zugegriffen am 02.12.2022.

Vogler, U. (2021). *Fuggerei in Augsburg. Warum Anwohner dieser Sozialsiedlung nur 88 Cent Jahresmiete zahlen*, in: Tagesspiegel online vom 11.06.2021. https://www.tagesspiegel.de/gesellschaft/panorama/warum-anwohner-dieser-sozialsiedlung-nur-88-cent-jahresmiete-zahlen-4256467.html Zugegriffen am 16.12.2022.

Wagner, F. (2019). *Rente mit 40. Finanzielle Freiheit und Glück durch Frugalismus*. Berlin: Econ.

Wagner, F. (2019). *Rente mit 40. Finanzielle Freiheit und Glück durch Frugalismus*. Berlin: Ullstein.

Welthungerhilfe (2022). *Hunger: Verbreitung, Ursachen & Folgen*, in: Welthungerhilfe online. https://www.welthungerhilfe.de/hunger Zugegriffen am 09.12.2022.

Welthungerhilfe Projekte (2022). *Projekte. Auswahl von Projekten weltweit*, in: Welthungerhilfe online. https://www.welthungerhilfe.de/informieren/projekte?tx_igxallgemein_pagelistprojekte%5Bcontroller%5D=Pages&tx_igxallgemein_pagelistprojekte%5BcurrentPage%5D=2&cHash=06f0ee5e-3ae25662efafd154fd7743bd Zugegriffen am 09.12.2022.

Wengeler, M. (2019). *Künstliche Intelligenz vs. Mensch – Sind wir ersetzbar? Wie können wir uns gegenüber künstlicher Intelligenz abgrenzen?* In: MoreThanDigital online vom 11.04.2019. https://morethandigital.info/kuenstliche-intelligenz-vs-mensch-sind-wir-ersetzbar/ Zugegriffen am 07.12.2022.

Wettach, S. (2022). *Streit auf dem EU-Gipfel. Europas Einheit bröckelt*, in: Wirtschaftswoche online vom 30.05.2022. https://www.wiwo.de/politik/europa/streit-auf-dem-eu-gipfel-europas-einheit-broeckelt/28382724.html Zugegriffen am 03.10.2022.

Wien, P. (2022). *Lehren aus der Corona-Krise*. Deutscher Industrie- und Handelskammertag online. https://www.dihk.de/de/aktuelles-und-presse/corona/lehren-aus-der-corona-krise-67494 Zugriff am 05.09.2022.

Wirtschaftswoche/Statistisches Bundesamt (2022). *Statistisches Bundesamt: Baby Boomer gehen in Rente – „Herausforderung für Gesellschaft"*, in: Wirtschaftswoche online vom 02.12.2022. https://www.wiwo.de/politik/deutschland/statistisches-bundesamt-babyboomer-gehen-in-rente-herausforderung-fuer-gesellschaft-/28845250.html Zugegriffen am 16.12.2022.

Witsch, K. (2022). *Gaspreise 2022: So teuer ist Gas momentan und könnte es bald werden*, in: Handelsblatt online vom 20.09.2022. https://www.handelsblatt.com/unternehmen/energie/gaspreise-2022-so-teuer-ist-gas-momentan-und-koennte-es-bald-werden/28682942.html Zugegriffen am 20.09.2022.

Witsch, K. (2022). *Gaspreisentwicklung. Gaspreis steigt aktuell trotz Kältewelle nur leicht*, in: Handelsblatt online vom 20.12.2022. https://www.handelsblatt.com/unternehmen/energie/gaspreisentwicklung-gaspreis-steigt-aktuell-trotz-kaeltewelle-nur-leicht-/28682942.html Zugegriffen am 21.12.2022.

Zapf, M. (2022). *Brasilien. Lula statt Bolsonaro: Welche Wirtschaftspolitik verfolgt der neue Präsident*, in: Capital online vom 12.11.2022. https://www.capital.de/wirtschaft-politik/lula-statt-bolsonaro--welche-wirtschaftspolitik-verfolgt-der-neue-praesident--32902694.html Zugegriffen am 21.12.2022.

Zeuch, A. (2022). *Wirtschaftswachstum: Zwänge und Alternativen*, in: Unternehmensdemokraten online vom Februar 2022. https://unternehmensdemokraten.de/2022/02/11/

wirtschaftswachstum-zwaenge-und-alternativen/ Zugegriffen am 06.11.2022.

Zuboff, S. (2018). *Das Zeitalter des Überwachungskapitalismus.* Frankfurt a. M.: Campus.

Zukunft Gas (2022). *Grüner Wasserstoff. Sicher versorgt mit grüner Energie*, in: Zukunft Gas online. https://gas.info/energie-gas/wasserstoff/herstellung-wasserstoff/gruener-wasserstoff Zugegriffen am 04.11.2022.

MIX
Papier aus verantwortungsvollen Quellen
Paper from responsible sources
FSC® C105338

If you have any concerns about our products,
you can contact us on
ProductSafety@springernature.com

In case Publisher is established outside the EU,
the EU authorized representative is:
**Springer Nature Customer Service Center GmbH
Europaplatz 3, 69115 Heidelberg, Germany**

Printed by Libri Plureos GmbH
in Hamburg, Germany